C. K. McCabe

**Programmieren
mit FORTH**

Aus der Reihe
Programmieren von Mikrocomputern

Die Bände dieser Reihe geben den Benutzern von Mikrocomputern über die Betriebsanleitung hinaus zusätzliche Anwendungshilfen. Der Leser findet wertvolle Informationen und Hinweise mit Beispielen zur optimalen Ausnutzung seines Gerätes, besonders auch im Hinblick auf die Entwicklung eigener Programme.

Vieweg

Programmieren von Mikrocomputern Band 37

C. Kevin McCabe

Programmieren mit FORTH

Übersetzt und bearbeitet von Peter Monadjemi

Springer Fachmedien Wiesbaden GmbH

CIP-Titelaufnahme der Deutschen Bibliothek

MacCabe, C. Kevin:
Programmieren mit FORTH / C. Kevin McCabe.
Übers. u. bearb. von Peter Monadjemi. — Braunschweig;
Wiesbaden: Vieweg, 1988
    (Programmieren von Mikrocomputern; Bd. 37)
    Einheitssacht.: Forth fundamentals (dt.)
    ISBN 978-3-528-04346-9   ISBN 978-3-322-90106-4 (eBook)
    DOI 10.1007/978-3-322-90106-4

NE: Monadjemi, Peter [Bearb.]; GT

Das Buch ist die deutsche Übersetzung von
C. Kevin McCabe
Forth Fundamentals, Volume 1: Language Usage
Dilithium Press, Beaverton, Oregon 97005

Übersetzt und bearbeitet von Peter Monadjemi, Gießen

Das in diesem Buch enthaltene Programm-Material ist mit keiner Verpflichtung oder Garantie irgend-
einer Art verbunden. Der Autor, der Übersetzer und der Verlag übernehmen infolgedessen keine
Verantwortung und werden keine daraus folgende oder sonstige Haftung übernehmen, die auf irgend-
eine Art aus der Benutzung dieses Programm-Materials oder Teilen davon entsteht.

INHALTSVERZEICHNIS

HINWEISE ZUR SOFTWARE

Zur Entstehungsgeschichte des volksFORTH

1979 hat Klaus Schleisiek in den USA das damals brandneue figFORTH auf einem AIM-65 ans Laufen gebracht. Daraus entwickelte er seine eigene Version von FORTH, das ksFORTH. In Zusammenarbeit mit B. Pennemann entstand daraus 1984 ein Forth für den 6502 Prozessor, das mit Hilfe von G. Rehfeld und D. Weineck für den C-64 angepaßt wurde und seitdem als "ultraFORTH" vertrieben wird. Als nächstes implementierten D. Weineck und B. Pennemann dieses Forth für den ATARI ST unter dem Namen "volksFORTH". Gegenüber dem ultraFORTH ist das volksFORTH um ein Fileinterface erweitert worden. 1986 brachte U. Hoffmann das volksFORTH auf 8080 Prozessoren unter CP/M ans laufen. 1987 paßte K. Vogt das ultraFORTH für den C-16 an. 1988 wurde dann endlich von K. Schleisiek die Version für den IBM-PC und Kompatible fertiggestellt, die gegenüber vorherigen volksFORTH-Versionen ein radikal überarbeitetes Fileinterface aufweist. Die Version 3.80 ist auf allen diesen Rechnern installiert. Unterschiede ergeben sich hauptsächlich in der Verwirklichung des Fileinterfaces. Auf der Benutzerebene verhalten sich die Versionen jedoch gleich, so daß volksFORTH-Programme zwischen den unterschiedlichen Prozessoren portierbar sind, soweit nicht spezielle Hardwareeigenschaften der Rechner ausgenutzt wurden.

Zur Forth Gesellschaft eV

Die Forth Gesellschaft eV wurde 1984 von Forthprogrammierern gegründet. Ziel der Gesellschaft ist es, die Verbreitung der Programmiersprache FORTH und das Verständnis der damit verbundenen Prinzipien des Programmierens zu fördern. Dazu gibt die Gesellschaft vierteljährlich die Zeitschrift "Vierte Dimension" heraus. Die meisten Programmbeispiele in der Vierten Dimension sind mit volksFORTH realisiert.

Lokale Gruppen treffen sich regelmäßig z.Zt. in Hamburg, München, Wuppertal und Darmstadt. Alljährlich findet ein bundesweites Forth-Treffen statt, bei dem vorbereitete Vorträge gehalten und Produkte präsentiert werden, die mit FORTH realisiert wurden. Alle zwei Jahre organisiert die Forth Gesellschaft die euroFORML Konferenz, eine internationale Konferenz, die als Forum für die Weiterentwicklung von FORTH dient.

Die Mitglieder sind aktive FORTH-Benutzer aus Ingenieur-Büros, der Industrie, dem Universitäts- und dem Hobby-Bereich.

Adresse: Forth Gesellschaft eV
                    Antilopenstieg 6a
                    2000 Hamburg 54

Zur Begleitdiskette des Buches

Alle Programme des Buches befinden sich zusammen mit dem volks-FORTH-System in der Begleitsoftware. volksFORTH ist ein public domain-Programm, d.h. es darf nichtkommerziell frei kopiert und weitergegeben werden. Es kann zusammen mit einem ausführlichen Handbuch über die Forth Gesellschaft eV bezogen werden.

volksFORTH 3.80 auf dem ATARI ST

Auf drei 3 1/2" Disketten befindet sich das volksFORTH inklusive aller Quelltexte des Systems und sämtlicher Hilfsprogramme. Als minimale Hardwarekonfiguration ist ein ATARI ST mit einem Floppylaufwerk erforderlich.

volksFORTH 3.81.2 auf dem IBM-PC

Auf einer 360k 5 1/4" Diskette befindet sich das volksFORTH mit allen Quelltexten. Hardwarevoraussetzung ist ein IBM-PC oder Kompatibler mit mindestens 128kByte Hauptspeicher, 2 Floppylaufwerken oder einem Floppylaufwerk und einer Festplatte sowie einer MGA- oder einer Herkuleskarte als Bildschirmadapter. Die Quelltexte sind auf der Diskette in gepackter Form abgelegt und müssen als erstes mit dem Batchprogramm INSTALL "ausgepackt" werden. Lauffähig unter MS-DOS ab Version 2.11.

VORWORT ZUR DEUTSCHEN ÜBERSETZUNG

Warum soll man eine neue Sprache wie FORTH lernen, wenn es Sprachen wie ADA, MODULA-2, PROLOG, C++ oder OCCAM2 gibt, um nur ein paar der in den letzten beiden Jahren heftig diskutierten Sprachen zu nennen. Trotz des Alters und ungeachtet der Tatsache, daß FORTH in einer Zeit entwickelt wurde, in der der Computereinsatz noch eine Domäne der Forschung und der kaufmännischen Anwendung war, ist FORTH eine junge und dynamische Sprache geblieben. Jung und dynamisch deswegen, weil FORTH einem ständigen Wandel unterworfen ist. Jeder Anwender, der ein FORTH-Programm schreibt, verleiht der Sprache einen neuen Charakter. Viele Bemühungen wurden unternommen, FORTH um neue Strukturelemente zu bereichern. Dabei mußte keineswegs eine konzeptionelle Neuimplementierung durchgeführt werden. Im Gegenteil. Die Sprache lädt gerade dazu ein, neue Komponenten zu entwickeln. Ob es sich um ein Paket zur Lösung von Matrixgleichungen, eine Erweiterung zur Manipulation von Objekten, ein LISP-Interface zur Listenverarbeitung oder schlicht um eine Kommandosprache zur Steuerung eines Roboterarms handelt, ist dem Benutzer überlassen. FORTH ist eine äußerst vielseitige und anpassungsfähige Sprache; Das Hauptanwendungsgebiet liegt zwar immer noch bei der industriellen Prozeßsteuerung, deren Einsatz ist aber aufgrund der oben erwähnten Eigenschaften in vielen anderen Gebieten denkbar.

Wenn man nun berücksichtigt, daß ein zum Multitasking fähiges FORTH-System weniger als 8 KByte Arbeitsspeicher belegt, wird klar, daß FORTH einige ungewöhnliche Konzepte aufweisen muß, um diese Leistungen zu vollbringen. Die Programmiersprache FORTH verköpert eine eigene Philosophie des Softwaredesigns; die einzelnen Komponenten sind sicher nicht mehr brandneu und mittlererweile auch in anderen Soft- und Hardwarearchitekturen verwirklicht, zusammen aber ergeben sie in FORTH eine faszinierende und ungewöhnliche Sprache. Zumindestens das Wissen um diese Strukturen sollte jedem Programmierer zur Pflicht gemacht werden. Da das Grundgerüst eines FORTH-Systems mittlererweile auch in Form mehrerer FORTH-Prozessoren (wie z.B. dem NOVIX 4016), die FORTH als Maschinensprache ausführen, zur Verfügung stehen, wird FORTH auch in Zukunft eine herausragende Position im Industrie - und Forschungsbereich behaupten können.

Gießen, im April 1988

Peter Monadjemi

KAPITEL 1

EINLEITUNG

1.1 Überblick - Wie man dieses Buch benutzt

Wird dieses Buch einen versierten FORTH-Programmierer aus Ihnen machen? Können Sie nach der Lektüre dieses Buches FORTH-Programme zur Lösung Ihrer Probleme schreiben? Oder zumindestens Ihr Scheckbuch saldieren?

Wahrscheinlich nicht - zumindestens nicht mit diesem Buch alleine. FORTH ist eine anspruchsvolle Programmiersprache mit vielen Besonderheiten und Spitzfindigkeiten. Dieses Buch soll Sie durch die größten Schwierigkeiten des Lernprozesses führen, indem es Ihnen die wichtigsten Wegweiser - und die Fallen - zeigt. Wie bei jeder Programmiersprache ist ein intensives Erproben der einzige Schlüssel zu einem tieferen Verständnis.

In diesem Buch wird davon ausgegangen, daß Sie bereits im Umgang mit Computern und der Programmierung vertraut sind. Im Idealfall haben Sie schon Programmiererfahrung in einer anderen Programmiersprache und sind über die grundlegenden Abläufe wie der Datenspeicherung bzw. deren interne Darstellung informiert. FORTH erfordert keine akademische Informatikausbildung. Es erfordert jedoch die Bereitschaft, neue Wege der Programmentwicklung und des Programmaufbaus kennenlernen zu wollen.

Das Buch führt in die Grundzüge von FORTH und in deren Einsatz ein. Jedes Kapitel beginnt mit einer knappen Inhaltsangabe. Die ersten fünf Kapitel bieten genügend Information, um damit einfache Programme schreiben zu können, ohne allzu tief auf die interne Organisation der Sprache bzw. deren Operationen einzugehen. In den Kapiteln sieben bis neun werden detaillierte Informationen über die FORTH Struktur und die Benutzung des Arbeitsspeichers gegeben. Die Bildung neuer Wortklassen steht dabei im Vordergrund. In den darauffolgenden Kapiteln wird untersucht, wie FORTH mit den Peripheriegeräten Tastatur, Bildschirm und Diskettenlaufwerken kommuniziert, um Daten oder Programmtexte zu übertragen und abzuspeichern.

In diesem Buch werden eine Reihe von Beispielen aufgeführt, die eher Illustrationen spezieller Befehle oder Befehlsgruppen sind als Anwendungsprogramme. Die Beispielprogramme können mit jedem Fig-FORTH bzw. FORTH-83 System nachvollzogen werden. Bitte machen Sie ausgiebig von der Gelegenheit Gebrauch, die aufgeführten Beispielprogramme auszutesten. Probieren Sie ruhig alle Variationen und Verbesserungen aus, die Ihnen einfallen. Versuchen Sie, Ihre erlernten FORTH-Kenntnisse auf reale "Probleme" (Peripheriesteuerungen, numerische Prozesse, Spiele, Grafik usw.) anzuwenden - nichts anderes demonstriert so überzeugend die Vielseitigkeit der Programmiersprache FORTH.

Zur Einführung arbeiten Sie bitte die ersten fünf Kapitel des Buches durch. Schlagen Sie Ihnen unbekannte FORTH Worte im Glossar (ANHANG B) nach. Sie sollten mit dem Durcharbeiten der restlichen Kapitel erst beginnen, wenn Sie mit den Grundlagen der Programmiersprache ausreichend vertraut sind.

1.2 Die Entwicklung von Programmiersprachen

Die Computersoftware hat sich nicht annähernd so schnell entwickelt wie die Computerhardware. Röhren und Transistoren haben integrierten Schaltkreisen von kaum vorstellbarer Komplexität Platz gemacht. Selbst der Prozeß des Hardwaredesigns ist durch den Einsatz relativ stark standardisierter Prozeduren wie etwa dem Modulkonzept für ein komplettes System gereift. Nur die Programmiersprachen haben mit der rasanten Entwicklung nicht Schritt gehalten. Die neuesten Mikroprozessoren werden immer noch mit einer Sprache programmiert, die vor etwa einem Vierteljahrhundert für die damaligen Großrechner konzipiert wurde.

Keine Sprache ist für alle Anwendungen gleich gut geeignet. Beschränkungen existierender Sprachen resultieren aus den unumgänglichen Kompromissen, zwischen den Anfordernissen des Computers und den Bedürfnissen des Anwenders vermitteln zu müssen.

Der Computer benötigt für jede Tätigkeit eine Folge einfacher binärer Maschinenbefehle. Um die maximale Effizienz zu erlangen, muß der Maschinencode so geschrieben sein, daß er alle Möglichkeiten des Prozessors optimal ausschöpft. Für den Anwender ist Maschinensprache jedoch ähnlich einer Fremdsprache schwierig zu verstehen, auch wenn ein Assembler als Übersetzer herangezogen wird. Die meisten Anwender würden es bevorzugen, in einer ihrer Muttersprache ähnlichen Sprache zu programmieren. Vom Standpunkt der Maschine aus ist die alltägliche menschliche Sprache allerdings höchst ineffizient, unpräzise und mehrdeutig. Sie reflektiert im allgemeinen nur allzu deutlich die vielen Facetten und Vielfältigkeiten des menschlichen Denkprozesses.

Angesichts dieser Unterschiede erscheint es als einfachste Lösung, für jeden Anwendungstypus eine eigene Spezialsprache zu entwickeln. Die Befehlsstrukturen der Programmiersprachen können dann den jeweils kritischen Operationen und wichtigen Erfordernissen angepaßt werden. Innerhalb des begrenzten Bereichs kann so eine Sprache brauchbar, verständlich und effezient sein. Jedoch sind direkte Befehle für andere mögliche Operationen außerhalb des Zielbereiches in der Regel nicht verfügbar. Solche Anwendungen mit den begrenzten Resourcen einer speziellen, aber nicht für diese Anwendung konzipierten Sprache lösen zu wollen, führt in der Regel zu einem erhöhten Speicherbedarf, einer erhöhten Ausführungszeit und meist auch zu einer Art "Spaghetti-Code".

So wirkt beispielsweise FORTRAN Wunder, wenn es um rechenintensive Zahlenverarbeitung (das sog. "number crunching") im technischen und wissenschaftlichen Bereich geht; es ist aber sehr umständlich, mit FORTRAN z.B. Zeichenketten zu verarbeiten oder Diskettenspeicheroperationen zu programmieren. BASIC ist zwar einfach zu erlernen, die meisten BASIC-Interpreter sind jedoch langsam und daher nur begrenzt einsetzbar, wenn es z.B. um die Darstellung komplexer Grafik oder um sehr genaue mathematische Berechnungen geht. Der Versuch, eine interaktive Textverarbeitung in FORTRAN oder eine schnelle 64-Bit Integrationsroutine mit Hilfe eines BASIC Interpreters zu schreiben, würde weit über das beabsichtigte Einsatzgebiet dieser Sprachen hinausgehen.

Gehen wir einmal davon aus, daß es möglich wäre, eine "wahre" allgemein einsetzbare Hochsprache zu schaffen. Wie sähen wohl die charakteristischen Eigenschaften dieser Sprache aus? Zuallererst müßte diese Sprache sowohl schnell - warum sollte man sich sonst eines Computers bedienen ? - als auch einfach zu handhaben sein. Sie sollte die Entwicklung logischer, klar strukturierter Programme selbst durch unerfahrene Programmierer fördern. Systemdetails sollten transparent sein. Ein Programm, das für einen Großrechner geschrieben wurde, soll ohne Änderung auf einem Microcomputer mit begrenztem Arbeits- oder Diskettenspeicher laufen. Die Sprache (und jedes assoziierte Betriebssystem) sollte dem Anwender die Anforderungen in klaren Meldungen mitteilen und dabei Fehler korrigieren oder verhindern. Schließlich sollten die zur Verfügung stehenden Befehle sowohl so vielseitig als auch so zahlreich sein, um neue komplexe Aufgaben bewältigen zu können.

Ist eine solche "ideale" allgemeine Hochsprache tatsächlich zu verwirklichen? Theoretisch sicherlich, jedoch waren die bisherigen Bemühungen anscheinend nur wenig erfolgreich. Eine Annäherung mit der "Holzhammermethode" an eine Allzwecksprache würde bedeuten, daß jede erdenkliche gewünschte Operation bis in das kleinste Detail vordefiniert werden müßte. Zieht man den Umfang und die Komplexität einer solchen Lösung in Betracht, wird schnell klar, daß dies nicht der erfolgversprechende Weg sein kann.

Wahrscheinlich kommt FORTH einer idealen Sprache näher als die meisten anderen Programmiersprachen. Es ist jedoch eine Sprache, die nicht leicht zu verstehen ist - weder beim ersten noch beim fünften Versuch. Die Beschreibung der Sprache durch einen Anfänger wird Prädikate wie "eigenartig", "verdreht" oder "zum Verrückt werden" (sowie sicher ein paar nicht druckreife Füllwörter) beinhalten. Bemerkungen dieser Art sind aber eher ein Resultat der "Besonderheiten" von FORTH als eine Wertung der Fähigkeiten.

Die Arbeitsweise von FORTH ist unterschiedlich zu der von PASCAL oder BASIC. Über die Tastatur eingebener Text wird sofort ausgeführt oder kompiliert, ohne Zwischenschaltung eines Assemblers oder Compilers. FORTH-Programme sind ohne spezielle Bemühungen des Programmierers um Allgemeinverständlichkeit (Namensgebung bzw. sinnvolle Kommentare) nur schwer lesbar. Selbst der Programmierer wird nach ein paar Wochen Schwierigkeiten bekommen, die Feinheiten eines schlecht kommentierten Codes nachvollziehen zu können. Tatsächlich wird ein über die Tastatur eingegebenes FORTH-Programm nicht einmal in ausdruckbarer Form zwischengespeichert.

Selbst die Art und Weise, in der FORTH ein Anwenderproblem löst, unterscheidet sich von der Art und Weise, wie es Sprachen wie BASIC, C oder PASCAL tun. So wird z.B. in BASIC ein Programm als eine Folge von Einzelschritten geschrieben. Der Programmablauf wird durch Sprünge oder bedingte Verzweigungen geregelt. Häufig benutzte Programmteile können als Unterprogramme deklariert und über eine Zeilennummer oder (in manchen BASIC Versionen) auch über einen Namen aufgerufen werden. In FORTH muß die Lösung eines Problems nach dem sog. TOP-DOWN Prinzip gestaltet werden, angefangen mit einer umfassenden Analyse des Problems. Diese Analyse führt dann stufenweise zu immer spezifischeren und in der Regel auch kleineren Modulen. FORTH führt das modulare Konzept der Unterprogrammtechnik bis zum Extrem fort. Jedes Programm wird als eine Verschachtelung von Unterprogrammen definiert, die wiederum weitere Unterprogramme aufrufen können usw.

FORTH verläßt sich sehr stark auf den Programmierer. Es mangelt der Sprache geradezu an den gängigen "Schnörkeln" herkömmlicher Hochsprachen wie intensives Fehlerprüfen, komfortable Ein-und Ausgaberoutinen oder leistungsfähigen Standarddatentypen. Selbst eine Fließkommaarithmetik ist in FORTH nicht vorgesehen und muß bei Bedarf vom Anwender nachgeladen werden. Als Ergebnis wurde FORTH fälschlicherweise schon öfter als eine Zwischenstufe zwischen Assembler und einer Hochsprache wie z.B. PASCAL bezeichnet. Mehr als die meisten anderen Sprachen verbindet FORTH sowohl System- als auch Programmentwicklungsbefehle. Es enthält eine Art primitiven Compiler, einen Eingabeinterpreter, Ein- und Ausgaberoutinen und eine (virtuelle) Massenspeicherverwaltung. Jede dieser Komponenten kann vom Anwender kontrolliert und modifiziert werden. In FORTH kann maschinennah programmiert werden; trotzdem enthält FORTH die meisten Programmelemente einer Hochsprache wie C oder PASCAL.

Fazit: FORTH ist eine "richtige" Programmiersprache - aber anders als die meisten anderen Hochsprachen stellt sie eine komplette Programmierumgebung dar, die das gesamte Computersystem - die Hardware - mit einbezieht.

Kann also FORTH mit dem Wissen um diese Eigenschaften tatsächlich als die "ideale" Programmiersprache bezeichnet werden? Sicherlich nicht, aber zum einen ist FORTH schnell und effizient und maschinennäher als die meisten anderen Programmiersprachen. FORTH erzeugt einen ungewöhnlich kompakten Code, der teilweise kompakter ist als eine äquivalente Assemblerroutine (dieser scheinbare Wiederspruch erklärt sich aus der "indirekten Verknüpfung" des erzeugten Codes - mehr dazu in Kap. 13). FORTH benötigt sehr wenig Arbeitsspeicher, so daß ein komplettes FORTH-System nur etwa ein Viertel des Arbeitsspeicherbedarfs eines BASIC Interpreters beansprucht.

Ein weiterer Pluspunkt von FORTH ist seine Interaktivität. Jedes Programmodul kann einzeln getestet und von Fehlern befreit werden. Programme können modulweise entwickelt werden. Jedes Modul kann unabhängig von den übrigen Modulen implementiert und getestet werden. Aufgrund eines äußerst einfachen Parameterübergabemechanismus zwischen einzelnen Programmmodulen können einzelne Module durchaus von verschiedenen Programmierern entwickelt werden. FORTH fördert also Teamarbeit.

FORTH ist eine strukturierte Sprache, die modulares Design, strukturiertes Programmieren und eine effektive Nutzung der Hardware nicht nur unterstützt, sondern auch fordert. FORTH erlaubt die Konstruktion beliebiger Datentypen und Programmstrukturen. Einmal definiert, werden sie zum Bestandteil der Sprache und prägen damit deren Charakter. FORTH ist somit wohl die anpassungsfähigste und erweiterungsfähigste Sprache unter den zur Zeit existierenden Hochsprachen.

Die größte Stärke von FORTH und zugleich auch das ungewöhnlichste Merkmal ist seine Modularität. Der FORTH-Kern besteht aus ca. 300 Worten - das sind definierte Operationen - die die Laufzeitroutinen für elementare Operationen wie Integerarithmetik, Programmlogik, Speicherzugriffe sowie Ein-Ausgaberoutinen darstellen. Der Programmierer kann diese Kernworte zum Aufbau neuer Operationen verwenden. Jede neu definierte Operation stellt eine Erweiterung des (Sprach-) Kerns dar. Genauso können Kernworte und benutzerdefinierte Worte kombiniert werden, um so komplexere Operationen zu bilden. Jede dieser Wortkombinationen stellt eine vollständige Beschreibung eines speziellen Prozesses dar. Der Prozeß der Wortbildung kann fortgesetzt werden, indem immer komplexere Operationen durch bereits existierende Worte definiert werden. Dieser Prozeß wiederholt sich, bis schließlich eine einzige Wortdefinition die Ausführung einer vollständigen Aufgabe bewerkstelligt. Diese Vorgehensweise ist genau das Gegenteil der "TOP-DOWN" Entwicklungsweise, die zum Entwickeln eines Programms angewandt werden muß. Zwar erfolgt die Entwicklung eines Programms "von oben nach unten", d.h. mit dem umfassendsten Modul zuerst, die Implementation erfolgt jedoch "BOTTOM-UP" d.h. die elementarsten Operationen werden zuerst implementiert. Darauf bauen komplexere Wortdefinitionen auf, bis schließlich eine einzige Wortdefinition den Vorgang vollständig beschreibt. Ein einzelnes Wort erfüllt seine Aufgabe dadurch, daß es die in ihm enthaltenen "Komponentenworte", d.h. die Komponentenworte, die zu seiner Definition verwandt wurden, zur Ausführung bringt. Diese Komponentenworte bringen wiederum ihre Komponentenworte zur Ausführung usw. Irgendwann einmal werden Worte zur Ausführung gebracht, die keine Komponentenworte mehr beinhalten, sondern direkt in Maschinencode definiert sind. Tatsächlich enthält FORTH nur eine kleine Anzahl von Worten, die direkt ausgeführt werden können. Diese Worte bilden eine Untermenge des Kerns - den sog. Nukleus - der in Assembler geschrieben wurde. Alle übrigen Worte bauen letztlich auf diesen "Primitiven" (dies ist die Bezeichnung für Wortdefinitionen, die auschließlich in Maschinencode definiert sind) auf.

Der Aufbau eines FORTH Wortes wird als *threaded coded* bezeichnet, was soviel bedeutet wie "gefädelter" bzw. "indirekt verknüpfter Code". Damit wird der Umstand beschrieben, daß eine Wortdefinition lediglich die Adressen seiner Komponentenworte oder Maschinencode enthält. Bei der Ausführung einer Wortdefinition muß sich der bereits erwähnte Adreßinterpreter durch diese Adreßliste bzw. den Maschinencode "hindurchfädeln".

Sollte eine Anwendung eine Fließkommaarithmetik erfordern, kann diese vom Anwender zusätzlich implementiert werden. Ähnlich kann eine Routine für die ausführliche Eingabe-Fehler-Behandlung nachträglich implementiert werden, um unerfahrene Anwender zu unterstützen. Damit soll verdeutlicht werden, daß jedes FORTH-Programm nur soviele neue Wortdefintionen benötigt, wie zur Lösung eines speziellen Anwenderproblems gebraucht werden.

Auch die Systemprogrammierung wird durch die Programmiersprache FORTH vereinfacht. Der Textinterpreter, der Compiler, die Massenspeicherverwaltung und das Betriebssystem sind für den Programmierer genauso einfach zu handhaben, wie eine Addition zweier Zahlen. Es ist nicht nötig, eine spezielle Systemsprache zu erlernen. FORTH unterscheidet nicht zwischen verschiedenen Systemebenen. Zum Beispiel könnte ein vom Anwender definierter Festplattentreiber Gebrauch von den Kernroutinen für die Diskettenein- und Ausgabe machen.

Für einen Prozessor oder ein Betriebssystem muß nur ein ganz kleiner Teil des Systems angepaßt werden (für ein Betriebssystem sind es in der Regel die elementaren Ein-Ausgabeworte, die Routinen zur Steuerung der Bildschirmausgabe sowie elementare Diskettenzugriffsworte). Die anderen Bestandteile bauen auf den Maschinencode Definitionen (Primitive) auf. Als Konsequenz kann FORTH mit ganz geringfügigen Änderungen, sowohl auf Großrechnern als auch auf Mikrocomputern laufen. Anwenderprogramme, die sich an einen "quasi-Standard" halten, können zwischen fast allen Systemen portiert werden (allerdings machen unterschiedliche Formate den direkten Austausch von Disketten oder Magnetbändern in der Regel unmöglich).

* * *

Beispiel 1.1 - Nehmen wir an, Sie wurden als Vorsitzender eines Vereins zur Förderung einer karitativen Organisation gewählt. Es ist nun Ihre Aufgabe, eine bundesweite Briefaktion für einen Spendenaufruf zu leiten.

Die anderen Vereinsmitglieder verfügen jeweils über spezielle Fähigkeiten und Erfahrungen. Herr Schmidt ist Leiter einer Anzeigenagentur und beschäftigt Texter und Layouter. Frau Müller ist Vorstandsmitglied der örtlichen Bank und hat Kontakte zu vielen potentiellen Spendern. Herr Schulz ist ein journalistisches Talent und seine Anwältin Frau Meier hat bereits sehr eng mit dem Finanzamt zusammengearbeitet, um Steuervergünstigungen für gemeinnützige Organisationen zu erwirken.

Als Vorsitzender ist es Ihre erste Aufgabe, den Ablauf der Spendenkampagne festzulegen. Weder Sie noch die übrigen Vereinsmitglieder haben bis jetzt Erfahrungen mit Spendenaktionen gemacht. Trotzdem kann jedes Vereinsmitglied mit seinen Fähigkeiten und Kontakten eine bestimmte Aufgabe übernehmen und somit seinen Anteil zum Gelingen der Aktion leisten. Der erste Schritt besteht darin, die Aufgabe "Spendenkampagne" in kleinere, spezifischere Unteraufgaben zu unterteilen. Eine Unterteilung könnte folgendermaßen aussehen:

1. Erlangen eines gemeinnützigen Status für den Verein

2. Definieren der Zielgruppe

3. Produktion von Versandmaterial

4. Versand des Materials an potentielle Spender

5. Auswertung der Resonanz und Wiederholung der Schritte 2-4, bis das Spendenziel erreicht ist

Jede dieser Aufgaben kann nun noch weiter untergliedert werden. Zum Beispiel läßt sich Schritt 3 folgendermaßen untergliedern:

3.1 Entwerfen eines Textes mit Berücksichtigung der Zielgruppendefinition (Schritt 2)

3.2 Schreiben und Überprüfen des Textes

3.3 Testen des Entwurfs auf Basis einer kleinen Testgruppe; gegebenenfalls Wiederholung der Schritte 3.1 und 3.2

3.4 Erstellen der Textvorlage

3.5 Drucken des Briefes

Auch diese Unteraufgaben können noch weiter unterteilt werden:

3.5.1 Auswahl von Papiersorte und Papiergröße

3.5.2 Auswahl des Schriftbildes und der Grafiken

3.5.3 Produktion des Klischees

3.5.4 Testdrucken mit dem Klischee

3.5.5 Überprüfen und Korrigieren des Klischees

3.5.6 Drucken des Materials in seiner endgültigen Form

3.5.7 Umschlagadressierung oder Adreßaufkleber drucken

3.5.8 Zusammenstellung des Materials

Bis zu diesem Punkt wurde die große Aufgabe - ein umfassender Spendenaufruf - in viele kleine Schritte unterteilt. Die kleinsten Schritte können von Personen durchgeführt werden, die nicht die geringste Ahnung von Spendenkampagnen haben, die aber Wissen über die Auswahl von Schrifttypen oder der Herstellung lithografischer Klischees besitzen. Beachten Sie bitte, daß diese kleinen Schritte von allgemeinem Wert sind, weil sie in verschiedenen Projekten eingesetzt werden können.

Das Beispiel illustriert den TOP-DOWN - Teil einer Programmerstellung in FORTH, mit dem die Anwendung in eine Vielzahl immer kleiner werdenderen Schritte aufgeteilt wird. Schließlich werden die kleinsten Schritte durch eine oder mehrere von der Sprache zur Verfügung gestellten universalen Funktionen definiert.

Nur wenn eine Aufgabe vollständig nach diesem TOP-DOWN-Modell definiert wurde - egal, ob es sich dabei um einen Spendenaufruf oder ein FORTH-Programm handelt - kann oder besser sollte die eigentliche Arbeit beginnen.

In unserem Beispiel sendet Frau Meier zuerst die nötigen Unterlagen an das Finanzamt und Frau Müller übergibt Herrn Schmidt eine Liste potentieller Spender. Die Mitarbeiter von Herrn Schmidt fertigen nun verschiedene Textentwürfe an, die alle von Herrn Schmidt redigiert werden. Dieser Vorgang funktioniert nur, weil jeder kleine Schritt auf den Ergebnissen der vorherigen Arbeitsschritte aufbauen kann, also genau umgekehrt wie in der Entwicklungsphase. Sobald alle einzelnen Personen die Ihnen gestellten Aufgaben erledigt haben, kann die Spendenaktion erfolgreich abgeschlossen werden.

In dieser Art und Weise wird ein FORTH-Programm im Arbeitsspeicher genau andersherum abgelegt, wie es entworfen wurde. Die allgemeinen Definitionen des Kerns werden benutzt, um neue Definitionen zu erstellen. Diese wiederum werden modular zu größeren umfassenderen Definitionen verknüpft.

* * *

Beispiel 1.2 - Ein FORTH-Programm soll dafür eingesetzt werden, eine schnelle Papierfalzmaschine zur Produktion von Papierflugzeugen aus Einzelblättern anzusteuern.

Das Wort, das diese Aufgabe als FORTH-Programm präsentiert, könnte FLUGZEUG_FALTEN lauten. FLUGZEUG_FALTEN kann wiederum in die Worte AUFBAU (ein Blatt Papier in die Maschine einlegen), FALTEN (das Flugzeug falzen) und AUSWURF (das fertige Flugzeug in einen Sammelbehälter befördern) unterteilt werden. Diese Unterfunktionen können weiter in noch allgemeinere Operationen wie GREIFEN, FALLENLASSEN, HOCH, RUNTER, RECHTS und LINKS, die die Maschine direkt steuern, untergliedert werden.

Das Programm wird jedoch mit dem elementarsten Wort zuerst (BOTTOM-UP) in den Rechner eingegeben, also andersherum als es entwickelt wurde (TOP-DOWN). Somit werden zuerst die Grundworte GREIFEN, FALLENLASSEN, HOCH, RUNTER, RECHTS und LINKS eingegeben. Erst dann können die Definitionen AUFBAU, FALTEN und AUSWURF eingegeben werden. Schließlich wird das Wort FLUGZEUG_FALTEN aus den Worten AUFBAU, FALTEN und AUSWURF gebildet.

Beachten Sie, daß die allgemeinen Operationen, d.h. die elementaren Worte wie GREIFEN oder LINKS - die einzigen direkt vom Rechner ausführbaren Operationen, die zweckmäßigerweise in Maschinencode definiert werden - so definiert werden sollen, daß sie als Bestandteil vieler unterschiedlicher Anwenderprogramme eingesetzt werden können. Im Idealfall führt das TOP-DOWN - Modell zu einer großen Anzahl sehr kleiner Worte, die allgemein genug sind, um in verschiedenen Anwenderprogrammen eingesetzt zu werden.

Wenn das Wort FLUGZEUG_FALTEN dann aufgerufen wird, werden die in ihm enthaltenen Definitionen (die sog. Komponentenwörter) nacheinander ausgeführt. Jeder dieser Komponentenworte wiederum ist ebenfalls aus einer Sequenz von Definitionen aufgebaut, die nacheinander ausgeführt werden, indem sie ihre eigenen Komponentenworte ausführen. Somit ruft FLUGZEUG_FALTEN als erstes AUFBAU auf und führt es aus. AUFBAU wird ausgeführt, indem es die notwendigen Operationen RECHTS, LINKS, HOCH und RUNTER ausführt. Wenn das Wort AUFBAU vollständig ausgeführt wurde, beginnt die Ausführung des Wortes FALTEN - die nächste Komponente von FLUGZEUG_FALTEN. AUSWURF schließlich beendet das Programm, indem es auch wiederum seine Komponentenworte ausführt.

Hier ist wichtig zu beachten, daß das vollständige Programm abläuft, nachdem einfach FLUGZEUG_FALTEN aufgerufen wurde. Das notwendige "hindurchfädeln" durch die einzelnen Wortebenen wird ohne jegliches Zutun des Anwenders automatisch durchgeführt.

* * *

1.3 Standards der Programmiersprache FORTH

Standards sind in der Computerwelt selten zu finden, insbesondere bei der Software. Selbst die Standardisierung von Sprachen wie ADA oder dem Betriebssystem UNIX, hinter denen immerhin starke Interessengruppen mit einer entsprechenden Markterwartung stehen, schreitet nur langsam voran. Daher ist es nicht verwunderlich, daß auch bei einer Sprache wie FORTH, die eher ein Schattendasein in der DV-Branche fristet und die in erster Linie von "Freaks" bzw. "Mini-Softwarehäusern" weiterentwickelt wird, kein allgemein anerkannter Standard existiert. FORTH ist noch keine standardisierte Sprache, auch wenn eine Standardisierung durch ein ANSI-Komitee seit einiger Zeit in Vorbereitung ist. Der erste Versuch einen Standard zu schaffen wurde von der Europäischen FORTH User Group (EFUG) 1977 unternommen. Das Ergebnis wurde FORTH-77 genannt. Ein Jahr später formierte sich in den USA die FORTH

INTEREST GROUP (FIG), eine Gruppe von FORTH Enthusiasten, die ebenfalls einen Standard formulierten. Das von der FORTH Interest Group herausgegebene Fig-FORTH ist als Public Domain Software für nahezu jeden Rechnertyp erhältlich. Das besondere an Fig-FORTH ist, daß die Implementation des Systems bis in das kleinste Detail im sogenannten Standard Dokument beschrieben wird. Heute gilt Fig-FORTH als veraltet, auch wenn es noch auf vielen Systemen, insbesondere in der CP/M-Welt, eingesetzt wird.

Nicht unerwähnt sollte "das" FORTH schlechthin (nach Meinung der Entwickler) bleiben. Dieses polyFORTH (bzw. in der weiterentwickelten real-time Version polyFORTH II) wurde von der FORTH Inc., der Firma, die vom FORTH-Erfinder Charles Moore gegründet wurde, entwickelt. Da polyFORTH aufgrund seines relativ hohen Preises fast ausschließlich kommerziell eingesetzt wird, wird es nur äußerst selten in Publikationen erwähnt (eine Ausnahme stellt sicher Leo Brodies Buch "Starting FORTH" dar).

Als Verbesserung des Fig-FORTH Standards wurde vom FORTH Standard Team (eine Gruppe selbsternannter Experten) der FORTH-79-Standard konzipiert. Er weist wesentliche Unterschiede zum Fig-FORTH-Standard auf. So enthält FORTH-79 wesentlich weniger Wörter, viele Teile des Systems sind dem Benutzer nicht mehr zugänglich und die Implementation wird nicht mehr bis ins kleinste Detail vorgeschrieben, wie es noch bei Fig-FORTH der Fall war. Allerdings konnte sich FORTH-79 nie richtig durchsetzen, so daß das FORTH-Standard-Team einen neuen Standard herausgab, in dem die Änderungen von Fig-FORTH zu FORTH-79 konsequent aufgezeigt wurden. FORTH-83 wird heute weithin als Standard akzeptiert, wobei diese Akzeptanz in erster Linie auf Seiten der (fast ausschließlich amerikanischen) Anbieter stattfindet. Für den Benutzer ist ein vorgegebener Standard ohnehin nicht so relevant, da es in der Natur der Sprache FORTH liegt, diese zu verändern bzw. anzupassen. Viel relevanter ist z.B. die Einhaltung eines Standards innerhalb der Produktfamilie eines Anbieters. Positiv hervorzuheben ist vor allem die Firma **Laboratory Microsystems Inc. (LMI)**, die mit ihrem PC/FORTH einen quasi Standard setzte, der sich weitestgehend an FORTH-83 orientiert. Der Anwender profitiert von dieser Standardisierung, da er innerhalb der gesamten Produktpalette, vom FORTH für den APPLE IIe bis hin zum FORTH für eine 80386-Maschine, die gleiche Benutzeroberfläche vorfindet. Eine Portierung von Anwenderprogrammen ist somit relativ leicht möglich. FORTH-83 ist nicht zu verwechseln mit F83. Hierbei handelt es sich um eine konkretes FORTH-System, welches für die verschiedensten Systeme als Public-Domain Quellcode erhältlich ist, und welches sich am FORTH-83 Standard orientiert.

Bleibt festzuhalten, daß es "den" FORTH Standard (noch) nicht gibt, wobei FORTH-83 von den einzelnen, sehr unterschiedlichen und teilweise uneinigen, Interessengruppen weitgehend akzeptiert wird.

KAPITEL 2

GRUNDLEGENDE KONZEPTE

2.1 Übersicht

Jede FORTH-Operation, die entweder im Kern oder durch den Benutzer definiert wurde, ist eine Wortdefinition mit einem dazugehörigen Wortnamen. Die Operation wird durch Eingabe des Wortnamens über die Tastatur bzw. durch Einlesen vom Diskettenspeicher ausgeführt.

Viele FORTH-Wortdefinitionen bewirken eine Datenmanipulation in einem Bereich des Arbeitsspeichers, der Parameterstack genannt wird. Der Parameterstack dient als der zentrale Ort für Datenoperationen und erlaubt einfache Interaktionen zwischen den einzelnen Operationen. Es stehen vordefinierte Operationen zur Verfügung, um Daten auf dem Parameterstack zu verändern, bzw. auf diesen zu übertragen.

2.2 Worte und Wortdefinitionen

Für FORTH sind alle Eingaben nur eine Folge von einzelnen Worten. Jedes Wort besteht aus einem oder mehreren ASCII-Zeichen, mit Ausnahme von Leerzeichen bzw. des Return-Zeichens (ASCII Code 0Dh; wird im Text als <cr> dargestellt). Einzelne Wortdefinitionen müssen bei der Eingabe durch ein Leerzeichen voneinander getrennt oder mit einem <cr> beendet werden. Eine solche Wortfolge, die auch als Eingabestrom bezeichnet wird, kann eine über die Tastatur eingegebene Textzeile oder vom Diskettenpuffer eingelesener Quelltext sein.

Sobald der ASCII-Code für <cr> im Eingabestrom entdeckt wird, werden die einzelnen Worte vom Textinterpreter ausgewertet. Der Textinterpreter prüft, ob die danach eingegebenen Worte mit dem Namen einer FORTH-Operation - d.h. einem Wortnamen - korrespondieren oder ob es sich um eine Zahl handelt.

Jede Operation des FORTH-Kerns oder auch jede benutzerdefinierte Operation besitzt einen Wortnamen, der Bestandteil der jeweiligen Wortdefinition ist. Die Wortdefinitionen aller definierten Operationen werden in einem Bereich des Arbeitsspeichers abgelegt, der als *Wörterbuch* bezeichnet wird. Jede Wortdefinition im Wörterbuch ist eine vollständige Beschreibung der Ausführungsprozedur dieser Operation, wie z.B. zwei

Zahlen zu addieren, eine Zahl auszugeben oder gar andere Wortdefinitionen aufbauen. Das Wörterbuch ist der Teil eines FORTH-Systems, der am meisten Speicherplatz beansprucht; darüberhinaus nimmt FORTH nur sehr kleine Bereiche des Arbeitsspeichers für sich in Anspruch.

Wenn sich FORTH im Ausführungsmodus befindet, lokalisiert der Textinterpreter die entsprechende Wortdefinition im Wörterbuch. Die Adresse dieses Wortes wird an den Adreßinterpreter übergeben, der dann jeden einzelnen in der Definition enthaltenen Schritt ausführt. Dieser Vorgang geschieht, sofern FORTH sich im Ausführungsmodus befindet, automatisch, sobald ein Wortname im Eingabestrom erscheint. Wird mehr als ein Wort (durch mindestens ein Leerzeichen getrennt) eingegeben, werden alle Worte nacheinander ausgeführt. Nachdem das letzte Wort des Eingabestromes ausgeführt wurde, gibt FORTH die Meldung "ok" aus, um anzuzeigen, daß es für weitere Eingaben bereit ist.

Wenn ein Wort im Ausführungsmodus gefunden wird, das keinem im Wörterbuch enthaltenen Worteintrag entspricht, versucht der Textinterpreter die Zeichen des Wortes in einen numerischen Wert umzuwandeln. Ist diese Umwandlung erfolgreich, wird der Wert auf dem Parameterstack abgelegt. Der Parameterstack ist der zentrale Ort für den Austausch von Daten zwischen einzelnen Operationen und kann von allen FORTH Worten benutzt und verändert werden. Der gesamte Bereich des Parameterstacks steht dem Benutzer in Fig-FORTH jederzeit zur Verfügung.

Auch im Kompilationsmodus werden die Worte aus dem Eingabestrom im Wörterbuch gesucht. Allerdings wird jetzt ein gefundenes Wort nicht ausgeführt. Stattdessen wird seine Adresse als ein Baustein für die Konstruktion einer neuen Wortdefinition benutzt. Der Textinterpreter erfüllt diese Aufgabe, indem er ein FORTH-Definitionswort benutzt, um neue Definitionen zu kompilieren. Neue Definitionen werden an das Ende des Wörterbuches angehängt, wodurch es mehr und mehr Speicherplatz beansprucht.

Entsprechend den FORTH-Kerndefinitionen bestehen auch die meisten selbstdefinierten Worte hauptsächlich aus einer Reihe von Adreßzeigern. Jeder dieser Zeiger zeigt auf die Adresse eines Wortbausteines, die während der Kompilation im Wörterbuch festgelegt wurde. Wenn ein Wort aus dem Eingabestrom keinem Wörterbucheintrag entspricht, versucht der Textinterpreter dieses Wort in eine Zahl umzuwandeln. Der entsprechende Wert wird ebenfalls als zusätzlicher Baustein in die neue Wortdefinition kompiliert.

Eine neu kompilierte Wortdefinition kann im Ausführungsmodus direkt ausgeführt werden, indem der Wortname in den Eingabestrom gebracht wird (z.B. durch eine Tastatureingabe). Der Textinterpreter findet diese Definition und übergibt die Kontrolle an den Adreßinterpreter. Dieser benutzt die erwähnten Adreßzeiger, um die einzelnen Bausteine der Definition auszuführen. Wenn auch diese Bausteine eine Reihe von Zeigern darstellen, "fädelt" sich der Adreßinterpreter durch die einzelnen Definitionen, um die darin enthaltenen Bausteine in der richtigen Reihenfolge auszuführen.

Die Ausführung oder Kompilation wird beendet, sobald der Eingabestrom erschöpft ist. Entspricht eine Eingabe weder einem Wortnamen im Wörterbuch, noch einer Zahl, so resultiert ein Systemfehler. FORTH beendet alle laufenden Operationen, gibt eine kurze Fehlermeldung aus und begibt sich über eine teilweise Reinitialisierung des Systems wieder in den Ausführungsmodus; es ist bereit für neue Anweisungen.

* * *

Beispiel 2.2.1 - Dieses Beispiel demonstriert die Ausgabe einer Textzeile auf dem Bildschirm oder dem Drucker:

ok
CR .(Dies ist ein Test !!) <cr>
Dies ist ein Test !! ok

In diesem und auch in allen anderen Beispielen werden alle Ausgaben auf dem Bildschirm oder Drucker **fett** gedruckt. Das "**ok**" in der ersten Zeile zeigt, daß sich FORTH im Ausführungsmodus befindet (im Kompilationsmodus wird keine "**ok**" Meldung ausgegeben).

Das FORTH Wort **CR** <f,79,83> ist der Name einer definierten Operation, die bei der Ausführung einen Wagenrücklauf (Carriage return) und einen Zeilenvorschub (Line feed) an das jeweilige Ausgabegerät sendet (im allgemeinen Bildschirm oder Drucker). Das Wort **.(** <83> ist ebenfalls der Name einer Wortdefinition. Durch **.(** werden, sofern sich FORTH im Ausführungsmodus befindet, alle folgenden Zeichen bis zur schließenden Klammer an das Ausgabegerät geschickt. Alle Ausgabegeräte drucken die auszugebenden Zeichen im allgemeinen an die nächste verfügbare Stelle in der Ausgabezeile. Zeilenvorschübe müssen explizit durch das FORTH Wort **CR** durchgeführt werden.

Aufgrund des vorangestellten **CR** wurde die Meldung "ok" in einer neuen Zeile ausgegeben. Das abschließende "ok" erscheint auf der verfügbaren Ausgabeposition. Es zeigt an, daß FORTH alle Worte des Eingabestromes erfolgreich ausgeführt hat und auf neue Eingaben wartet.

* * *

Beispiel 2.2.2 - Addieren Sie die Zahlen 2 und 3 und geben Sie das Ergebnis aus:

ok
2 3 + . <cr> 5 ok

Das einleitende "ok" zeigt, daß FORTH sich im Ausführungsmodus befindet, also für weitere Eingaben über die Tastatur bereit steht. Nachdem die <cr>-Taste gedrückt wurde, beginnt FORTH mit der Verarbeitung der Eingabezeile.

Stößt der Textinterpreter auf die Zahl zwei, legt er diesen Wert auf dem Parameterstack ab. (Der Parameterstack wird in einem späteren Kapitel noch ausführlicher besprochen. Zunächst reicht es aus anzunehmen, daß es sich dabei um einen Aufbewahrungsort im Hauptspeicher handelt. Es können Werte auf den Stack gelegt werden - das heißt in diesem speziellen Arbeitsspeicherbereich gespeichert werden - und später für andere Operationen weiterverwendet werden.) Die Zahl drei wird genauso behandelt. In FORTH erfolgt die Zahleneingabe normalerweise in Form ganzer Zahlen - Integers - ohne ein Dezimalkomma. Negativen Werten wird ein Minuszeichen vorangestellt.

Das FORTH-Kern Wort **+** <f,79,83> wird nach dem Ablegen der beiden Zahlen auf dem Stack ausgeführt. **+** entfernt die beiden obersten Werte vom Stack, bildet die Summe aus beiden Werten und legt das Ergebnis wieder auf dem Stack ab. Das Wort **.** (im FORTH-Jargon als Dot bezeichnet) wird als letztes ausgeführt. Es nimmt den obersten Wert vom Stack und gibt ihn auf dem Bildschirm aus. Das "ok" am Ende der Zeile zeigt an, daß der Eingabestrom erschöpft ist, und der Textinterpreter für weitere Eingaben bereit steht.

Sie werden sicher bemerkt haben, daß der mathematische Operator **+** hinter den beiden Zahlen, seinen Operanden, eingegeben wurde. Diese "postfix"-Notation (bzw. UPN für <u>U</u>mgekehrt <u>P</u>olnische <u>N</u>otation) ist charakteristisch für die Programmiersprache FORTH und andere stackorientierte

Sprachen. Erst durch die Verwendung der UPN wird es möglich, den
Stack als allgemeinen Ort zur Parameterübergabe effektiv nutzen zu können.

* * *

Beispiel 2.2.3 - Bilden Sie eine neue Definition, die die Zahlen 2 und 3
addiert und das Ergebnis ausgibt:

ok
: ZWEI_PLUS_DREI 2 3 + . ; <cr> ok
ZWEI_PLUS_DREI <cr> 5 ok

Das erste "ok" zeigt an, daß sich FORTH im Ausführungsmodus befindet.
In der nächsten Zeile lernen wir den Doppelpunkt : (im FORTH-Jargon
als Colon bezeichnet) kennen. Dies ist eines der wichtigsten und nützlichs-
ten FORTH Worte. Der Doppelpunkt schaltet FORTH in den
Kompilationsmodus und ermöglicht so die Kompilation einer neuen Wortdefinition. Der Name der neuen Definition ist der Name, der direkt (allerdings getrennt durch ein Leerzeichen) nach dem Doppelpunkt eingegeben
wurde. In diesem Fall ist **ZWEI_PLUS_DREI** der Name des neuen
Wörterbucheintrages.

Die folgenden Worte werden nicht ausgeführt, sondern kompiliert. Auch
die Zahlen zwei und drei werden nicht auf dem Parameterstack abgelegt.
Stattdessen werden sie als Bausteine der neuen Definition kompiliert. Der
nächste Baustein von **ZWEI_PLUS_DREI** ist die Additionsoperation +.
Weil FORTH sich noch im Kompilationsmodus befindet wird auch + nicht
ausgeführt. Stattdessen wird die Adresse von + in die neue Definition
kompiliert. Das gleiche geschieht mit dem Ausgabebefehl . (dot).

Das letzte Wort dieser "Doppelpunkt"-Definition ist ; (Semikolon)
<f,79,83>. Das Semikolon wird nur in Verbindung mit dem Doppelpunkt
eingesetzt, da es den Abschluß einer Doppelpunktdefinition bildet, indem
es die Adresse eines "Schlußbausteines" in die Definition von
ZWEI_PLUS_DREI kompiliert und FORTH zudem wieder in den Ausführungsmodus zurückschaltet.

Die letzte Zeile zeigt, daß die Ausführung eines Wortes einfach durch die
Eingabe des Wortnamens geschieht. Nach der Eingabe von
ZWEI_PLUS_DREI ermittelt der Textinterpreter die Adresse des Wortes
durch eine Suche im Wörterbuch. Nun werden die einzelnen Bausteine der
Wortdefinition nacheinander zur Ausführung gebracht.

Zunächst werden die beiden Zahlen auf den Stack kopiert. Als nächstes wird der kompilierte Zeiger auf das FORTH Wort + benutzt, um die dazugehörige Definition zu lokalisieren und auszuführen. Konkret heißt dies, die beiden obersten Stackwerte werden addiert und das Ergebnis wiederum auf dem Stack abgelegt. Auf dieselbe Weise wird . behandelt. Es führt dazu, daß die oberste Zahl auf dem Stack ausgegeben wird. Damit ist die Ausführung der selbstdefinierten Wortdefinition beendet.

Ein wesentlicher Aspekt ist, daß die Wortdefinition **ZWEI_PLUS_DREI** ebenso aufgerufen wird, wie ein beliebiges Kernwort. FORTH unterscheidet nicht zwischen Kernworten und benutzerdefinierten Worten. Beide Wortdefinitionen werden mit einem identischen Aufbau im Wörterbuch abgelegt.

* * *

2.3 Stackoperationen

Die ungewöhnlichste und gleichzeitig vielseitigste Eigenschaft von FORTH ist die Verwendung zweier Stacks. Die hohe Ausführungsgeschwindigkeit und die enorme Flexibilität können zum größten Teil auf das Stack-Konzept zurückgeführt werden.

Nahezu jede Programmiersprache verwendet Stacks, aber normalerweise werden diese vor dem Anwender "versteckt". FORTH jedoch gruppiert viele Operationen um den Parameter- und den Returnstack. Der Parameterstack steht unter der direkten Kontrolle des Anwenders, während der Returnstack hauptsächlich für Systemaufgaben genutzt wird. Der Parameterstack wird meistens einfach als "Stack" bezeichnet, während der Returnstack mit seinem vollen Namen benannt wird.

Jeder Stack wird durch einen zusammenhängenden Arbeitsspeicherbereich realisiert, in dem Werte temporär und in sequentieller Reihenfolge abgelegt werden. In jeder Stackposition kann ein einzelner Wert gespeichert werden. Ein Stackpointer (Stapelzeiger) zeigt auf den Stackanfang (TOS = Top Of Stack), d.h. auf den obersten Wert auf dem Stack.

Das Ablegen eines Wertes auf dem Stack läßt sich mit dem Ablegen einer Karte auf einem Kartenstapel vergleichen. Wird ein Wert vom Stack entfernt, so handelt es sich immer um den obersten Wert auf dem Stack, genauso wie beim Herunternehmen einer Karte vom Kartenstapel immer die

oberste Karte genommen wird. Mit jedem hinzugefügten oder entfernten
Wert wird der Stackpointer aktualisiert, damit dieser stets auf den obersten
Wert des Stacks zeigt.

Das soeben beschriebene Prinzip wird auch als LIFO- (Last In - First Out
oder auf deutsch: zuletzt dazugekommen - als erstes weggenommen) Prinzip bezeichnet. Der zuletzt auf dem Stack abgelegte Wert wird immer als
erstes wieder vom Stack genommen (es sei bereits an dieser Stelle darauf-
hingewiesen, daß es Befehle gibt, die die Reihenfolge der Zahlen auf dem
Stack verändern, so daß diese Regel strenggenommen nur eingeschränkt
gilt). Wird ein Wert auf dem Stack abgelegt, wird der Stackpointer entsprechend erniedrigt (der Stack wächst also in Richtung kleiner werdender
Systemadressen), wird ein Wert vom Stack genommen, wird der Stackpointer entsprechend erhöht. Sowohl der Parameterstack als auch der
Returnstack werden nach dem LIFO-Prinzip verwaltet.

Nach dem Ablegen eines Wertes auf dem Stack, wird das bis dato oberste
Element zum zweitobersten Wert (manchmal auch als Second bezeichnet)
auf dem Stack. Wird ein Wert wieder vom Stack genommen, so wird das
zweitoberste Element wieder zum obersten Element auf dem Stack und
damit zum neuen TOS. Die Speicherstellen im Arbeitsspeicher, an denen
die Werte gespeichert sind, wurden bei dieser Operation allerdings nicht
verändert. Verändert hat sich lediglich der Stackzeiger.

Stackwerte können nur einzeln und in der umgekehrten Reihenfolge vom
Stack genommen werden, wie sie abgelegt wurden. Auf Werte, die sich
nicht an oberster Stelle auf dem Stack befinden kann regulär nicht eher
zugriffen werden, bis diese sich selber im TOS befinden. Dies kann entweder durch Entfernen aller darüberliegenden Werte oder durch spezielle
Stackmanipulationsworte geschehen.

Der Parameterstackzeiger wird automatisch initialisiert und mit jeder
Stackoperation aktualisiert. FORTH enthält eine Systemvariable, die den
ursprünglichen Wert des Stackzeigers enthält. In FORTH-83 heißt diese
Systemvariable SP0. Sie gehört aber nicht zum Standardwortschatz. Wird
der Stackpointer mit diesem Wert initialisiert, sind alle Werte auf dem
Stack gelöscht.

Normalerweise ist der Stackzeigerwert für den Benutzer nicht von Interes-
se, dennoch kann sein Wert durch die Befehlsfolge SP0 @ auf den Stack
geholt werden. Der Benutzer wird dagegen sehr oft auf Werte auf dem
Stack zugreifen, da der Stack in FORTH der zentrale Ort für die
Parameterübergabe zwischen einzelnen Wortdefinitionen ist.

FORTH Worte, die die Reihenfolge der Stackwerte verändern, sollen nicht auf einmal vorgestellt werden, sondern werden an geeigneter Stelle im laufenden Text eingeführt. Um den Stack besser kennenzulernen, reichen zunächst einmal zwei Worte. Da wäre zum einen das Wort . , das bereits vorgestellt wurde. Es sei an dieser Stelle angemerkt, daß auch . nach der Ausgabe des obersten Stackwertes den Stackzeiger entsprechend aktualisiert. Das Wort **DUP** <f,79,83> kopiert den obersten Stackwert. Der Stackzeiger wird auf die oberste Kopie justiert, während das "Original" den zweiten Stackwert bildet.

Alle Worte, die den Stack verändern, weisen eine Gemeinsamkeit auf. Jedes Wort nimmt die Operanden vom Stack herunter und justiert den Stackzeiger entsprechend. Nach der Ausführung der Operation wird das Ergebnis der Operation, eine beliebige Anzahl von Werten (z.B. eine Summe) wieder auf dem Stack abgelegt.

                              *   *   *

Beispiel 2.3.1 - Legen Sie vier Werte auf dem Parameterstack ab:

ok
-987 123 456 789 <cr> ok

Das "ok" in der letzten Zeile zeigt an, daß der Textinterpreter für weitere Eingaben bereit ist. Abb. 2.3.1 zeigt die Belegung des Stacks nach der letzten Eingabe.

Adresse	Inhalt	Adresse	Inhalt
S0-10		S0-10	
S0-8		S0-8	
S0-6		S0-6	
S0-4		S0-4	
S0-2		S0-2	- 987
S0		S0	

Stackzeiger	S0	Stackzeiger	S0

Abbildung 2.3.1

a) vor der Eingabe   b) nach der Eingabe

Die erste Eingabe, die Zahl -987, entspricht keiner Wortdefinition und wird daher vom Textinterpreter in einen numerischen Wert umgewandelt. Nach dieser Umwandlung wird die Zahl -987 an oberster Stelle auf dem Stack abgelegt. Abb. 2.3.1 zeigt die Belegung des Stacks vor und nach der Eingabe der Zahl. Sodann wird die nächste Eingabe, die Zahl 123, in eine Zahl umgewandelt und auf dem Stack abgelegt, wobei der Stackzeiger automatisch erniedrigt wird, um stets auf den neuesten Stackeintrag zu zeigen. Entsprechend werden auch die übrigen beiden Eingabeworte auf dem Stack abgelegt, und der Stackzeiger wird entsprechend justiert. Das letzte "ok" signalisiert die erfolgreich abgeschlossene Verarbeitung des Eingabestromes. Es liegen nun vier Werte auf dem Stack (siehe Abb. 2.3.2), wobei der oberste Wert, auf den naturgemäß direkt zugegriffen werden kann, der zuletzt eingegebenen Zahl 789 entspricht.

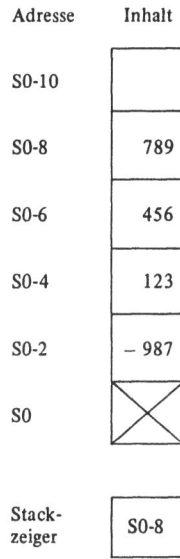

Abbildung 2.3.2

Beispiel 2.3.2 - Geben Sie die oberste Zahl auf dem Stack aus dem letzten Beispiel auf dem Bildschirm aus:

ok
. <cr> 789 ok

Sobald der Textinterpreter auf das Wort . (dot) stößt, führt er die entsprechende Definition aus. In diesem Fall wird die oberste Zahl auf dem Stack, also jene, die durch den momentanen Wert des Stackzeigers adressiert wird, vom Stack entfernt und auf dem Bilschirm ausgegeben. Der Stackzeiger wird anschließend erhöht, um auf den zweiten Wert, der jetzt den neuen TOS bildet, zu zeigen.

Das abschließende "ok" zeigt an, daß FORTH für weitere Eingaben bereit
ist. Zu diesem Zeitpunkt enthält der Stack, wie Abb. 2.3.3 zeigt, drei
Werte, mit der Zahl 456 an der Spitze.

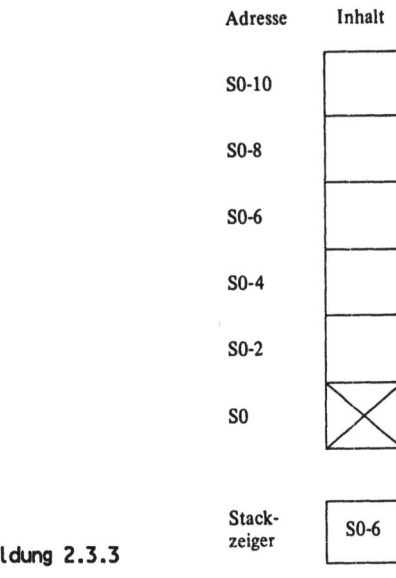

Abbildung 2.3.3

* * *

Beispiel 2.3.3 - Geben Sie die Zahl, die sich nach dem letzten Beispiel an
oberster Stelle auf dem Stack befindet aus, aber hinterlassen Sie eine Kopie dieser Zahl auf dem Stack:

ok
DUP . <cr> 456 ok

Die Ausführung von **DUP** nimmt den obersten Wert 456 vom Stack,
hinterläßt aber zwei identische Kopien. Der FORTH-Befehl . nimmt die
obere Kopie vom Stack und gibt sie auf dem Bildschirm aus, ohne allerdings die zweite Kopie oder irgendwelche darunterliegenden Werte zu
zerstören. Nach der Ausführung von **DUP** . ist der Stackinhalt identisch
mit dem Stackinhalt vor der Ausführung dieser Befehlssequenz.

* * *

Beispiel 2.3.4 - Legen Sie einen weiteren Wert auf dem Stack ab, und geben Sie die oberen drei Werte aus:

ok
-444 . . . <cr> -444 456 123 ok

Die Eingabe von -444 bewirkt, daß dieser Wert an oberster Stelle auf dem Stack abgelegt wird. Bei jeder Ausführung des FORTH Wortes . wird der oberste Stackwert vom Stack genommen und auf dem Bildschirm ausgegeben. Nach der Ausführung des Beispiels liegt nur noch die Zahl 987 auf dem Stack.

* * *

Beispiel 2.3.5 - Gehen Sie davon aus, daß sich noch eine Zahl aus dem vorangehenden Beispiel auf dem Stack befindet. Was würde passieren, wenn Sie versuchen zwei Zahlen anstelle der einen vorhandenden Zahl vom Stack zu nehmen? Das tatsächliche Verhalten ist installationsabhängig und könnte z.B. folgendermaßen aussehen:

ok
.. <cr> -987 0 ?Stack Not enough parameters

Nachdem das letzte Element auf dem Stack ausgegeben wurde, ist der Stack leer. Bei der zweiten Zahl handelt es sich um einen Wert außerhalb des Stackbereichs. In FORTH resultiert jeder Versuch, mehr Zahlen vom Stack zu nehmen, als insgesamt abgelegt wurden, in einer Fehlersituation (in diesem Fall in einen Stack-Unterlauf). Insbesondere in größeren Programmen können solche Stack-Unterlauf- bzw. Stack-Überlauf-Situationen zu schwer lokalisierbaren Fehlern führen. FORTH unternimmt im allgemeinen keinen Versuch, den Stack auf seine Grenzen zu überprüfen. Obwohl nach einem derartigen Fehler keine "ok" Meldung erscheint, ist FORTH dennoch für weitere Eingaben bereit.

* * *

2.4 Umgekehrt Polnische Notation (UPN)

In FORTH werden alle Stackoperationen unter Verwendung der "Postfix Notation" oder auch "Umgekehrt Polnische Notation" (UPN) durchgeführt. Unter UPN werden zuerst die Operanden und dann die Operatoren übergeben. Der Unterschied zwischen der "Postfix"-Notation und der allgemein gebräuchlicheren algebraischen oder "Infix"-Notation kann sehr gut anhand von zwei Taschenrechnertypen beschrieben werden, wobei der "Postfix-Typ" lediglich von einer einzigen, allerdings recht bekannten Firma, vertrieben wird. Die meisten Taschenrechner benutzen die algebraische Notationsform, bei der eine Operation z.B. folgendes Aussehen haben kann : "1 + 2 =". Hier steht der Operator zwischen den Operanden. Durch das Gleichheitszeichen wird dem Rechner angezeigt, daß ein Ergebnis gewünscht wird. Sobald mehr als eine Operation durchgeführt werden soll, muß eine Vereinbarung getroffen werden, die die Reihenfolge der Operationen festlegt. Unter der algebraischen Notation existiert daher eine festgelegte Prioritätsfolge zwischen den einzelnen Operatoren.

Unter UPN ist eine solche Prioritätsfolge nicht erforderlich, da hier mit einem Stack gearbeitet wird. Zunächst werden die Operanden auf dem Stack abgelegt und anschließend die gewünschte Operation ausgeführt. Eine einfache Addition hat unter UPN folgendes Aussehen: '1 2 +' (bei einem UPN-Taschenrechner muß nach jeder Eingabe die ENTER Taste betätigt werden). Die Operanden '1' und '2' werden auf dem Stack abgelegt und der Operator '+' addiert diese beiden obersten Stackelemente. Per definitionem nimmt jeder Operator seine Operanden vom Stack und legt das Ergebnis dort wieder ab. Die vier Grundoperationen nehmen also ihre zwei Werte vom Stack und legen das Ergebnis wieder auf dem Stack ab. Die Priorität der einzelnen Operationen muß vom Benutzer festgelegt werden. So entspräche dem Infix-Ausdruck '5 * (6 + 7)=' folgender Eingabe auf einem UPN-Taschenrechner: '5 6 7 + *'. Nachdem alle drei Operanden auf dem Stack liegen, addiert + die obersten beiden Zahlen und legt das Ergebnis auf dem Stack ab. Dort befindet sich neben dem Ergebnis noch der dritte Operand. Dieser wird durch den Operator * mit dem Ergebnis der Addition multipliziert. Auch dieses Ergebnis wird nun auf dem Stack abgelegt und verbleibt dort als einziger Stackwert, da die übrigen Werte durch die Operationen "verbraucht" wurden. Im Gegensatz zum Beispiel entspräche der Infix-Ausdruck '(5 * 6) + 7 =' folgendem UPN-Ausdruck: '5 6 * 7 +'. Den Stackoperatoren ist es - salopp ausgedrückt - egal, woher die Operanden kommen. Wie soeben gezeigt wurde, können die Operanden entweder explizit eingegeben oder aber als Ergebnis einer Operation auf dem Stack abgelegt werden. In diesem Sinne ist der Stack ein allgemein zugänglicher Ort im Computer, an dem Daten abgelegt werden. Programme in der Programmiersprache FORTH kommen daher mit sehr viel weniger Konstanten und Variablen aus, als andere

Programmiersprachen, weil die meisten Zwischenergebnisse sowohl auf dem Stack berechnet werden, als auch dort für spätere Operationen aufbewahrt werden können.

Allerdings muß dem Programmierer stets die Reihenfolge und der Typ (Integerzahl, Fließkommazahl, String usw.) der Stackparameter bekannt sein. Stackdiagramme wie in Abb. 2.3.3 sind daher eine erhebliche Arbeitserleichterung.

* * *

Beispiel 2.4.1 - Im folgenden finden Sie einige Beispiele zur Veranschaulichung der Unterschiede zwischen UPN und Algebraischer Notation:

```
ALGEBRAISCH              UPN

3  +  2                  3  2  +
12  /  3                 12  3  /
3  *  (4  +  5)          3  4  5  +  *
(1  +  2)  *  (3  -  4)  1  2  +  3  4  -  *
5  -  ((6  *  (7  +  8)) 5  6  7  8  +  *  -
5  -  (6  *  7  /  8 )   5  6  7  8  /  *  -
(5  -  6)  *  7  /  8    5  6  -  7  *  8  /
(5  -  (6  *  7))  /  8  5  6  7  *  -  8  /
```

Beispiel 2.4.2 - Berechnen Sie das Produkt zweier Zahlen:

ok
10 20 * . <cr> 200 ok

Bei der Ausführung des FORTH Wortes * <f,79,83> werden die beiden obersten Stackelemente miteinander multipliziert und das Ergebnis auf dem Stack abgelegt. Im Beispiel wurden die beiden über die Tastatur eingegebenen Zahlen '10' und '20' als Operanden verwendet. Der Operator * nimmt diese beiden obersten Stackelemente vom Stack und legt das Ergebnis der Multiplikation wieder auf dem Stack ab. Dieser Wert wird anschließend durch das Ausgabewort . vom Stack genommen und auf dem Bildschirm ausgegeben (siehe auch Abb. 2.4.1).

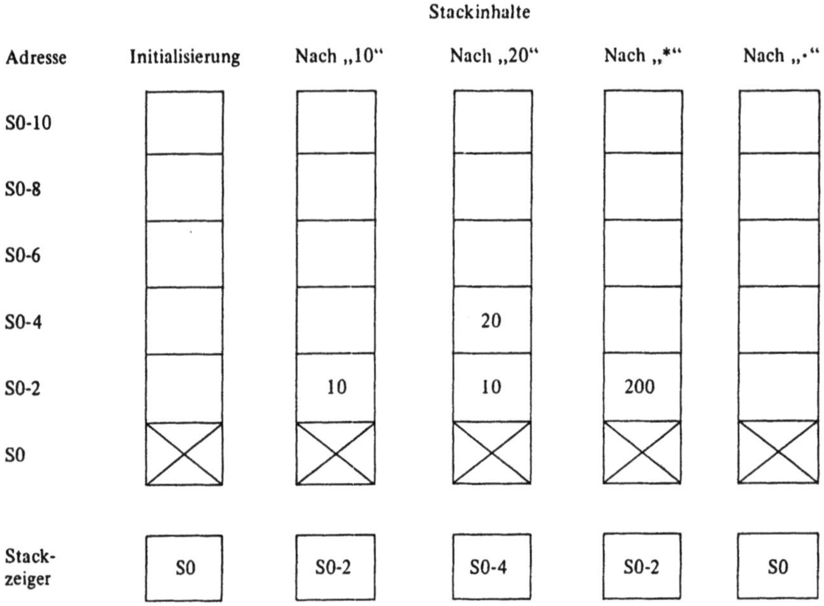

Stackinhalte

Adresse	Initialisierung	Nach „10"	Nach „20"	Nach „*"	Nach „·"
S0-10					
S0-8					
S0-6					
S0-4			20		
S0-2		10	10	200	
S0					
Stack-zeiger	S0	S0-2	S0-4	S0-2	S0

Abbildung 2.4.1

Falls der Stack zu Beginn der Operation aus Beispiel 2.4.2 leer war, wird er es auch wieder nach dem letzten "ok" sein. Befanden sich aber bereits Werte auf dem Stack, so werden diese durch die durchgeführten Operationen nicht direkt beeinflußt. Sie ändern zwar vorübergehend ihre Position auf dem Stack, liegen aber nach Beendingung der Operation unverändert auf dem Stack vor.

*   *   *

Beispiel 2.4.3 - Berechnen Sie den Ausdruck '(3 + 10) * 5' und geben Sie das Ergebnis auf dem Bildschirm aus:

ok
3 10 + 5 * . <cr> **65 ok**

Wie bereits erwähnt, werden unter UPN keine Klammern benötigt, da die Reihenfolge von Operanden und Operatoren explizit festgelegt wird. Die Ausführung des FORTH Wortes + addiert die beiden obersten Stackelemente und legt die Summe '13' wieder auf dem Stack ab. Danach wird die Zahl '5' auf dem Stack abgelegt und durch das FORTH Wort * mit der Zahl '13' multipliziert. Das Ergebnis wird wiederum an oberster Stelle auf

dem Stack abgelegt. Von dort wird es durch das FORTH Wort . weggenommen und auf dem Bildschirm ausgegeben. Nach Beendigung der
Operation befindet sich der Stack in dem selben Zustand wie vorher.
(siehe Abb. 2.4.2)

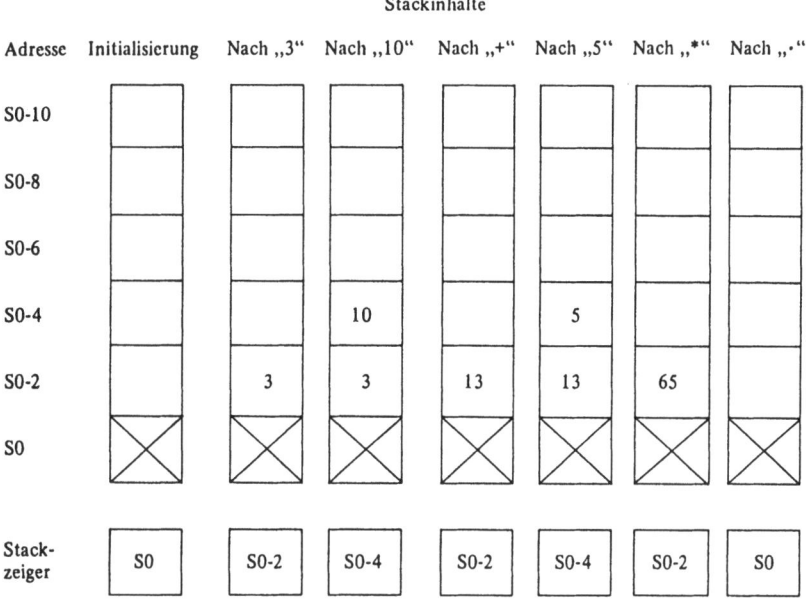

Abbildung 2.4.2

Beachten Sie, daß der * Operator die beiden obersten Stackwerte vom
Stack nimmt, ohne zu berücksichtigen, woher diese Werte stammen. In
diesem Fall war der erste Operator das Ergebnis einer früheren Operation,
während der zweite Operator über die Tastatur eingegeben wurde. Der
Parameterstack ist eine Verbindung zwischen den Werten, die einer
Operation vorgegeben werden und den (Zwischen-) Ergebnissen.

* * *

2.5 Stackmanipulationen

Auf dem Stack ist immer nur das oberste Element (TOS) direkt ansprech-
bar. Sofern eine Operation ein Stackelement vom Stack nimmt, wird es
sich hierbei immer um das oberste Element handeln. Werden insgesamt n
Elemente benötigt, so werden die obersten n Stackelemente vom Stack genommen. Anzahl und Reihenfolge der einzelnen Elemente sind für ein
und dasselbe FORTH Wort stets gleich.

In manchen Situationen sind die benötigten Elemente bereits auf dem
Stack, allerdings in der falschen Reihenfolge. Dies passiert vor allem dann,
wenn als Operanden die Ergebnisse früherer Operationen verwendet werden. FORTH verfügt daher über eine Anzahl von Worten, die die Reihenfolge der Stackelemente ändern können.

Eines dieser Stackmanipulationsworte wurde bereits vorgestellt. Es handelt
sich um **DUP**, welches bei seiner Ausführung den obersten Wert auf dem
Stack kopiert. Eine schematische Darstellung dieser Operation sieht
folgendermaßen aus:

$$(\text{ n } --- \text{ n n })$$

In diesem Stackdiagramm bezeichnet das Symbol n eine natürliche Zahl
(Integer), die eine Stackzelle zur Speicherung benötigt. Die Trennlinie repräsentiert die Ausführung der FORTH-Operation. Links von dieser
Trennlinie stehen die Operanden, die ein Wort benötigt, rechts davon werden die Parameter aufgeführt, die eine Operation produziert. Andere
Elemente, die bereits vorher auf dem Stack lagen, werden nicht aufgeführt, sofern sie durch die Operation nicht beeinflußt werden. Daß Stackdiagramm von **DUP** zeigt, daß ein Operand vom Stack genommen wird,
und zwei identische Kopien dieses Wertes auf dem Stack zurückgelassen
werden. Alle übrigen Werte auf dem Stack werden von der Ausführung
des Wortes **DUP** nicht betroffen.

In ähnlicher Weise kann ein Stackdiagramm für das Wort **DROP** <f,79,83>
erstellt werden:

$$(\text{ n } --- \text{ })$$

Aus dem Stackdiagramm ist ersichtlich, daß der oberstes Stackwert vom
Stack genommen wird. Auch hier bleiben alle übrigen sich eventuell auf
dem Stack vorhandenen Werte von der Ausführung des Befehls **DROP** unberührt.

Die Ausführung des FORTH Wortes **SWAP** <f,79,83> vertauscht die beiden oberen Stackelemente. Das Stackdiagramm sieht folgendermaßen aus:

$$(\text{ n1 n2 } --- \text{ n2 n1 })$$

Vor der Ausführung von **SWAP** enthielt der TOS die Zahl n2. Das
darunterliegende Stackelement ist die Zahl n1. Nach der Ausführung von
SWAP ist es genau umgekehrt. Nun enthält der TOS das Element n1 und
das darunterliegende Stackelement die Zahl n2.

Das FORTH Wort **ROT** <f,79,83> vertauscht insgesamt drei Werte auf dem Stack. Betrachten Sie das dazugehörige Stackdiagramm:

        (n1 n2 n3 - - - n2 n3 n1)

Dem Stackdiagramm ist zu entnehmen, daß **ROT** das dritte Element auf dem Stack - die Zahl n1 - an die Spitze des Stacks befördert. Die übrigen beiden Werte n2 bzw. n3 rutschen eine Position herab. Die Wirkung von **ROT** läßt sich auch als eine Rotation der obersten drei Stackelemente gegen den Uhrzeigersinn beschreiben.

Das FORTH Wort **OVER** <f,79,83> wird dazu verwendet, den an zweiter Stelle auf dem Stack befindlichen Wert in den TOS zu kopieren. Das Stackdiagramm veranschaulicht noch einmal die Wirkungsweise von **OVER**:

        (n1 n2 - - - n1 n2 n1)

Schließlich bewirkt die Ausführung von **?DUP** <79,83> bzw. **-DUP** <f>, daß der Inhalt des TOS auf dem Stack kopiert wird, sofern der Inhalt von Null verschieden ist. Ist der Wert des TOS gleich Null, hat diese Operation keine Auswirkung. Auch dazu ein Stackdiagramm:

        (n1 - - - n1 n1   falls n1 <> 0)

An diesem Beispiel muß zwischen den Sprachversionen Fig-FORTH und FORTH-79 bzw. FORTH-83 unterschieden werden. So auch beim nächsten Beispiel, welches einen Unterschied zwischen der Sprachversion FORTH-79 und FORTH-83 aufzeigt. Achten Sie daher immer auf das begleitende Symbol <f>, <79> bzw. <83>, welches Aufschluß gibt, auf welche der drei Sprachversionen sich die Beschreibung bezieht. Abb. 2.5 zeigt die Auswirkung verschiedener Stackoperationen auf einen vorgegebenen Stackinhalt.

Mit der Sprachversion von FORTH-79 wurden drei weitere Worte zur Stackmanipulation eingeführt. Es handelt sich um die Operationen **PICK**, **ROLL** und **DEPTH**, die nun vorgestellt werden. Durch das FORTH Wort **PICK** <79,83>, dessen Stackdiagramm im folgenden abgebildet ist, wird der n-te Wert (n ist die Position des betreffenden Elements auf dem Stack) in den TOS kopiert:

        (n - - - n2)

Mit **PICK** ist es möglich, auf einen beliebigen Stackwert zuzugreifen. So kopiert die Befehlsfolge '4 PICK' das vierte Stackelement in den TOS. Allerdings unterscheidet sich die FORTH-79-Version des Wortes **PICK** von der FORTH-83-Version in der Zählweise für das Element n. Während in FORTH-79 der TOS das erste Stackelement darstellt, ist der TOS in FORTH-83 das nullte Stackelement. In FORTH-79 hat die Befehlsfolge '1 PICK' die gleiche Wirkung wie das Wort 'DUP'. In FORTH-83 entspricht es der Befehlsfolge '0 PICK', während die Befehlsfolge '1 PICK' in FORTH-83 dem Befehl **OVER** entspricht. Für das Wort **ROLL** <79,83>, welches das n-te Element in den TOS rotieren läßt, gelten dieselben Aussagen. Somit hat die Befehlsfolge '2 ROLL' in FORTH-83 dieselbe Wirkung wie das Wort **ROT**, und die Befehlsfolge '1 ROLL' entspricht dem Wort **SWAP**. Zuletzt sei an dieser Stelle noch das Wort **DEPTH** { >>> n} <79,83> genannt, welches die Anzahl der auf dem Stack befindlichen Werte im TOS ablegt.

Adresse	Ursprünglicher Inhalt	Auswirkungen auf den Stack				
		DUP	DROP	SWAP	ROT	OVER
S0-8		300				200
S0-6	300	300		200	100	300
S0-4	200	200	200	300	300	200
S0-2	100	100	100	100	200	100
S0-0	X	X	X	X	X	X
Stackzeiger	S0-6	S0-8	S0-4	S0-6	S0-6	S0-8

Abbildung 2.5.1

Im weiteren Verlauf dieses Buches wird zu allen neu vorgestellten Worten neben einer Zuordnung zu einer der drei Sprachversionen <f,79 oder 83> auch das dazugehörige Stackdiagramm aufgeführt. In einigen Fällen wird auch die Aussprache erwähnt. So wird beispielsweise die Ausgabeoperation . im FORTH-Jargon als **dot** (zu deutsch Punkt) bezeichnet. Das Wissen um solche "Pseudobezeichnungen" erleichtert das Verständnis weiterführender Literatur. Nicht zuletzt wird so die Gefahr vermieden, daß ein unscheinbarer Punkt beim Lesen übersehen wird.

* * *

Beispiel 2.5.1 - Legen Sie zwei Werte auf dem Stack ab, vertauschen Sie ihre Position, und geben Sie sie anschließend wieder aus:

```
ok
123  456  SWAP . .  <cr>  123  456  ok
```

Da die Zahl 456 als letztes auf dem Stack abgelegt wurde, bildet sie den TOS und würde normalerweise auch als erstes wieder ausgegeben werden. Durch die Ausführung von **SWAP** wird allerdings die Anordnung der beiden obersten Elemente vertauscht, so daß sich die Zahl 123 im TOS befindet und durch die Ausgabeoperation . als erstes ausgegeben wird.

* * *

Beispiel 2.5.2 - Legen Sie drei Werte auf dem Stack ab, kehren Sie ihre Reihenfolge um und geben Sie sie wieder aus:

```
ok
123  456  789  SWAP  ROT . . .  <cr>  123  456  789  ok
```

SWAP vertauscht die Reihenfolge der Werte 456 und 789, so daß 456 zum neuen TOS wird. **ROT** nimmt nun den untersten Stackwert 123 und legt in an oberster Stelle auf dem Stack ab, dabei werden die übrigen beiden Werte um eine Position nach unten verschoben. Durch die drei dots werden die Stackwerte in umgekehrter Reihenfolge ausgegeben. (Ein FORTH-Neuling mag beim Betrachten der Stackausgabe einwenden, daß sich die Reihenfolge der Stackwerte doch gar nicht geändert hat. Denken Sie allerdings daran, daß aufgrund des LIFO-Prinzips die Reihenfolge der Ausgabe ohne Einwirkung der Befehle **SWAP** und **ROT** genau andersherum aussähe.)

* * *

Beispiel 2.5.3 - Legen Sie zwei Werte auf dem Stack ab, kopieren Sie beide Werte und geben Sie sie mit ihren Kopien aus:

ok
123 456 OVER OVER . . . . <cr> **456 123 456 123 ok**

Das erste **OVER** fertigt eine Kopie des zweiten Stackwertes 123 an und legt die Zahl auf dem TOS ab. Das zweite **OVER** fertigt ebenfalls eine Kopie des nun an zweiter Stelle befindlichen Stackwertes 456 an und legt diese Kopie im TOS ab.

*   *   *

Beispiel 2.5.4 - Berechnen Sie die Differenz und den Quotienten zweier Werte:

ok
12 4 OVER - . / . <cr> **8 3 ok**

Nachdem die beiden Werte auf dem Stack liegen, werden sie durch die Befehlsfolge 'OVER OVER' kopiert. Das Wort - subtrahiert den Wert 4 vom Wert 12 und legt das Ergebnis im TOS ab, von wo es durch den Ausgabebefehl . auf dem Bildschirm ausgegeben wird. Da sich die beiden ursprünglich eingegebenen Werte immer noch auf dem Stack befinden, kann durch die Ausführung des Wortes / der Quotient gebildet werden. Der Wert 12 wird durch den Wert 4 geteilt und das Ergebnis auf dem TOS ablegt. Anschließend wird es durch . ausgegeben.

*   *   *

Beispiel 2.5.5 - Legen Sie drei Werte auf dem Stack ab, und geben Sie die Anzahl der Stackwerte aus:

ok
111   222   333 <cr> **ok**
DEPTH . <cr> **3 ok**

DEPTH ermittelt die Anzahl der Stackwerte und legt sie im TOS ab, so daß . diesen Wert auf dem Bildschirm ausgeben kann.

In einem Fig-FORTH System, das die Definition **DEPTH** nicht enthält, muß **DEPTH** durch folgende Wortsequenz nachgebildet werden:

ok
111 222 333 <cr> ok
SP@ S0 @ SWAP - 2 / . <cr> **3 ok**

Die Befehlssequenz in der zweiten Zeile ist das Fig-FORTH-Äquivalent zu **DEPTH**. Sie kann aber nicht in einem FORTH-79 System verwendet werden. Das Wort **SP@** <f> legt den augenblicklichen Wert des Stackzeigers auf dem Stack ab. Die Benutzervariable **S0** <f> enthält den Initialisierungswert des Stackzeigers, der durch die Befehlssequenz **S0 @** ebenfalls auf dem Stack abgelegt wird. Die Differenz dieser beiden Werte, geteilt durch zwei, entspricht der Anzahl der belegten Stackelemente vor der Ausführung dieser Wortsequenz. (die ermittelte Anzahl zählt als Stackelement). Das Wort **SWAP** zum Vertauschen der obersten beiden Stackelemente ist notwendig, da bei vielen FORTH-Systemen der Stack in Richtung kleiner werdender Speicheradressen wächst.

In FORTH-79 sind viele der Kernelemente des Systems, wie z.B. der Stackzeiger oder die Initialisierungswerte, dem Benutzer nicht zugänglich. Nach der Philosophie von FORTH-79 werden dem Benutzer alle notwendigen "High-level"-Definitionen zur Verfügung gestellt, nicht aber jene fundamentale Operationen, die in erster Linie dazu benutzt werden, die entsprechenden Fig-FORTH Äquivalente zu konstruieren. Dadurch eignet sich FORTH-79 besser für den Einsteiger bzw. den reinen Anwender, während Fig-FORTH eher für den erfahrenen Anwender bzw. den Systemprogrammierer nützlich ist.

KAPITEL 3

NUMERISCHE OPERATOREN

3.1 Überblick

Der Inhalt des Arbeitsspeichers kann numerische Werte, ASCII-Code oder logische Werte beinhalten. Im Gegensatz zu anderen Programmiersprachen teilt FORTH den Arbeitsspeicher nicht in verschiedene Bereiche für die unterschiedlichen Datentypen auf. Der Programmierer trägt die Verantwortung dafür, daß der angegebene Arbeitsspeicherbereich auch den richtigen Datentyp enthält.

Numerische Werte können in verschiedenen Formaten vorliegen. Das gebräuchlichste Format ist die einfach genaue Darstellung. In dieser Darstellung kann in einer Speicherzelle (16 Bit) eine vorzeichenbehaftete Integer im Bereich von -32768 bis 32767 oder eine vorzeichenlose Integer im Bereich von 0 bis 65535 gespeichert werden. Für die Speicherung von doppelt genauen Integern werden zwei Speicherzellen zusammengefaßt, wodurch sich der Zahlenbereich erheblich vergrößert. Die Größenordnung von Integern hängt natürlich auch von der verwendeten FORTH-Version ab. Zwar beziehen sich die Sprachstandards immer noch auf 16-Bit-Zahlen als einfach genaue Zahlen, in einem modernen 32-Bit-FORTH-System handelt es sich bei einer einfach genauen Zahl allerdings um eine 32 Bit-Integer. Aus diesem Grund beziehen sich alle folgenden Angaben auf ein 16-Bit-FORTH-System, für ein 32-Bit-FORTH-System entsprechend auf 32-Bit-Zahlen.

FORTH enthält bereits zahlreiche Operatoren zur Verarbeitung von einfach und doppelt genauen Integern. Außerdem stellt es Worte zur Verfügung, mit denen eine gemischte Verarbeitung der verschiedenen Formate sowie die Verarbeitung logischer Werte möglich ist.

3.2 Zahlendarstellung

In der Regel kann man beim Programmieren in FORTH davon ausgehen, daß alle numerischen Werte, die von einem FORTH-Programm verarbeitet werden, ganze Zahlen (Integer) sind. Zwar bieten viele FORTH-Systeme dem Benutzer die Möglichkeit auch Fließkommazahlen zu verarbeiten, allerdings ist dies eher die Ausnahme, da sich auch mit Integern eine für die meisten Fälle ausreichende Genauigkeit erzielen läßt.

Negative Integer werden durch das Voranstellen eines Minuszeichens gekennzeichnet. Unabhängig von ihrer Bedeutung, werden intern alle Daten
im Binärformat dargestellt. Die Umwandlung von numerischen- oder
Textdaten in ein binäres Format und umgekehrt, geschieht automatisch als
ein Teil der Ein- bzw. Ausgaberoutine. Einfach genaue Integer werden
intern durch eine 16-stellige Binärzahl repräsentiert. Vorzeichenlose Integer können u.a. zur Darstellung von Arbeitsspeicheradressen verwendet
werden. Wenn ein Stackwert eine Adressse darstellt, wird er im Stackdiagramm durch das Symbol 'adr' wiedergegeben, ansonsten wird das
Symbol 'u' verwendet.

Bei vorzeichenbehafteten Integern steht das höchstwertige Bit für das
Vorzeichen. Ist es eine negative Zahl, enthält diese Bitposition eine '1',
ansonsten eine '0'. Daher verbleiben für die Darstellung des Zahlenwertes
nur die restlichen 15 Bits. Obwohl der Speicherbedarf von vorzeichenlosen
und vorzeichenbehafteten Integern gleich ist, kann der Darstellungsbereich
verschieden sein, da das höchstwertige Bit unterschiedlich eingesetzt wird.

Negative Zahlen werden im sog. Zweierkomplement gespeichert. (Um das
Zweierkomplement einer Zahl zu erhalten, werden alle Bits dieser Zahl
invertiert und das Resultat um Eins vergrößert.) Zahlen im Zweierkomplement werden genauso behandelt, wie Zahlen im regulären Binärformat. Auch bei negativen Zahlen wird die Umwandlung in das Zweierkomplement automatisch bei der Ein- bzw. Ausgabe durchgeführt.

Numerische Werte werden durch die Eingabe der Ziffernfolge über die
Tastatur auf dem Stack abgelegt. Eine Bereichsüberprüfung erfolgt dabei
nicht. Negative Zahlen werden bei der Eingabe durch ein vorangehendes
Minuszeichen gekennzeichnet, welches die Unwandlung in das Zweierkomplement veranlaßt. Wie bereits mehrmals erwähnt, kann eine einfach
genaue, vorzeichenbehaftete Zahl durch den Ausgabebefehl . (dot) { n >>>
} auf dem Bildschirm ausgegeben werden, wobei das Symbol 'n' für einen
vorzeichenbehafteten 16-Bit-Wert steht. Für vorzeichenlose Werte ist dieses Wort allerdings nicht geeignet, da hier das höchstwertige Bit fälschlicherweise als Vorzeichen interpretiert würde. Vorzeichenlose Zahlen
werden daher mit dem Befehl U. { u >>>   } <79,83> ausgegeben. Das
Symbol 'u' zeigt an, daß der TOS als vorzeichenlose Zahl betrachtet wird.

Jede 16-Bit-Zahl nimmt zwei zusammenhängende 8-Bit-Speicherstellen
ein. Bei den Stackzellen handelt es sich um 16-Bit-Speicherzellen, die aus
dem Zusammenschluß zweier 8-Bit-Speicherregister gebildet werden, so
daß in jeder Stackzelle stets ein einfach genauer Wert aufgenommen werden kann. Jede Operation, die eine Stackzelle betrifft, greift auf die gesamten 16 Bit dieser Stackzelle zu. Die Breite einer Stackzelle ist damit die
kleinste Einheit, die von einem Stackwort angesprochen werden kann. Bei

Werten, die die Stackzelle nicht ausfüllen, werden die restlichen Bits mit Nullen aufgefüllt. Zur Darstellung von ASCII-Codes würde ein Byte bereits ausreichen. Gelangt ein ASCII-Code auf den Stack, so werden die höherwertigen 8 Bit (bzw. 9 Bit, falls es sich um einen 7-Bit ASCII-Code handelt) mit Nullen ausgefüllt und nur die unteren 8 Bit bzw. 7 Bit zur Darstellung verwendet. ASCII-Codes werden in einem Stackdiagramm durch das Symbol 'c' bzw. Byte-Werte durch das Symbol 'b' dargestellt.

Wie unterscheidet FORTH zwischen vorzeichenlosen, vorzeichenbehafteten Zahlen, Adressen, Bytes oder Buchstaben auf dem Stack? Die Antwort lautet: Gar nicht!

Die Bedeutung dieser Werte existiert nur für den Benutzer, indem er für eine bestimmte Operation nur passende Werte verwendet. FORTH merkt sich weder das Darstellungsformat eines eingebenen Wertes, noch führt es eine Bereichsüberprüfung durch. Für die Richtigkeit der Eingaben muß der Programmierer sorgen.

*   *   *

Beispiel 3.2.1 - Geben Sie das Divisionsergebnis 100 durch 7 bzw. 100 durch -7 aus:

```
ok
100  7  /  .  <cr>  14  ok
100 -7  /  .  <cr>  -15  ok
```

Die Division wird in reiner Integer-Mathematik durchgeführt, ohne eventuelle Divisionsreste zu berücksichtigen. Ein Rest wird abgeschnitten, so daß als Ergebnis die Zahl 14 erscheint und nicht, wie zu erwarten, 14.285714. Wie der Darstellung zu entnehmen ist, wird in FORTH-83 stets abgerundet (-15 ist kleiner als -14). In Fig-FORTH bzw. FORTH-79 wird in Richtung der Zahl Null gerundet.

*   *   *

Beispiel 3.2.2 - Führen Sie folgende Operationen aus:

```
ok
65535   DUP  U.   .   <cr> 65535  -1 ok
65534   DUP  U.   .   <cr> 65534  -2 ok
-32767  DUP  U.   .   <cr> 32769  -32767 ok
-32768  DUP  U.   .   <cr> 32768  -32768 ok
```

Bei der Ausführung jeder einzelnen Zeile wird das binäre Format der Zahl auf dem Stack kopiert und dann als vorzeichenloser und als vorzeichenbehafteter Wert ausgegeben. Die erste Ausgabe in jeder Zeile setzt voraus, daß es sich bei dem Zahlenwert um eine vorzeichenlose Zahl handelt. Die zweite Ausgabe geht von der Annahme aus, daß es sich um eine vorzeichenbehaftete Zahl handelt. Beachten Sie, daß trotz der unterschiedlichen Ausgaben, das Binärformat auf dem Stack beide Male identisch ist. Lediglich die Anwendung eines unterschiedlichen Ausgabewortes sorgt dafür, daß zwei verschiedene Werte ausgegeben werden.

* * *

Beispiel 3.2.3 - Zeigen Sie das Ergebnis einer Bereichsüberschreitung an:

```
ok
65535   1  +  U.   <cr>  0 ok
```

Die Integerzahl 65535 wird (im Binärformat) durch eine Folge von sechzehn Einsen dargestellt. Bei der Addition der Zahl 1, müßte sich eine Eins, gefolgt von siebzehn Nullen, ergeben. Da eine Stackzelle aber nur 16 Bit breit ist, geht das höchstwertige Bit zwangsläufig verloren, so daß als Ergebnis eine Null erscheint. Sie werden bemerkt haben, daß FORTH keinerlei Warn- oder Fehlermeldung bei der Bereichsüberschreitung ausgegeben hat. Es bleibt Ihnen überlassen, auf die korrekte Einhaltung der Grenzen zu achten.

* * *

3.3 Verarbeitung einfach genauer Zahlen

Mathematische Operatoren wie +, -, * und / { n1 n2 >>> n3 } <f,79,83>
werden auf vorzeichenbehaftete 16-Bit-Werte angewendet. Alle diese
Operatoren lassen sich durch das gleiche Stackdiagramm darstellen, mit
zwei einfach genauen vorzeichenbehafteten Zahlen als Operanden und einer einfach genauen vorzeichenbehafteten Zahl als Ergebnis.

Für umfasssendere mathematische Operationen stehen weitere FORTH
Worte zur Verfügung. So hinterläßt z.B. die normale Divisionsoperation
nur ganzzahlige Quotienten, der Rest der Division wird nicht berücksichtigt. Die Ausführung von MOD { n1 n2 >>> n3 } <f,79,83> hinterläßt dagegen den Rest einer Division während der Quotient verloren geht.

Bei Bedarf können durch die Verwendung von /MOD { n1 n2 >>> n3 n4 }
<f,79,83> sowohl der Quotient (n4) und der Rest (n3) ermittelt werden.
Das Ergebnis des mathematischen Ausdrucks (n2*n4)+n2 ist gleich n1. Bei
allen Divisionen bekommt der Quotient ein negatives Vorzeichen, wenn
ein Operand negativ ist. Der Rest hat immer dasselbe Vorzeichen wie der
Divisor. Bezüglich der Divisionsoperationen besteht ein wesentlicher
Unterschied zwischen Fig-FORTH, FORTH-79 und FORTH-83. Während
bislang stets gegen Null gerundet wurde, wird in FORTH-83 stattdessen
generell abgerundet. (Der Unterschied macht sich bei negativen Zahlen
bemerkbar) Dieser Unterschied liegt in der Divisionstechnik des FORTH-
83-Compilers begründet. In FORTH-83 wird mit der sog. "floored
division" gearbeitet. Diese Divisionsform wurde eingeführt, weil in Fig-
FORTH (und in FORTH-79) die Befehlsfolge n1 2 / nicht dasselbe Ergebnis liefert wie (die schnellere Routine) 2/ <f,79,83). Durch die "floored
division" wurde dieses Problem behoben und FORTH damit wieder
konsistenter gestaltet.

Eine häufig anzutreffende arithmetische Operation ist (A*B)/C: multipli-
ziere zwei Zahlen miteinander und dividiere das Ergebnis durch eine
dritte Zahl. Dabei passiert es oft, daß das Zwischenergebnis, die Multiplikation zweier Zahlen, den Bereich für ganze Zahlen überschreitet. Würde
lediglich die Operationen * und / nacheinander ausgeführt werden, so
wäre ein Überlauf des obersten Stackelements und damit verbunden ein
falsches Resultat die Folge. Um ein falsches Resultat zu vermeiden, existieren die FORTH Worte */ { n1 n2 n3 >>> n4 } <f,79,83> und */MOD {
n1 n2 n3 >>> n4 n5 } <f,79,83>. Beide Worte führen die Berechnung
(n1*n2)/n3 aus. Der Unterschied - und damit der Vorteil - dieser Anweisungen liegt darin, daß für das Zwischenergebnis eine doppelt genaue
Zahl, d.h. zwei Stackzellen verwendet wird. Das doppelt genaue Zwischenergebnis wird dann durch n3 geteilt, wodurch wieder ein einfach genaues

Ergebnis entsteht. Die Anweisung */ hinterläßt nur den einfach genauen Quotienten, während */MOD sowohl den Quotienten (n4), als auch den Rest (n5) auf dem Stack ablegt.

Zwei weitere Wortdefinitionen beziehen sich auf vorzeichenbehaftete Werte. Der absolute Wert einer vorzeichenbehafteten 16-Bit-Zahl kann durch das Wort ABS { n >>> u } <f,79,83> ermittelt werden. Durch das Wort NEGATE { n >>> n1 } <79,83> kann das Vorzeichen einer Zahl auf dem TOS umgekehrt werden. Die größere von zwei einfach genauen Zahlen wird durch die Ausführung von MAX { n1 n2 >>> n3 } <f,79,83> ermittelt. Umgekehrt liefert die Anweisung MIN { n1 n2 >>> n3 } <f,79,83> die kleinere der beiden Zahlen n1 und n2.

Da es in FORTH-Programmen recht häufig vorkommt, daß der Wert auf dem TOS um Eins bzw. Zwei vergrößert werden muß, stellt FORTH die Worte 1+ { n1 >>> n1+1 } <f,79,83> und 2+ { n1 >>> n1+2 } zur Verfügung, die den Inhalt des TOS um Eins bzw. um Zwei erhöhen. Hierbei handelt es sich um mehr, als um die Zusammenfassung von zwei einzelnen Worten. Es handelt sich um schnelle Routinen, die in Maschinensprache implementiert wurden. FORTH-79 stellt darüberhinaus die Worte 1- { n1 >>> n1-1 } und 2- { n1 >>> n1-2 } zur Verfügung.

* * *

Beispiel 3.3.1 - Ermitteln Sie den Quotienten und den Rest der Operation 123345 / -67:

```
ok
12345  -67  /MOD  .  .  <cr>  -185  -50  ok
```

Nachdem die Operanden auf den Stack gelegt wurden, berechnet /MOD sowohl den Rest, als auch den Quotienten der Division. Der Quotient befindet sich auf dem TOS und wird daher zuerst ausgegeben. Dieser ist negativ, da einer der beiden Operanden negativ ist. Der Rest hat immer das Vorzeichen des Divisors.

* * *

Beispiel 3.3.2 - Finden Sie die größere Zahl von 12 und dem Rest der Operation 12345 / 67 heraus:

```
ok
12  12345  67  MOD  <cr>  ok
MAX  .  <cr>  17  ok
```

Die erste Eingabezeile legt drei Werte auf dem Stack ab und verwendet die obersten beiden für die Division. Der Rest der Operation **MOD** befindet sich anschließend auf dem TOS. Die zweite Zeile vergleicht das Ergebnis der Division mit der Zahl 12, die sich ebenfalls noch auf dem Stack befindet und gibt die größere der beiden Zahlen aus.

* * *

Beispiel 3.3.3 - Multiplizieren Sie die Zahlen -123 und 456, teilen Sie das Ergebnis durch 789, und geben Sie den absoluten Wert des Restes aus:

```
ok
-123  456  789  */MOD  <cr>  ok
DROP  ABS  U.  <cr>  69  ok
```

In der ersten Eingabezeile werden die drei Werte auf den Stack gelegt, anschließend wird die gewünschte Berechung durchgeführt und zwar mit einem 32-Bit Zwischenergebnis. Anderenfalls hätte das Multiplikationsergebnis von -56088 zu einem Überlauf in einer 16-Bit Stackzelle geführt. Der Rest der Rechenoperation verbleibt auf dem Stack, zusammen mit dem Quotienten. Dieser wird durch **DROP** vom Stack entfernt, und der Rest kann vor der Ausgabe in seinen absoluten Wert umgewandelt werden.

* * *

3.4 Verarbeitung doppelt genauer Zahlen

In FORTH besteht die Möglichkeit arithmetische Operationen auch mit sog. doppelt genauen Zahlen, d.h. mit 32-Bit Werten, durchzuführen. Eine solche doppelt genaue Zahl belegt auf dem Stack zwei 16-Bit-Speicherzellen. Analog zur Verarbeitung einfach genauer Zahlen kann auch hier das höchstwertige Bit als Vorzeichen oder als Stellenwert interpretiert werden.

Doppelt genaue Zahlen können Werte zwischen 0 und 4,294.967.295 (vorzeichenlos) oder zwischen -2,247.483.648 und 2,147.483.647 (das 31.te Bit stellt das Vorzeichen dar) annehmen.

Auf dem Stack befinden sich die höherwertigen 16 Bit der doppelt genauen Zahl (zusammen mit dem Vorzeichen, falls vorhanden) im TOS, die niederwertigen 16 Bit befinden sich in der darunterliegenden Stackzelle. Im Arbeitsspeicher erhält die höherwertige Hälfte der 32-Bit-Zahl die niedrigere Adresse, und die niederwertige Hälfte demgegenüber die höhere Adresse. (Die Anordnung der einzelnen Bytes ist prozessorabhängig und kann daher nicht allgemeingültig angegeben werden.) Eine vorzeichenbehaftete einfach genaue Zahl kann durch das FORTH Wort S>D { n1 >>> d1 } <83> in ihr doppelt genaues Äquivalent umgewandelt werden. Das Symbol 'd' im Stackdiagramm steht für eine doppelt genaue Zahl. Die Ausführung von S>D verschiebt lediglich das Vorzeichen in Bit 15 einer weiteren Stackzelle und füllt den Rest der Stackzelle mit Nullen auf. Die resultierende höherwertige Hälfte der doppelt genauen Zahl, die lediglich das Vorzeichen enthält, befindet sich im TOS, die niederwertige Hälfte mit dem ursprünglichen Wert in der darunterliegenden Stackzelle.

Ein doppelt genauer Wert kann auch über die Tastatur eingegeben werden. Dazu muß die eingegebene Ziffernfolge mit einem Dezimalpunkt an einer beliebigen Position versehen werden. Eine mathematische Bedeutung hat der Dezimalpunkt nicht, es handelt sich lediglich um das Erkennungszeichen einer doppelt genauen Zahl.

Hier noch eine Anmerkung zum Standard: Streng genommen enthält der Sprachstandard FORTH-83 keine Worte für die Verarbeitung doppelt genauer Zahlen. Diese Worte wurden im "Extension set" definiert. D.h., obwohl nahezu jedes FORTH-83 System über diese Worte verfügt, sind sie nicht zwingend als ein Teil des Systems vorgeschrieben.

Einige dieser Worte des erweiterten Wortschatzes sollen an dieser Stelle vorgestellt werden. Das vielleicht wichtigste Wort ist **D.** { d >>> } zur Ausgabe einer doppelt genauen Zahl. **D+** { d1 d2 >>> d3 } <f,79,83> addiert zwei doppelt genaue Zahlen und legt das doppelt genaue Ergebnis auf dem Stack ab. Die Ausführung von **DABS** { d >>> ud } bildet den absoluten Wert ud des Operanden d. Das Symbol 'ud' steht für eine doppelt genaue Zahl ohne Vorzeichen. **DNEGATE** { d >>> d1 } vertauscht das Vorzeichen einer doppelt genauen Zahl. Worte, die mit doppelt genauen Zahlen arbeiten, werden im allgemeinen durch das Voranstellen eines D's oder einer 2 (z.B. **2SWAP**, das doppelt genaue Gegenstück zu **SWAP**) gekennzeichnet.

* * *

Beispiel 3.4.1 - Geben Sie zwei doppelt genaue Zahlen ein, addieren Sie sie, und geben Sie das Ergebnis aus:

```
ok
-11111.  23.45678  <cr>  ok
D+  D.  <cr>  2344567  ok
```

Die Dezimalpunkte der beiden eingegebenen Zahlen sorgen dafür, daß sie als doppelt genaue Zahlen auf dem Stack abgelegt werden (ohne den Dezimalpunkt würde eine Eingabe von 2344567 einen Überlauf erzeugen). In der zweiten Zeile werden beide Zahlen addiert, und das doppelt genaue Ergebnis wird ausgegeben.

* * *

Beispiel 3.4.2 - Geben Sie eine doppelt genaue Zahl ein, und vergrößern Sie sie um Eins:

```
ok
99.99  <cr>  ok
1  S>D  <cr>  ok
D+  D.  <cr>  10000  ok
```

In der ersten Zeile wird die Zahl 9999 als 32-Bit Zahl eingegeben. Um diese Zahl um Eins zu erhöhen, muß die eingegebene Eins zunächst mit S>D in eine doppelt genaue Zahl umgewandelt werden, weil D+ zwei doppelt genaue Operanden erfordert. In der letzten Zeile werden beide Zahlen addiert, und das Ergebnis wird ausgegeben.

* * *

Beispiel 3.4.3 - Dem folgenden Beispiel können Sie die Anordnung von doppelt genauen Zahlen auf dem Stack entnehmen:

```
ok
65535.  D.  <cr>  65535  ok
65536.  D.  <cr>  65536  ok
65535.  U.  U.  <cr>  0  65535  ok
65536.  U.  U.  <cr>  1  0  ok
```

In den ersten beiden Zeilen werden doppelt genaue Zahlen auf die gewohnte Weise ein- und ausgegeben. In der dritten Zeile wird eine doppelt genaue Zahl als Folge von zwei vorzeichenlosen einfach genauen Zahlen ausgegeben (zuerst die höherwertige Hälfte 0 und dann die niederwertige Hälfte 65535). Das gleiche geschieht auch in der letzten Zeile. Um das Ergebnis zu verstehen, sollten Sie sich die eingegebene doppelt genaue Zahl in ihrem Binärformat vorstellen. 65536 besteht aus einer Eins und sechzehn Nullen und ist damit zu groß für eine Stackzelle. Die Eins wird daher in der oberen Stackzelle, die dem höherwertigen Anteil entspricht, abgelegt. Bei der Ausgabe mit U. wird zunächst diese höherwertige Hälfte (1 entspricht einem Betrag von 65536) und dann die niederwertige Häfte (0) ausgegeben.

An dieser Stelle sei nocheinmal angemerkt, daß es in FORTH keine festgelegten Datentypen gibt. Der Programmierer legt die Bedeutung einer Bitfolge auf dem Stack fest. So können die obersten beiden Stackzellen von Fall zu Fall als eine doppelt genaue Zahl, als zwei einfach genaue Zahlen oder als irgendetwas anderes aufgefaßt werden. Genausowenig wird die Verträglichkeit von Daten und Operatoren überprüft. Sie können z.B. ohne weiteres zwei doppelt genaue Zahlen mit dem + Befehl für einfach genaue Zahlen addieren. Sie müssen lediglich in der Lage sein, das Ergebnis korrekt zu interpretieren.

* * *

Beispiel 3.4.4 - Geben Sie einen doppelt genauen Wert ein, kopieren Sie ihn auf dem Stack, und geben Sie beide Werte aus:

```
ok
9876. <cr> ok
OVER OVER <cr> ok
D. D. <cr> 9876 9876 ok
```

Der in der ersten Zeile eingegebene doppelt genaue Wert wird in der zweiten Zeile durch die Sequenz **OVER** (zunächst die niederwertige Hälfte) **OVER** (jetzt die höherwertige Hälfte) auf dem Stack kopiert. (Sollte Ihnen der Ablauf noch nicht klar sein, malen Sie sich ein Stackdiagramm auf ein Blatt Papier, das den Ablauf Schritt für Schritt beschreibt) Die gleiche Aufgabe wird übrigens auch durch **2DUP** { d >>> d d } erledigt.

* * *

3.5 Verarbeitung von einfach und doppelt genauen Zahlen

In FORTH können auch Operationen ausgeführt werden, die sowohl einfach als auch doppelt genaue Zahlen als Operanden enthalten. Bei der Addition bzw. Subtraktion von Operanden verschiedener Genauigkeit ist es allerdings am einfachsten, die einfach genauen Operanden durch S>D in ihr doppelt genaues Äquivalent umzuwandeln.

Für die Multiplikation zweier vorzeichenloser einfach genauer Zahlen existiert der Befehl **UM*** { u1 u2 >>> ud } <83>. Aus dem Stackdiagramm wird ersichtlich, daß das Produkt ein vorzeichenloser doppelt genauer Wert ist. Fig-FORTH stellt zusätzlich das Wort **M*** { n1 n2 >>> d } zur Verfügung, das einen vorzeichenbehafteten doppelt genauen Wert auf dem Stack zurückläßt.

Für die Division einer vorzeichenlosen doppelt genauen Zahl durch eine vorzeichenlose einfach genaue Zahl stellt FORTH das Wort **UM/MOD** { ud u1 >>> u2 u3 } <f> zur Verfügung, wobei die Zahl u2 der Divisionsrest und die Zahl u3 den Quotienten (beide einfach genau und vorzeichenlos) darstellen. Für FORTH völlig ungewöhnlich, verfügt diese Routine über eine Bereichsüberprüfung. Wenn der Divisor Null ist oder das Ergebnis größer als 65534 ist, legt **UM/MOD** zur Fehlererkennung ein Wahrflag (-1) auf dem TOS ab.

Auch hier soll auf zwei spezielle Fig-FORTH Wörter zur Division verschieden genauer Zahlen hingewiesen werden. Der Operator **M/MOD** { ud1 u1 >>> u2 ud2 } <f> entspricht **UM/MOD**, hinterläßt aber ein vorzeichenloses doppelt genaues Ergebnis zusammen mit einem vorzeichenlosen einfach genauen Rest, während der Operator **M/** { d n1 >>> n2 n3 } <f> eine doppelt genaue Zahl durch eine einfach genaue Zahl teilt und sowohl das Ergebnis n2 als auch den Rest n3 als einfach genaue Werte auf dem Stack ablegt.

*   *   *

3.6 Boolsche Operatoren

FORTH verfügt ebenfalls über Worte zur Manipulation logischer Werte auf dem Stack oder im Speicher. Diese logischen Operatoren benutzen zwei Operanden im Binärformat und verknüpfen diese Operatoren bit- weise nach einer bestimmten logischen Vorschrift (UND, ODER und EXOR). Das Ergebnis wird auf dem Stack abgelegt.

Für die logischen Grundverknüpfungen UND, ODER und EXKLUSIV ODER werden die Worte **AND**, **OR** und **XOR** zur Verfügung gestellt, die alle das Stackdiagramm { n1 n2 >>> n3 } aufweisen. Abb. 3.6.1 zeigt die Wahrheitstabellen der logischen Verknüpfungen, aus der Sie das Verhalten der entsprechenden FORTH Worte entnehmen können.

Das Fig-FORTH Wort **TOGGLE** { adr b >>> } <f> führt eine Exklusiv- Oder Verknüpfung zwischen dem 8-Bit-Wert b und dem Inhalt des Speicherregisters mit der Adresse adr durch. Das Resultat wird nicht auf dem Stack abgelegt, sondern verbleibt in dem betroffenen Speicherregister.

*   *   *

Beispiel 3.6.1 - Legen Sie eine Null auf dem Stack ab, setzen Sie das höchst- bzw. das niederwertige Bit auf Eins, und geben Sie das Ergebnis aus:

```
ok
0  <cr>  ok
1  OR  128  OR  .  <cr>  129  ok
```

In der ersten Zeile wird eine Null auf dem Stack abgelegt. In der zweiten Zahl wird diese Null zunächst mit 1 und anschließend mit 128 nach der ODER-Regel verknüpft. Die Folge ist, daß sowohl das niederwertige als auch das höchstwertige Bit gesetzt werden. Das Resultat wird als Dezi- malzahl ausgegeben. Wie üblich, wird eine logische Verknüpfung mit allen 16 Bit einer Stackzelle durchgeführt. In diesem Fall bleiben die obersten 8 Bit allerdings gleich Null.

KAPITEL 4

SPEICHEROPERATIONEN

4.1 Übersicht

Für die Datenübertragung zwischen Stack und Arbeitsspeicher stellt FORTH mehrere Worte zur Verfügung. Ebenso ist es möglich, ganze Speicherbereiche mit einem Wert zu füllen oder gar einen kompletten Speicherbereich zu verschieben.

FORTH erlaubt es ferner, im Arbeitsspeicher abgelegten Werten einen symbolischen Namen zuzuordnen. Worte, die als Konstante definiert wurden, legen bei ihrer Ausführung den gespeicherten Wert auf dem Stack ab. Im Gegensatz dazu legen Variablen bei ihrer Ausführung eine Adresse auf dem Stack ab, unter der der gespeicherte Wert zu finden ist. Um den Wert selber zu holen bzw. zu speichern, ist eine weitere Operation notwendig. Es können alle denkbaren Datentypen zwischen Stack und Bildschirm oder anderen Peripheriegeräten transportiert werden. Das Ausgabeformat dieser Daten ist nur von den verwendeten Ausgabeworten abhängig und nicht von den eigentlichen Werten.

4.2 Zugriff auf den Arbeitsspeicher

Man kann mit FORTH auf verschiedene Weisen Daten vom Stack in einen anderen Speicherbereich und umgekehrt bewegen. Ferner können einzelne Bereiche des Arbeitsspeicher mit Leerzeichen oder anderen Werten gefüllt werden. Die Ausführung von ! (store) { n adr >>> } <f,79,83> speichert einen 16-Bit-Wert n in der Speicherzelle (zwei Bytes) unter der Adresse adr ab. Sowohl der Wert n, als auch die Adresse sind nach der Ausführung des Befehls vom Stack verschwunden. Vorzeichenlose und vorzeichenbehaftete Zahlen können gleichermaßen gespeichert werden, weil ! keine Typenunterscheidung trifft. Die Anordnung der gespeicherten Bytes im Arbeitsspeicher ist prozessorabhängig (so speichern z.B. die Intel Prozessoren 80x86 ein Wort mit dem niederwertigen Byte zuerst ab). Die Ausführung von 2! (two-store) { d adr >>> } <f,79,83> speichert den 32-Bit-Wert auf dem Stack in den Speicherzellen adr bis adr+3 ab. Die niederwertige Hälfte wird unter adr gespeichert und die höherwertigen 16 Bit unter adr+2. Beachten Sie, daß die höherwertige Hälfte auf dem TOS gespeichert ist, während sich die niederwertige Hälfte in der darunterliegenden Stackzelle befindet. Auch hier ist die Anordnung der Bytes in der Speicherzelle prozessorabhängig.

Das Wort C! (c-store) { b >>> adr } <f,79,83> speichert den Bytewert auf
dem TOS in die Speicherzelle unter der Adresse adr. Ein 8-Bit-Wert bzw.
ASCII-Code im TOS wird durch eine 16-Bit-Zahl dargestellt, bei der die
höherwertigen 8 Bit mit Nullen aufgefüllt sind. Während der Ausführung
von C! werden jedoch nur die signifikanten 7 bzw. 8 Bits gespeichert, der
Rest wird nicht berücksichtigt.

Das Gegenstück zu der Speicheroperation ! ist das Wort @ (fetch) { adr
>>> n } <f,79,83>, das einen 16-Bit-Wert unter der Adresse adr auf den
TOS holt. @ arbeitet sowohl mit vorzeichenlosen, als auch mit vorzeichenbehafteten 16-Bit-Werten. Wie immer muß der Programmierer wissen, um
welche Daten es sich handeln soll, FORTH selbst macht hier keine Unterschiede.

Die Worte 2@ (two-fetch) { adr >>> d } <79> und C@ (c-fetch) { adr >>>
b } <f,79,83> funktionieren auf ähnliche Weise, nur werden hier 32 bzw.
8-Bit-Zahlenwerte auf dem Stack abgelegt. Die Ausführung von 2@ holt
die 32-Bit-Zahl, die unter den Adressen adr bis adr+3 abgelegt ist, in den
TOS. Bei der Ausführung von C@ wird nur ein 8-Bit-Wert unter der
Adresse adr in den TOS geholt. Die restlichen 8 Bit der obersten Stackzelle
werden mit Nullen aufgefüllt. Gelegentlich kommt es vor, daß ein ge-
speicherter Wert inkrementiert werden soll. Das Wort +! (plus-store) { n
adr >>> } <f,79,83> addiert den vorzeichenbehafteten Wert n zu der Zahl,
die in der Speicherzelle unter der Adresse adr gespeichert ist. Das Ergebnis verbleibt aber im Speicher und wird nicht auf dem Stack abgelegt.

Zum Füllen ganzer Speicherbereiche mit einem bestimmten Wert steht das
Wort FILL { adr u b >>> } <f,79,83> zur Verfügung. FILL speichert den
8-Bit-Wert b in insgesamt u Adressen ab der Speicheradresse adr ab. Zwei
spezielle Anwendungen von FILL sind ebenfalls als Wort verfügbar. Das
FORTH Wort ERASE { adr u >>> } <f,79> füllt u Speicherplätze von
Adresse adr an mit Nullen, während das FORTH Wort BLANK { adr u
>>> } <f,79> u Speicherplätze ab Adresse adr mit Leerzeichen füllt.

Zum Verschieben einzelner Speicherbereiche wird das FORTH Wort
CMOVE { adr1 adr2 u >> } <f,79,83> verwendet. CMOVE verschiebt einen
Speicherbereich, indem es zunächst den Inhalt der Speicherzelle unter adr1
nach adr2 kopiert, dann den Inhalt der Speicherzelle unter adr1+1 nach
adr2+1 kopiert usw. Insgesamt werden so u Bytes von Adresse adr1 nach
Adresse adr2 verschoben. Es kann allerdings passieren, daß ein Teil des
Originalbereichs durch Kopien überschrieben wird.

Dies ist dann der Fall, wenn adr2 < adr1+1 ist, d.h. der Zielbereich sich
noch innerhalb des Originalbereichs befindet. Es können dann nur adr2 -
adr1 Bytes korrekt übertragen werden. Die übrigen Bytes sind bereits

durch Kopien überschrieben worden. Für diesen Fall stellt FORTH-83 das
Wort **CMOVE>** { adr1 adr2 u >>> } <83> zur Verfügung, welches die
Übertragung mit dem letzten Byte des Bereichs beginnt. Dadurch kann der
eben beschriebene Störeffekt vermieden werden. Manche FORTH-83
Systeme stellen darüberhinaus das Wort **MOVE** { adr1 adr2 u >> } zur
Verfügung,   das   selbständig   die   geeignete   der   beiden
Verschiebeoperationen auswählt. In Fig-FORTH und in FORTH-79 kann
die Anzahl der zu verschiebenden Bytes nur als vorzeichenbehaftete Zahl
angegeben werden. In diesem Fall muß in das Stackdiagramm n statt u
eingetragen werden.

*   *   *

Beispiel 4.2.1 - Speichern Sie die Zahl 100 unter der Adresse 24000 und
24001 ab, ziehen Sie 25 vom Inhalt dieser Speicherzelle ab, und geben Sie
den Inhalt aus:

```
ok
100 24000 !  <cr>  ok
-25  24000  +!  <cr>  ok
24000 a  .  <cr>  75  ok
```

In der ersten Zeile wird die 16-Bit-Zahl 100 in die Speicherzelle mit der
Adresse 24000 gespeichert. In der zweiten Zeile wird der Inhalt dieser
Speicherzelle um 25 verringert. In der letzten Zeile wird schließlich der
Inhalt dieser Speicherzelle auf den Stack gebracht und ausgegeben.

*   *   *

Beispiel 4.2.2 - Speichern Sie eine doppelt genaue Zahl unter der Adresse
24000 ab, addieren Sie 9999 zum Zelleninhalt und geben Sie das Ergebnis
aus:

```
ok
123.4  24000  2!  <cr>  ok
24000 2a  <cr>  ok
99.99  D+  <cr>  ok
24000  2!  <cr>  ok
24000 2a  D.  <cr>  11233  ok
```

In der ersten Zeile wird die doppelt genaue Zahl 1234 in zwei Speicherzellen ab der Adresse 24000 gespeichert. In der zweiten Zeile wird der 32-
Bit-Inhalt dieser Speicherzelle auf den Stack geholt. In der dritten Zeile
wird die doppelt genaue Zahl 9999 zum Stackinhalt addiert. In der vierten
Zeile wird das Ergebnis wieder in der Speicherzelle mit der Adresse 24000
gespeichert. In der letzten Zeile wird der Inhalt dieser Speicherzelle erneut
auf den Stack gebracht und ausgegeben.

* * *

Beispiel 4.2.3 - Holen Sie den Wert der Speicherzelle mit der Adresse
23456, und füllen Sie damit den Speicherbereich von 24000 bis 25000:

```
ok
24000 1001 23456 C@ FILL <cr> ok
```

Die ersten beiden Werte, die auf den Stack gelegt wurden, legen die
Startadresse und die Anzahl der zu belegenden Speicherplätze fest. Der
dritte Wert ist für die Adresse der Speicherzelle, die den Wert enthält, mit
dem der angegebene Speicherbereich gefüllt werden soll. Dieses Beispiel
macht besonders deutlich, wie der Stack als Kommunikationszentrum der
verschiedenen Worte eingesetzt wird. Es werden nur zwei Operanden explizit auf dem Stack abgelegt. Der dritte wird erst durch die Befehlssequenz '23456 C@' ermittelt.

* * *

4.3 Konstanten und Variablen

Es gibt zwei spezielle FORTH Worte, mit denen man für gespeicherte
Daten einen Namen vergeben kann. Es handelt sich hierbei um
Definitionsworte für Konstanten bzw. Variablen. Eine Konstante in
FORTH ist ein Wort, das bei der Ausführung ein im Speicher abgelegten
Wert auf den Stack bringt. Auch eine FORTH-Variable ist ein Wort, das
allerdings bei seiner Ausführung lediglich die Adresse auf dem Stack ab-
legt, unter der der momentane Wert der Variablen zu finden ist.

Konstanten und Variablen speichern einfach genaue Werte sowohl mit
Vorzeichen als auch ohne Vorzeichen. Beide Wortdefinitionen werden wie
andere FORTH Worte eingesetzt und durch Eingabe des Namens zur
Ausführung gebracht. Einem als Konstante definiertes Wort entspricht fol-

gendes Stackdiagramm: { >>> n }, wobei n der Wert der Konstanten ist. Etwas anders sieht das Stackdiagramm eines als Variable definierten Wortes aus: { >>> adr }. Dies ist darauf zurückzuführen, daß eine Variable bei der Ausführung nicht ihrem Wert, sondern die Adresse, unter der dieser Wert gespeichert ist, auf dem Stack ablegt. Der Wert einer einfach genauen Variable kann mit @ auf den Stack kopiert oder durch Einsatz der !- bzw. der +!-Operation geändert werden.

Ein neue Konstante wird durch die Ausführung von CONSTANT { n >>> } <f,79,83> definiert. Die Ausführung wird in dem folgendem Format durchgeführt:

      n CONSTANT <Name>

<Name> stellt einen beliebigen Namen für den Wert n (16 Bit mit oder ohne Vorzeichen) dar. Er kann bis zu 31 Zeichen lang sein und darf kein Leerzeichen enthalten. Es gelten die gleichen Regeln wie für alle FORTH-Wörterbucheintragungen.

Das Wort CONSTANT kompiliert die im Eingabestrom auf das Befehlswort folgende Zeichenkette in das Wörterbuch. Der gewünschte Wert wird vom Stack übernommen und in einer neuen Wortdefinition mit dem eingegebenen Wortnamen gespeichert. Die spätere Ausführung von <Name> bewirkt, daß der gespeicherte Wert auf dem Stack abgelegt wird. Jedes durch CONSTANT definierte Wort weist dasselbe Ausführungsverhalten auf. In ähnlicher Form wird auch eine Variable in das Wörterbuch eingetragen. Eine Variable wird durch Ausführung von VARIABLE { n >>> } <f> bzw. { >>>> } <79,83> in folgendem Format definiert:

      VARIABLE <Name>

und mit dem Initialwert 0 <79,83> bzw. n <f> und dem Namen <Name> in das Wörterbuch eingetragen. Jede so definierte Variable hat dann das Stackdiagramm { >>> adr }. Achten Sie darauf, daß nur in Fig-FORTH einer Variablen ein Initialisierungswert zugewiesen wird. Um eine Variable in FORTH-79 bzw. FORTH-83 mit einem von Null verschiedenen Wert zu initialisieren, muß die Variable zuerst mit VARIABLE definiert werden. Anschließend wird der gewünschte Wert auf dem Stack abgelegt, und durch Ausführen der Befehlssequenz '<Name> !' wird dieser Wert in die Speicherzelle des Variablenwertes gespeichert.

Neben den Definitionsworten **CONSTANT** und **VARIABLE** existiert in Fig-FORTH darüberhinaus das Wort **USER** { +n >>> } <f>, das ebenfalls für die Definition von Variablen verwendet wird. Die durch den Befehl **USER** definierten Variablen werden als "Benutzervariablen" bezeichnet. Sie werden wie normale Variablen benutzt. Der Unterschied der beiden Variablentypen liegt im Kompilationsverfahren und in der Anwendung. Auf den Aufbau und den Einsatzzweck von Benutzervariablen soll an dieser Stelle nicht weiter eingegangen werden. Mehr dazu erfahren Sie in Kap. 9.4.

Im Zusammenhang mit der Konstantendefinition sollen zum Schluß die numerischen Konstanten 0, 1, 2, -1 und -2 erwähnt werden. Hierbei handelt es sich Konstanten-Worte, die bei ihrem Aufruf den entsprechenden Wert auf den Stack ablegen. Auf den ersten Blick mag ihre Definition überflüssig erscheinen. Tatsächlich aber ist die Ausführung eines Konstanten-Wortes schneller, als die Umwandlung einer eingegebenen Zahl. Beachten Sie den Unterschied zwischen der Wortdefinition mit dem Namen 1 (sie hätte ebensogut EINS heißen können) und der Zahl 1 als Stackwert.

* * *

Beispiel 4.3.1 - Definieren Sie eine Konstante mit dem Namen **KONST** und dem Wert 100 und eine Variable mit dem Namen **VBL** und dem Wert 0:

```
ok
100 CONSTANT KONST <cr>  ok
VARIABLE VBL  <cr>  ok
```

In der ersten Zeile wird zunächst der Wert 100 auf den Stack gelegt, dann wird ein Wörterbucheintrag **KONST** geschaffen und der Wert vom Stack in die Wortdefinition eingetragen. In der zweiten Zeile wird ein Wörterbucheintrag **VBL** als Variable definiert. Das Definitionswort **VARIABLE** initialisiert die Variable **VBL** automatisch mit Null.

* * *

Beispiel 4.3.2 - Geben Sie den Wert von **KONST**, die Speicheradresse von **VBL** und den dazugehörigen Wert aus:

```
ok
KONST  .  <cr>  100  ok
VBL  U.  <cr>  23232  ok
VBL  a  .  <cr>  0  ok
```

Die Ausführung von **KONST** in der ersten Zeile legt den Wert der Konstanten auf den Stack, der dann durch . ausgegeben wird. Die Ausführung von **VBL** in der zweiten Zeile legt zunächst die Adresse, unter der der Wert der Variablen gespeichert ist, auf den Stack. Die Adresse wird durch den Befehl U. ausgegeben, da die Adresse unter Umständen größer als 32767 sein kann. Nach der Ausführung von **VBL** in der letzten Zeile wird der eigentliche Wert auf den Stack kopiert und ausgegeben.

* * *

Beispiel 4.3.3 - Setzen Sie den Wert von **VBL** auf 101, verdoppeln Sie ihn und geben Sie den neuen Wert aus:

```
ok
101 VBL  !  <cr>  ok
VBL  a  DUP  +  <cr>  ok
VBL  !  <cr>  ok
VBL  a  .  <cr>  ok
```

In der ersten Zeile wird die Variable **VBL** mit einem neuen Wert belegt. In der nächsten Zeile wird dieser Wert auf dem Stack abgelegt, kopiert und zu sich selbst addiert. In der dritten Zeile wird der neue Wert in die Variable **VBL** eingetragen. (Malen Sie sich zur Übung den Zustand des Stacks vor und nach der Ausführung der dritten Zeile auf ein Blatt Papier.) In der letzten Zeile wird dieser Wert auf dem Stack abgelegt und ausgegeben.

* * *

4.4 Numerische Ein- und Ausgabe

Die Tastatur und der Bildschirm sind die beiden Hauptkommunikations-
mittel zur Ein- und Ausgabe in FORTH. FORTH verfügt über eine Reihe
von Worten zum Datentransfer zwischen dem Stack und den beiden Ein-
/Ausgabeeinheiten. Bei Bedarf kann der Datentransfer auch auf ein zu-
sätzliches Peripheriegerät umgeleitet werden.

Am häufigsten tritt bei der Ausführung eines Programms die Ein- und
Ausgabe von numerischen Werten auf. Die Eingabe eines numerischen
Wertes erfolgt einfach durch Eintippen der entsprechenden Ziffernfolge
über die Tastatur. Jede Zahl muß unter Einhaltung der Bereichsgrenzen
als Integerzahl eingegeben werden. Soll eine doppelt genaue Zahl eingegeben werden, muß diese durch einen Dezimalpunkt gekennzeichnet sein.
Befehlsworte wie U. und D. senden den Inhalt des TOS mit unbestimmtem
Format zur Ausgabe auf dem Bildschirm. Dies bedeutet, daß jeder Wert in
der Regel an der nächsten freien Position auf dem Bildschirm ausgegeben
wird, gefolgt von einem einzelnem Leerzeichen.

Eine formatierte numerische Ausgabe kann durch das Wort **.R** { n1 n2
>>> } <f> erfolgen, das den einfach genauen Wert n1 in einem n2 breitem
Feld rechtsbündig ausgibt. Für doppelt genaue Werte steht das entsprechende Wort **D.R** { d n >>> } <f> zur Verfügung. In beiden Fällen
werden für alle nicht benötigten Plätze zwischen dem Anfang des Feldes
und der ersten Ziffer (bzw. dem Vorzeichen) Leerzeichen ausgegeben.
Allerdings folgt kein Leerzeichen nach der letzten Ziffer.

ASCII-Codes werden durch das Wort **KEY** { >>> c } <f,79,83> von der
Tastatur auf den Stack übertragen. **KEY** bewirkt, daß das System solange
in den Wartezustand übergeht, bis eine Taste gedrückt wird. Dann legt es
den entsprechenden ASCII-Code auf dem Stack ab. Umgekehrt kann ein
ASCII-Code auf dem TOS mit Hilfe des Ausgabewortes **EMIT** { c >>> }
<f,79,83> auf dem Bildschirm ausgegeben werden. **EMIT** ist der Grund-
baustein für alle übrigen Ausgabewörter, mit denen z.B. Überschriften
oder andere Textinformationen ausgegeben werden. Dazu gehört u.a. das
Ausgabewort **.(** <83>, das alle Zeichen bis zur nächsten geschlossenen
Klammer auf dem Bildschirm ausgibt. Das Wort funktioniert nur im
Ausführungsmodus. Zur Ausgabe eines Textes in einer Wortdefinition
wird stattdessen das Ausgabewort **."** <83> verwendet werden. Hier werden
alle Textzeichen bis zum nächsten " in die zu definierende Wortdefinition
eingebaut. Das "-Zeichen spielt die Rolle eines sog. *Delimiters* (zu deutsch
Begrenzungszeichen). Beim Ausführen der Wortdefinition wird die betreffende Zeichenkette auf dem Bildschirm ausgegeben.

In vielen Systemen wird die Bildschirmausgabe nicht automatisch beim Überschreiten einer Zeile in der nächste Zeile fortgeführt. In einer solchen Situation muß zusätzlich das Wort **CR** <f,79,83> ausgeführt werden, welches die Ausgabe am Anfang der nächsten Zeile beginnen läßt. Die Ausführung der Befehle **SPACE** <f,79,83> bzw. **SPACES** { n >>> } <f,79,83> bewirkt die Ausgabe von einem bzw. n Leerzeichen in der Ausgabezeile. In manchen Fällen kann durch Senden bestimmter Steuerzeichen (ASCII Codes 0 bis 31) eine Formatierung der Bildschirm- oder Druckerausgabe erreicht werden.

Bisher wurden alle Ein- und Ausgaben unter Berücksichtigung des Dezimalsystems (Basis 10), d.h. unter Verwendung der Ziffern 0 bis 9 ausgeführt. FORTH kann jedoch Ein- und Ausgaben in jedem beliebigen Zahlensystem mit einer Zahlenbasis zwischen 0 und 72 (in Fig-FORTH zwischen 0 und 32, in FORTH-79 zwischen 2 und 70) durchführen. Natürlich werden intern alle Zahlen in Binärformat dargestellt. Die Umwandlung einer eingegebenen Zahl findet stets unter Berücksichtigung der aktuellen Zahlenbasis statt. Die aktuelle Zahlenbasis wird durch die Systemvariable **BASE** { >>> adr } <f,79,83> festgelegt. Normalerweise enthält **BASE** den Wert 10. Sie kann aber auch durch Ablegen eines neuen Wertes auf das entsprechende Zahlensystem eingestellt werden. Für die geläufigsten Zahlensysteme existieren in FORTH bereits vordefinierte Worte. So setzt das Wort **HEX** <f,79,83> die Ein- und Ausgabe auf das Hexadezimalsystem. Durch Ausführen des Wortes **DECIMAL** wird wieder auf dezimale Ein- und Ausgabe zurückgeschaltet. Es muß an dieser Stelle betont werden, daß die Zahlenbasis lediglich für Ein- und Ausgabeoperationen relevant ist. Intern werden alle Zahlen im Dualsystem dargestellt bzw. verarbeitet.

* * *

Beispiel 4.4.1 - Definieren Sie eine Konstante mit dem Wert 10. Damit soll die Breite eines Ausgabefeldes festgelegt werden. Geben Sie einen Byte-Wert und einen 32-Bit-Wert ein. Geben Sie diese beiden Werte in zwei separaten Zeilen in einem 10 Zeichen breiten Feld wieder aus:

```
ok
10  CONSTANT  FELD_BREIT <cr>  ok
255  234.567  <cr>  ok
CR  FELD_BREITE  D.R  CR  FELD_BREITE  .R  <cr>
    234567
        255  ok
```

Die Konstante für die Feldbreite wird in der ersten Zeile definiert. Danach werden beide Werte auf dem Stack abgelegt, mit dem doppelt genauen 32-Bit-Wert auf dem TOS. Durch die Ausführung der Konstanten **FELD_BREITE** gelangt der richtige Wert für die Ausgabeformatierung der beiden Zahlen auf den Stack. Beachten Sie, daß in diesem Fall die letzte "ok"-Meldung direkt nach der letzten Ziffer ohne das sonst übliche Leerzeichen ausgegeben wird.

* * *

Beispiel 4.3.2 – Geben Sie den aktuellen Wert der Systemvariablen **BASE** getrennt durch 3 Leerzeichen, zum einen als dezimalen und zum anderen als hexadezimalen Wert aus:

```
ok
BASE @ DUP  .  HEX  . DECIMAL  <cr>  10  10  ok
```

So wird der Inhalt der Benutzervariablen **BASE** auf den Stack geholt und kopiert. Dann wird dieser Wert als Dezimalzahl ausgegeben. Durch **HEX** wird auf hexadezimale Ein- und Ausgabe umgeschaltet und der Wert der Zahlenbasis erneut ausgegeben. Müßte dieser Wert nicht 16 betragen? Selbstverständlich! Da aber die Ausgabe in hexadezimaler Schreibweise erfolgt, wird auch die Zahl 16 als Hexadezimalzahl ausgegeben. Zum Schluß wird durch **DECIMAL** wieder auf dezimale Ein- und Ausgabe zurückgeschaltet.

* * *

Beispiel 4.4.3 – Geben Sie den ASCII-Code der nächsten gedrückten Taste und das dazugehörige Zeichen aus:

```
ok
KEY  CR  DUP  EMIT  SPACE  .  <cr>
( Nun wird die Taste 'X' gedrückt )
X  88  ok
```

KEY wartet auf einen Tastendruck. Beim Betätigen einer Taste wird der entsprechende ASCII-Code auf dem Stack abgelegt. Dort wird er kopiert und zunächst durch **EMIT** als Zeichen und anschließend, getrennt durch ein Leerzeichen, das durch **SPACE** ausgegeben wird, als ASCII-Code ausgeben.

Während der normalen Tastatureingabe wird jedes eingegebene Zeichen auf dem Bildschirm "geechot", nicht aber bei einer Eingabe mittels KEY.

* * *

Beispiel 4.4.4 - Geben Sie eine dezimale Zahl ein, und geben Sie diesen Wert in den Zahlensystemen mit der Basis 2,8,16 und 32 aus:

```
ok
DECIMAL 51 <cr> ok
DUP 2 BASE ! . <cr> 110011 ok
DUP DECIMAL 8 BASE ! . <cr> 63 ok
DUP HEX . <cr> 33 ok
DECIMAL 32 BASE ! . <cr> 1J ok
DECIMAL <cr> ok
```

In der ersten Zeile wird sichergestellt, daß als aktuelles Zahlensystem das Dezimalsystem vereinbart ist. In der zweiten Zeile wird zunächst als Zahlensystem das Zweier-(oder Dual-)system vereinbart, indem die Zahl 2 in der Systemvariablen **BASE** abgelegt wird. Anschließend wird der eingegebene Wert als Binärzahl ausgegeben. In der dritten Zeile wird zunächst die dezimale Ein- und Ausgabe vereinbart. Dies ist notwendig, da FORTH sonst die Zahl 8 nicht verarbeiten kann (es handelt sich ja nicht um eine gültige Zahl bezogen auf das aktuelle Zahlensystem). Durch die Befehlssequenz '8 BASE !' wird das Oktalsystem als Grundlage zur Ein- und Ausgabe vereinbart und der eingegebene Wert im Oktalsystem ausgegeben. In der nächsten Zeile wird die eingegebene Zahl als Hexadezimalzahl ausgegeben, da durch Ausführung des Wortes **HEX** auf hexadezimale Ein-/Ausgabe umgestellt wird. Dieses Spiel wiederholt sich auch in der darauffolgenden Zeile, in der durch die Befehlssequenz '32 BASE !' das Zweiundreißigersystem vereinbart wird. Auch hier war es zuvor notwendig, das Wort **DECIMAL** auszuführen, da ansonsten die '32' als Hexadezimalzahl interpretiert worden wäre. In der letzten Zeile wird wieder in das, allgemein übliche, Dezimalsystem zurückgeschaltet.

Wenn Sie häufig im Hexadezimalsystem arbeiten, sollten Sie Wortnamen vermeiden, die ausschließlich aus den Buchstaben A bis F bestehen. So würde ein Wort mit dem Namen 'ABC' zu Komplikationen führen. Falls Sie die gleichlautende Zahl eingeben wollen, wird stattdessen das gleichnamige Wort ausgeführt, da der FORTH-Textinterpreter immer zuerst untersucht, ob es sich bei einer Eingabe um eine Wortdefinition handelt. Es besteht so keine Möglichkeit die Zahl 'ABC' einzugeben. Genauso ist es

möglich, Zahlen eine andere Bedeutung zu geben. Durch Definition des
Wortes

: 1 2 ; ok

wird bei der Eingabe einer '1' stattdessen die Zahl '2' auf dem Stack abgelegt. Dies erscheint kurios, ist aber für FORTH typisch.

* * *

Beispiel 4.4.5 - Stellen Sie die Zahlenbasis auf einen beliebigen Wert ein,
und geben Sie diesen Wert dann in Dezimalform aus:

```
ok
DECIMAL  31  BASE  !  <cr>  ok
BASE  @  DUP  <cr>  ok
DECIMAL  .  <cr>  31  ok
BASE  !  <cr>  ok
```

In der ersten Zeile wird die Zahlenbasis auf den Wert 31 umgestellt. Dieser Wert wird in der zweiten Zeile auf dem Stack abgelegt und dort kopiert. Anschließend wird das Dezimalzahlsystem vereinbart und eine
Kopie der Zahlenbasis in dezimaler Form ausgegeben. In der letzten Zeile
wird die Kopie dazu benutzt, die ursprüngliche Zahlenbasis wieder herzu-
stellen. Der Programmierer darf natürlich nicht vergessen, daß alle
Zahlenein- und Ausgaben von nun an zur Basis 31 vereinbart sind.

* * *

Beispiel 4.4.6 - Maskieren Sie die 9 höchstwertigen Bits auf dem TOS und
geben Sie diesen Wert sowohl als ASCII-Zeichen als auch als Binärzahl
aus:

```
ok
DECIMAL  61146  <cr>  ok
2  BASE  !  <cr>  ok
0000000001111111  AND  DUP  U.  EMIT  <cr>  1011010  Z  ok
DECIMAL  <cr>  ok
```

In der ersten Zeile wird die Dezimalzahl 61146 eingegeben. Sie wird auf dem Stack als 1110111011011010 gespeichert. (Dies ist das interne Format.) Durch Maskieren, d.h. durch eine UND-Verknüpfung mit der Zahl 0000000001111111 werden die 9 höchstwertigen Bits auf Null gesetzt. Diese Eingabe kann aber nur richtig, d.h. als Binärzahl, interpretiert werden, da zuvor durch die Befehlssequenz '2 BASE !' auf das Dualsystem umgeschaltet wurde. Als Ergebnis verbleiben die sieben niederwertigen Bits, die einmal als Binärzahl und dann als ASCII-Code (Buchstabe 'Z') ausgegeben werden.

KAPITEL 5

GRUNDLAGEN DER KOMPILATION

5.1 Überblick

FORTH unterscheidet sich ganz wesentlich in einer Eigenschaft von anderen Programmiersprachen. Es ist die fast unbegrenzte Erweiterbarkeit der Sprache. Neue Wortdefinitionen können jederzeit kompiliert, d.h. in das Wörterbuch eingetragen werden. Ist eine Definition einmal kompiliert worden, ist sie zu einem Bestandteil der Sprache geworden und kann auf dieselbe Art und Weise benutzt werden, wie die zum Sprachkern gehörenden Worte.

Das Ausführen von Definitionsworten bewirkt, daß neue Worte kompiliert werden. **CONSTANT** und **VARIABLE** sind zwei Beispiele für solche Definitionsworte, sie kompilieren neue Worte zur Abspeicherung einfach genauer Werte. Das vielseitigste und leistungsfähigste Definitionswort in FORTH ist der Doppelpunkt : (colon) <f,79,83>. Man kann mit ihm neue Worte bausteinartig kompilieren. Die spätere Ausführung eines auf diese Weise definierten Wortes kommt der Ausführung der einzelnen Komponentenworte gleich.

5.2 Ausführung versus Kompilation

Es wurde bereits an verschiedenen Stellen erwähnt, daß sich ein FORTH-System in zwei verschiedenen Zuständen befinden kann. Bisher wurde fast ausschließlich der Ausführungsmodus betrachtet. Zahlreiche FORTH Worte wurden vorgestellt und ihr Ausführungsverhalten beschrieben. Normalerweise wird im Ausführungsmodus das Wörterbuch lediglich dazu benutzt, das eingegebene Wort zu lokalisieren und die einzelnen Schritte einer Operation festzulegen. Die Ausführung eines Definitionswortes dagegen erweitert das Wörterbuch, indem eine neue Wortdefinition in das Wörterbuch kompiliert wird.

Nach einem Kaltstart, d.h. nach einer Systeminitialisierung bzw. Reinitialisierung enthält das Wörterbuch nur die Kern-Worte. Jede durch den Benutzer mit Hilfe eines Definitionswortes erstellte Wortdefinition wird an das Ende des Wörterbuches angehängt. Sobald ein neues Wort definiert wurde, ist es zu einem Sprachbestandteil geworden. Genaugenommen ist damit eine erweiterte Version der Programmiersprache FORTH geschaffen. Einige Definitionsworte wurden bereits vorgestellt. Sowohl die Ausführung von **CONSTANT** als auch die Ausführung von **VARIABLE** kompilierte eine neue Wortdefinition in das Wörterbuch. Andere Definitionsworte wie : benutzen die vorhandenen Worte als Bausteine (Komponentenworte) für neue Definitionen. Jede Doppelpunktdefinition kann als ein Äquivalent für die Ausführungssequenz der in ihr enthaltenen Komponentenworte betrachtet werden, da die Ausführung des neuen Wortes dieselbe Wirkung hat, wie die sequentielle Ausführung der in ihr enthaltenen Worte.

Kompilation ist also nichts anderes als die Erweiterung von FORTH um neue Worte. Jedes Anwendungsproblem kann gelöst werden, indem das Wörterbuch um passende Worte erweitert wird. Diese Worte werden wiederum zu neuen Worten vereinigt, so daß am Ende dieses Prozesses ein einzelnes Wort steht, welches das gesamte Programm zur Ausführung bringt. So läßt sich ein FORTH-Programm als eine Erweiterung des Wörterbuches zur Lösung eines spezifischen Problems auffassen.

An dieser Stelle ist es sinnvoll, einige Besonderheiten der Programmentwicklung unter FORTH zu erläutern. Eine sinnvolle Vorgehensweise für die Problemlösung bedeutet zunächst einmal die zur Verfügung stehenden Daten und das Ziel des Programms festzulegen. Dann wird der Programmablauf grob umrissen. Nun kann das Problem in kleinere Aufgaben unterteilt werden. Auch diese Aufgaben können in weitere Unteraufgaben aufgeteilt werden, die wiederum in kleinere Komponenten aufgelöst werden können usw. Idealerweise ergeben sich durch diesen Verfeinerungsprozeß viele kleine und vor allem allgemeine Bausteine, die auf mehrere Teile des Problems angewendet werden können. Diese Annäherung an eine Problemlösung wird als TOP-DOWN-Design (vom Groben zum Feinen) bezeichnet.

Auf der anderen Seite müssen FORTH Worte in FORTH auf der Grundlage bereits definierter Worte aufgebaut werden. Die verschiedenen Detaillösungen werden zu größeren, umfasserenden Einheiten zusammengefügt. Auch diese Komponenten werden solange zusammengefügt, bis das ganze Programm aus nur einem einzigen Wort besteht. Diese BOTTOM-UP Methode der Programmerstellung, die genau das Gegenteil der Designphase darstellt, wird eingesetzt, um von einem entworfenen Algorithmus zu einem ablauffähigen Programm zu gelangen.

Der Widerspruch ist offensichtlich. Es ist in vielen Fällen einfacher, zunächst ein paar kleinere Worte zu definieren, die einen Lösungsansatz darstellen. Später wird dann versucht, diese Worte zu einem funktionierendem Ganzen zu vereinigen. Eine weitaus bessere Problemlösung ist es, einen Entwurf nach dem TOP-DOWN-Prinzip durchzuführen und diesen dann BOTTOM-UP zu implementieren. Zunächst

wird die Gesamtaufgabe festgelegt. Anschließend wird diese Gesamtaufgabe in möglichst viele Teilaufgaben aufgeteilt. Dieser Vorgang wird solange wiederholt, bis fundamentale Operationen der Programmiersprache
erreicht werden, bei denen eine weitere Verfeinerung nicht mehr möglich
bzw. gar nicht sinnvoll ist. Ist diese Ebene erreicht, kann mit dem
"codieren", d.h. mit dem Programmieren begonnen werden. Dabei wird mit
den elementarsten Worten begonnen, aus diesen werden immer komplexere
Worte aufgebaut. Auf diese Weise werden nur für das Programm nützliche
Worte in das Wörterbuch eingetragen. Zum Schluß muß für das gesamte
Programm noch ein Wort aufgerufen werden, um es ablaufen zu lassen.

* * *

Beispiel 5.2.1 - Stellen Sie sich eine in FORTH programmierte Textverarbeitung vor. Diese umfangreiche Aufgabe würde in kleinere Aufgaben wie
Text erfassen, verändern, abspeichern und laden von ASCII-Textdateien
unterteilt werden. Der Baustein "erfassen" könnte weiter in kleinere Bausteine wie Cursorsteuerungsworte, Löschen einer Zeile usw. aufgeteilt
werden. Diese Routinen würden wiederum in kleinere Einheiten unterteilt
werden, etwa in eine Routine, die ein einzelnes Zeichen von der Tastatur
entgegennimmt etc.

Ist die Aufgabe unterteilt, kann mit dem Programmieren begonnen werden. In dieser Phase werden z.B. Worte wie KEY oder C! zur Entgegen-
nahme und Speicherung eines ASCII-Zeichens verwendet. Diese Worte
werden mit anderen Worten kombiniert, um komplexere Worte zu bilden,
die z.B. die Eingabe oder das Abspeichern einer ganzen Bildschirmzeile
erlauben. Auch diese Worte können zu umfassenderen Worten kombiniert
werden usw. Auch die übrigen Teile wie verändern, laden usw. werden
auf diese Weise aufgebaut. Zum Schluß wird schließlich das vollständige
Textverarbeitungsprogramm durch ein einzelnes Wort aufgerufen.

* * *

5.3 Definitionsworte

Ein Definitionswort legt sowohl die Art der Kompilation als auch das
Ausführungsverhalten eines neu definierten Wortes fest. Einige
Definitionsworte wie CONSTANT, VARIABLE und USER wurden bereits
vorgestellt. Die Ausführung der Befehlssequenz '5 CONSTANT NR_5'
kompiliert eine neue Wortdefinition mit dem Namen NR_5 in das Wörter-

buch. Dabei wird die Zahl 5 vom Stack genommen und in die Wortdefinition eingetragen. Bei der späteren Ausführung des Wortes **NR_5** verhält es
sich genau wie bei allen anderen Konstanten: es kopiert den Wert 5 aus
seiner Wortdefinition auf den Stack.

Die Ausführung der Befehlssequenz 'VARIABLE DELTA 5 DELTA !'
(dies gilt nur für die Sprachversion FORTH-83, in Fig-FORTH bzw.
FORTH-79 müßte die Befehlssequenz '5 VARIABLE DELTA' lauten) erstellt ebenfalls einen neuen Wörterbucheintrag. Auch hier wird der Wert 5
vom Stack genommen und in die neue Wortdefinition eingetragen. Bei der
späteren Ausführung von **DELTA** wird allerdings nicht der Wert aus der
Wortdefinition, sondern stattdessen die Speicheradresse der Wortdefinition
auf dem Stack abgelegt.

Das Verhalten von Konstanten und Variablen ist letztlich auf den unterschiedlichen Aufbau der verwendeten Definitionsworte zurückzuführen.
Allen Definitionsworten ist gemeinsam, daß sie immer ein neues Wort in
das Wörterbuch eintragen. Die nächste durch ein Leerzeichen abgeschlossene Zeichenkette nach dem Definitionswort wird aus dem Eingabestrom
herausgenommen und als Name der neuen Definition in das Wörterbuch
kompiliert. Das Definitionswort liefert die nötigen Zusatzinformationen
für den neuen Wörterbucheintrag. Daher zeigen auch alle durch das
gleiche Definitionswort definierten Worte das gleiche Ausführungsverhalten. Jede durch **CONSTANT** definierte Konstante kopiert ihren Wert auf
den Stack. Dies wird durch eine Routine erledigt, die in dem Definitionswort **CONSTANT** enthalten ist. Alle Worte, die durch das Definitionswort
VARIABLE definiert wurden, benutzen ebenfalls eine gemeinsame Routine, die lediglich die Adresse, unter der der gespeicherte Wert zu finden
ist, auf den Stack kopiert. Um den Umfang des Wörterbuchs zu begren-
zen, ist diese Routine im Definitionswort gespeichert. Jedes durch das
Definitionswort definierte neue Wort enthält lediglich einen Zeiger auf
diese allgemeine Routine.

FORTH verfügt noch über weitere Definitionsworte. Das Definitionswort :
(colon) leitet eine neue Definition ein, die aus einer Reihe von Zeigern
auf andere Wörterbucheinträge besteht. Alle Doppelpunktdefinitionen
enthalten einen Zeiger auf dieselbe allgemeine Ausführungsroutine, die im
Wörterbucheintrag von : enthalten ist. Wird eine Doppelpunktdefinition
ausgeführt, werden nacheinander alle in dieser Definition enthaltenen
Worte (die Komponentenworte) zur Ausführung gebracht. Andere
Definitionsworte ermöglichen die Einbindung von Maschinencode in neue
Wortdefinitionen (sowohl direkt in Form von Opcodes, als auch indirekt in
Form von Mnemonics).

Die allgemeine Ausführungsroutine für diese Primitive überträgt die Kontrolle an die Maschinenroutine in der Wortdefinition des ausgeführten Wortes.

FORTH bietet dem Benutzer zusätzlich die Möglichkeit neue Definitions-worte zu definieren. So kann sich der Anwender ein Definitionswort schaffen, daß doppelt genaue Variablen in das Wörterbuch kompiliert. Ebenso können Definitionsworte für Feldvariablen, Listenstrukturen oder andere Objekte dem Sprachwortschatz hinzugefügt werden. Unabhängig vom jeweiligen Typ legt jedes Definitionswort sowohl die Art der Kom-pilation, als auch das allgemeine Ausführungsverhalten des definierten Wortes fest.

Die meisten Mechanismen zur Kompilation neuer Worte werden vom Textinterpreter zur Verfügung gestellt. Das Wort **HERE** { >>> adr } <f,79,83> legt einen Zeiger auf dem Stack ab, der immer auf die nächste verfügbare Adresse im Wörterbuch zeigt. Dieser Zeiger wird automatisch während der Kompilation neuer Worte justiert.

* * *

Beispiel 5.3.1 - Ermitteln Sie die Anzahl von Bytes, die eine Variable im Wörterbuch einnimmt:

```
ok
HEX  HERE  U.  <cr>  36F0  ok
VARIABLE TEST  <cr>  ok
HERE  U.  <cr>  36FD  ok
TEST  @  .  <cr>  0  ok
```

In der ersten Zeile wird auf hexadezimale Ein- und Ausgabe umgeschaltet und die Adresse der nächsten verfügbaren Speicherstelle im Wörterbuch ausgegeben. In der nächsten Zeile wird eine Variable mit den Namen **TEST** definiert. In der dritten Zeile wird die Adresse der nächsten ver-fügbaren Speicherstelle erneut ausgegeben. Aus der Differenz wird deut-lich, daß die Variable **TEST** genau 13 Bytes (0D Hex) benötigt. In der letzten Zeile wird schließlich das neu definierte Wort ausprobiert.

* * *

Beispiel 5.3.2 - Bestimmen Sie die Anzahl der Bytes, die eine Konstante im Wörterbuch belegt:

```
ok
HEX  HERE  U.  <cr>  36FD  ok
100 CONSTANT  GNP  <cr>  3709  ok
HERE  U.  <cr>  3709  ok
GNP DECIMAL  .  <cr>  256  ok
```

In diesem Fall benötigt die Konstante **GNP** lediglich 12 Bytes (von Adresse **36FD** bis zur Adresse **3708**). Als allgemeine Regel gilt, daß es effezienter ist, sowohl bei der Programmerstellung, als auch bei der Programmausführung einen Wert, der in einem Programm mehrmals benötigt wird, als Konstante bzw. als Variable zu definieren. Die letzte Zeile im Beispiel ist notwendig, da die Zahlenbasis noch 16 ist. So hat die Variable **GNP** den Wert 100 Hex und nicht 100 Dezimal.

* * *

5.4 Doppelpunktdefinitionen

Das am häufigsten eingesetzte Definitionswort ist die Doppelpunktdefinition. Es ermöglicht bereits existierende Wörter als Bausteine für neue FORTH Worte, die in der Regel komplexere Aufgaben bewältigen können, einzusetzen.

Eine Doppelpunktdefinition für das Wort <Name> weist folgenden Aufbau auf:

: <Name> ... ;

Der Doppelpunkt gibt dem Textinterpreter die Anweisung, eine neue Definition mit dem Namen <Name> zu kompilieren. Die Punkte zwischen <Name>, dem Wort, das im Eingabestrom direkt auf den Doppelpunkt folgt und dem Semikolon ; (Semikolon) <f,79,83>, das stets eine Doppelpunktdefinition beendet, stehen als Stellvertreter für beliebige andere Wortdefinitionen, die im Eingabestrom enthalten sind. Bei diesen Komponentenworten kann es sich um Zahlen oder um Namen bereits definierter FORTH Worte handeln. Alle Steuerzeichen (z.B. <cr>), die mit einer Doppelpunktdefinition eingegeben wurden, oder Leerzeichen haben keinen Einfluß auf den Aufbau der Wortdefinition. Eine Wortdefinition kann sich daher im Prinzip auf beliebig viele Zeilen erstrecken.

Die Worte zwischen <Name> und Semikolon werden nicht ausgeführt, ebenso werden Zahlen in einer Doppelpunktdefintion nicht auf dem Stack abgelegt. Stattdessen wird ein Zeiger, der auf die Adresse des jeweiligen Komponentenwortes zeigt, in die Wortdefinition kompiliert. Was passiert aber mit Zahlen, die (mit Ausnahme der Wert -1, ... +2) über keinen Wörterbucheintrag verfügen? Zahlen werden einfach in ihrem binären Format in das Wörterbuch eingetragen. Davor wird allerdings ein Zeiger auf eine Routine kompiliert, die bei ihrer Ausführung, d.h. bei der späteren Ausführung des neu definierten Wortes, dafür sorgt, daß die nachfolgende Zahl auf dem Stack abgelegt wird. Das Semikolon beendet die Wortdefinition mit einem speziellen Zeiger und schaltet das System wieder in den Ausführungsmodus zurück.

Die Unterscheidung über den Systemzustand trifft das System mit Hilfe der Benutzervariablen STATE { >>> adr } <f,79,83>, wobei unter der Speicheradresse adr, die bei der Ausführung von STATE auf dem Stack abgelegt wird, der Inhalt der Variablen gespeichert ist. Ist der Wert von STATE gleich Null, so befindet sich das System im Ausführungsmodus. Ist er ungleich Null, so befindet sich das System im Kompilationsmodus. Die letzte Aktivität von ; ist es daher, den Inhalt von STATE auf Null zu setzen.

Sobald eine neue Wortdefinition in das Wörterbuch kompiliert wurde, gibt es keine Möglichkeit mehr, die einzelnen Bausteine zu betrachten. Der Quelltext, in diesem Fall die Namen der einzelnen Bausteine sowie die numerischen Werte zwischen Wortnamen und Semikolon, wird nicht im Hauptspeicher abgelegt. In Kapitel 12 wird eine Möglichkeit vorgestellt, Quelltexte abzuspeichern und komfortabel zu bearbeiten.

Die spätere Ausführung von <Name> verläuft nach einem für alle Doppelpunktdefinitionen gleichen Schema. Die in die Wortdefinition kompilierten Zeiger werden benutzt, um die vorhandenen Wörterbucheinträge zu lokalisieren und sie in der Reihenfolge der Eingabe auszuführen. Jeder numerische Wert aus der Definition wird ebenfalls in der Reihenfolge der Eingabe auf dem Stack abgelegt. Dieser Vorgang wiederholt sich solange, bis jene Routine ausgeführt wird, deren Zeiger durch ; kompiliert wurde. Im Endeffekt gibt es also keinen Unterschied zwischen der Ausführung einer Wortfolge, die per Hand eingegeben wird, und der Ausführung einer Doppelpunktdefinition, die diese Worte als Komponentenworte enthält.

Doppelpunktdefinitionen können leer sein oder auch aus mehreren Komponentenworten bestehen. Im allgemeinen sollte eine Wortdefinition nicht mehr als zehn bis zwanzig Komponentenworte enthalten. Ansonsten ist es sinnvoll, ein größeres Wort in kleinere Komponenten aufzuteilen. Die Zunahme an Speicherbedarf bzw. Ausführungsgeschwindigkeit, die eine

Aufteilung mit sich bringt, ist so gering, daß es sich in den meisten Fällen lohnt, kleinere Komponentenworte zu verwenden. In einem typischen Fig-FORTH System sind die meisten Kern-Worte in Form von Doppelpunkt-definitionen definiert. Nur ein kleiner Teil ist direkt in Maschinencode implementiert. Diese Primitive übernehmen elementare Systemoperationen. Da der größte Teil der Sprache durch sich selbst definiert ist, schafft dies eine sehr große Transparenz und Orthogonalität. Nur wenn Geschwindig-keit eine sehr große Rolle spielt, werden neue Worte als Primitive defi-niert.

*   *   *

Beispiel 5.4.1 - Betrachten Sie das folgende Beispiel:

```
ok
BASE @  .  <cr>  10 ok
: @_UND_PRINT @  .  ;  <cr>  ok
BASE @_UND_PRINT <cr>  10 ok
```

In der ersten Zeile wird der aktuelle Wert der Systemvariablen **BASE** auf den Stack geholt und ausgegeben. In der nächsten Zeile wird eine neue Definition kompiliert, die den Namen **@_UND_PRINT** trägt. Der Name einer Wortdefinition ist immer die Zeichenkette, die nach dem Definitionswort folgt und die durch ein Leerzeichen abgeschlossen wird. (Auch nach dem Definitionswort muß mindestens ein Leerzeichen folgen.) Die beiden auf den Wortnamen folgenden Befehle werden nicht ausge-führt, da sich das System im Kompilationsmodus befindet. Stattdessen werden die Adressen dieser beiden Worte in die neue Definition kompi-liert. Schließlich wird durch das Semikolon ein Zeiger auf die "Ab-schlußroutine" kompiliert und das System wieder in den Ausführungs-modus versetzt. In der letzten Zeile wird die neue Definition getestet. Wie nicht anders zu erwarten war, ist das Ergebnis identisch mit der Aus-führung der einzelnen Komponentenworte in der ersten Zeile. Demnach ist das Wort **@_UND_PRINT** eine Abkürzung für die in der ersten Zeile ausgeführten Worte anzusehen.

*   *   *

Beispiel 5.4.2 - Definieren Sie zwei neue Worte, die die Zahlenbasis auf 2 bzw. 8 setzen:

```
ok
DECIMAL  : DUAL  2  BASE  !  ;  ok
: OCTAL  8  BASE  !  ;  ok
16  DUP  DUAL  .  <cr>  10000  ok
DUP  OCTAL  .  <cr>  20  ok
DECIMAL  .  <cr>  16  ok
```

Die beiden Worte entsprechen in ihrem Aufbau den Kern-Worten **DECIMAL** und **HEX**. In der ersten Zeile wird gezeigt, daß in einer Zeile sowohl Kompilation als auch Ausführung gleichzeitig stattfinden können. Zunächst wird die Zahlenbasis der Ein- und Ausgabe auf dezimal eingestellt. Anschließend wird das neue Wort **DUAL** kompiliert. Beachten Sie, daß auch für die Kompilation die gültige Zahlenbasis gilt. So wird die eingegebene 2 als dezimaler Wert interpretiert. Anders als im Ausführungsmodus wird diese Zahl aber nicht auf dem Stack abgelegt, sondern zusammen mit einem speziellen Zeiger in die Wortdefinition kompiliert. Das nächste Wort in der Wortdefinition ist **BASE**. Auch dieses Wort wird nicht ausgeführt, sondern in die Wortdefinition kompiliert. Das gleiche gilt auch für !. Beendet wird die Definition wie üblich mit dem Semikolon. Entsprechend verläuft die Definition von **OCTAL**, nur daß hier die Zahl 8 verwendet wird.

In den letzten drei Zeilen werden die neuen Definitionen ausprobiert. Eine der Stärken von FORTH ist die Möglichkeit, jede neue Wortdefinition sofort interaktiv testen zu können. Stellt sich dabei heraus, daß die Wortdefinition fehlerhaft ist, so kann diese durch die Befehlssequenz:

FORGET <Name>

aus dem Wörterbuch entfernt werden. **FORGET** <f,79,83> löscht die angegebene Wortdefinition. Sollte ein fehlerhaftes Wort als Komponentenwort weiterer Definitionen verwendet werden, so sind diese Wortdefinitionen neu zu kompilieren.

* * *

Beispiel 5.4.3 - Definieren Sie ein Wort, daß den Inhalt des TOS mit 10 hex multipliziert und das Ergebnis dezimal ausgibt:

```
ok
HEX  : 10* DECIMAL 10 * . ;  <cr>  ok
DECIMAL  5  10*  <cr>  80  ok
```

Anscheinend wurde die Zahl 10 in der ersten Zeile als 16 interpretiert. Die Ursache ist in dem vorangehenden Wort **HEX** zu finden. Die Ein- und Ausgabe wird auf das Hexadezimalsystem umgeschaltet und der entsprechende Wert in die Wortdefinition kompiliert. Das nachfolgende Wort **DECIMAL** verändert die Zahlenbasis allerdings nicht, da es als Komponentenwort einer neuen Wortdefinition erst bei der Ausführung von **10*** zur Ausführung gelangt.

* * *

Beispiel 5.4.4 - Definieren Sie drei Worte, die den Inhalt einer Adresse jeweils als Byte-Wert, als einfach genaue vorzeichenbehaftete Zahl und als einfach genaue vorzeichenlose Zahl ausdrucken:

```
ok
: ? ə . ;  : C? Cə . ;  : U? ə U. ;  <cr>  ok
251  24000 C!  65432  24001  !  <cr>  ok
24000 C?  <cr>  251  ok
24001 ?  <cr>  -104  ok
24001 U?  <cr>  65432  ok
```

In der ersten Zeile werden drei neue Wortdefinitionen geschaffen. (In Fig-FORTH Systemen ist das Wort ? allerdings bereits enthalten, Sie erhalten in diesem Fall eine kurze Fehlermeldung, die Sie aber ignorieren können.) Es ist also durchaus möglich, mehrere Wortdefinitionen in einer Zeile durchzuführen. Dies ist nicht sehr empfehlenswert, da bei Fehlern der Textinterpreter die Interpretation abbricht, und die gesamte Zeile neu eingegeben werden muß. In der zweiten Zeile werden zwei beliebige Speicherzellen mit einem beliebigen Wert initialisiert. In den darauf folgenden Zeilen werden die neu kompilierten Worte getestet.

* * *

Beispiel 5.4.5 - Kompilieren Sie ein neues Wort, das das Quadrat einer Zahl auf dem Stack und die Zahl selbst in zwei getrennten Zeilen in einem formatierten Feld ausgibt. Beide Zeilen sollen einen kurzen Titel enthalten:

```
ok
: QUADRAT  <cr>
    DECIMAL  <cr>
    ."  Zahl = "  DUP  10  .R  <cr>
    CR  ."  Quadrat ="  DUP  UM*  10  D.R  ;  <cr>  ok

12  QUADRAT  <cr>
    Zahl  =        12
Quadrat  =      144  ok
```

In der ersten Zeile beginnt die Doppelpunktdefinition von **QUADRAT**. Die Definition erstreckt sich über die nächsten drei Zeilen. Alle Leerzeichen für das Einrücken sowie die eingegebenen "CR-Codes" (ASCII 13) werden ignoriert.

Das Wort ." <f,79,83> wird eingesetzt, um Zeichenketten zu kompilieren. Dabei werden alle Textzeichen bis zum Delimiter " mit einem Zeiger auf eine spezielle Routine in das Wörterbuch kompiliert. Die Routine wird bei der späteren Ausführung des kompilierten Wortes ausgeführt und sorgt für die Ausgabe der Textzeichen. Auf ." muß in jedem Fall ein Leerzeichen folgen. **QUADRAT** gibt beide Werte in einem zehn Zeichen umfassenden Ausgabefeld aus. Beachten Sie, daß das Wort **DECIMAL** keinen Einfluß auf die Zahlenbasis während der Kompilation hat, da es nicht zur Ausführung gelangt. Im übrigen gilt, wenn nicht ausdrücklich anders vermerkt, die dezimale Ein- und Ausgabebasis für Zahlen.

* * *

Beispiel 5.4.6 - Kompilieren Sie eine Definition, die die Anzahl der Werte, die sich auf dem Stack befinden, ausgibt:

```
ok
: STACK_GRENZEN  SP@  SP0  @ ;  <cr>  ok
: STACK_GROESSE  <cr>
    STACK_GRENZEN  -  ABS  <cr>
    2/  .  ;  <cr>  ok
123  456  789  STACK_GROESSE  <cr>  3  ok
DROP  STACK_GROESSE  DROP  DROP  STACK_GROESSE  <cr>  2  0  ok
```

In diesem Beispiel wurde die Aufgabe in zwei Teile zerlegt, obwohl dies nicht zwingend erforderlich ist. Das erste Wort STACK_GRENZEN benutzt SP@ { >>> adr } <83>, um den aktuellen Stand des Stackzeigers zu ermitteln und die Benutzervariable S0 { >>> adr } <79> um den sog. Initialisierungswert des Stackzeigers (dies ist der Wert, den der Stackzeiger besitzt, wenn keine Werte auf dem Stack liegen) zu bestimmen. STACK_GRENZEN wird als Komponentenwort in das Wort STACK_GROESSE eingebaut, so daß als erste Aktion bei der Ausführung von STACK_GROESSE die Ober- und die Untergrenze des Stacks auf den Stack gelegt werden. (Der gleiche Effekt würde erreicht werden, wenn das Wort STACK_GRENZEN über die Tastatur eingegeben worden wäre.) Aus den beiden Stackgrenzen wird die Differenz errechnet, die der Anzahl an Bytes entspricht, die auf dem Stack belegt sind. Das Ergebnis wird durch zwei geteilt, um die Anzahl an Stackzellen zu erhalten und schließlich ausgegeben. Die Wortdefinition STACK_GROESSE leistet übrigens das gleiche wie das Wort DEPTH { >>> n } <79,83>.

* * *

Beispiel 5.4.7 - Kompilieren Sie ein Wort, das die aktuelle Zahlenbasis in dezimaler Form ausgibt, ohne jedoch die Zahlenbasis dauerhaft zu verändern:

```
ok
: .BASE          ( Stackdiagramm: >>> )  <cr>
   BASE  a       ( Hole die gültige Basis )  <cr>
   DUP           ( Kopiere diese Zahl )  <cr>
   DECIMAL  .    ( Kopie dezimal ausgeben )  <cr>
   BASE  !       ( Basis wiederherstellen )  <cr>
;                ( Ende der Definition )  <cr>
ok

HEX .BASE <cr>  16  ok
DECIMAL .BASE <cr>  10  ok
```

An diesem Beispiel wurden Kommentare eingesetzt. Allerdings beschreibt ein Kommentar in der Regel das Ausführungs- und nicht das Kompilationsverhalten eines Wortes. Kommentare werden in FORTH durch das Wort ((paren) <f,79,83> eingeleitet. Alle folgenden Zeichen werden bis zum Delimiterzeichen) oder bis zum Ende der Zeile ignoriert. Eine weitere Möglichkeit Kommentare in einem Quelltext zu intergrieren bietet das Wort \ (slash).

Auch hier werden alle folgenden Textzeichen ignoriert. Ein Delimiter ist nicht erforderlich. Obwohl \ auf den meisten Systemen implementiert ist, ist es kein Standard-Wort.

Es ist wenig einleuchtend, bei einer über die Tastatur eingegebenen Definition Kommentare hinzuzufügen. Kommentare werden daher nur zusammen mit Quelltext verwendet, der mit dem Editor eingegeben wurde. Beim Beispiel dienten Kommentare lediglich als Lesehilfe. Auch die <cr>'s, die am Ende jeder Zeile eingegeben werden, werden von jetzt an nicht mehr aufgeführt.

KAPITEL 6

KONTROLLSTRUKTUREN UND COMPILERWORTE

6.1 Einleitung

Daten, die sich auf dem Stack oder im Arbeitsspeicher befinden, können auch die logischen Werte WAHR oder FALSCH darstellen. Diese logischen Werte sind häufig das Ergebnis eines Vergleichs. Sie werden eingesetzt, um den Programmablauf in Doppelpunktdefinitionen zu steuern. Logische Werte sind die Grundlage von bedingten Entscheidungen und Schleifen, bei denen die Anzahl der Durchläufe von einer Bedingung abhängt. FORTH verfügt über Worte, die den Kompilationsprozeß steuern. Diese Compilerbefehle werden zur Konstruktion von Worten während der Kompilation verwendet. Einige dieser Compilerbefehle verhalten sich *state-smart*, d.h. ihr Verhalten paßt sich an den jeweiligen Systemzustand (Ausführung oder Kompilation) an.

6.2 Logische Werte und Vergleichsoperationen

Numerische Werte können ebenso als logische Werte eingesetzt werden, um die beiden Werte WAHR oder FALSCH darzustellen. Logische Werte, die in diesem Zusammenhang auch als logische Flags bezeichnet werden, sind das gebräuchlichste Mittel, um die Ausführungssequenz innerhalb einer Doppelpunktdefinition zu steuern.

Eine Null repräsentiert in FORTH das logische Flag FALSCH. Jeder von Null verschiedene Wert kann für das logische Flag WAHR eingesetzt werden. Wenn in einem FORTH Programm das Flag WAHR erzeugt wird, so wird die Zahl -1 auf den Stack gelegt. (In Fig-FORTH und in FORTH-79 wurde eine wahre Bedingung noch durch die Zahl 1 repräsentiert. Dieser Umstand kann zu Komplikationen führen, wenn Fig-FORTH bzw. FORTH-79 Programme auf ein FORTH-83 System portiert werden.) Vergleiche hinterlassen auf dem Stack entweder ein WAHR- oder ein FALSCH-Flag. Die Worte < (kleiner), = (gleich) und > (größer) besitzen alle das Stackdiagramm: { n1 n2 >>> f }, mit f als Symbol für ein logisches Flag. Der Vergleich < hinterläßt nur dann ein WAHR-Flag auf dem Stack, wenn n1 kleiner als n2 ist. Entsprechend hinterläßt der Vergleich > ein WAHR-Flag, wenn n2 größer als n1 ist. Der Vergleich = hinterläßt ein WAHR-FLAG, wenn n1 gleich n2 ist. In allen Fällen repräsentiert der auf dem Stack liegende Wert (0 oder -1) ein logisches Flag und kein Rechenergebnis.

Das Wort U< { u1 u2 >>> f } <79,83> vergleicht zwei vorzeichenlose 16-
Bit-Zahlen. Das Flag f ist nur wahr, wenn u1 kleiner als u2 ist. Speicheradressen sollten immer mit U< oder mit = verglichen werden, da ansonsten
das höchstwertigste Bit als Vorzeichen betrachtet wird. FORTH-79 stellt
zusätzlich das Wort D< { d1 d2 >>> f } <79,83> und FORTH-83 darüberhinaus das Wort D= { d1 d2 >>> f } <83> zur Verfügung, die einen Vergleich von zwei doppelt genauen Zahlen ermöglichen.

Der Vergleich zwischen einer vorzeichenbehafteten 16-Bit-Zahl und der
Zahl Null wird mit den Worten 0<, 0= <f,79,83> und 0> <79,83> durch-
geführt. Alle drei Worte besitzen das Stackdiagramm { n >>> f }. Die
Ausführung von 0< liefert ein WAHR-Flag, wenn n kleiner als Null ist.
Für 0= trifft dies zu, wenn n selbst Null ist. Schließlich ist 0> nur wahr,
wenn n größer Null ist. Eine einfache Methode den logischen Wert eines
Flags umzudrehen, bietet das Wort NOT { f >>> f1 } <79,83>. Bei der
Ausführung von NOT wird aus einem WAHR-Flag auf dem Stack ein
FALSCH-Flag und umgekehrt. Das gleiche Resultat liefert der Vergleich
0=. Durch die zweimalige Ausführung dieses Wortes bzw. von NOT kann
ein von Null verschiedener Wert in ein "echtes" WAHR-Flag umgewandelt
werden.

*   *   *

Beispiel 6.2.1 - Finden Sie heraus, ob der Quotient von (123*456)/789
größer als 75 ist:

```
ok
123 456 789 */ DUP <cr>  ok
75  >  . <cr>  0  ok
.  71 <cr>  ok
```

In der ersten Zeile wird der Quotient mit Hilfe des */ -Operators berechnet, bei dem ein 32-Bit-Zwischenergebnis entsteht, und das Ergebnis auf
den Stack kopiert. In der zweiten Zeile wird der Vergleichswert 75 auf
dem Stack abgelegt, der Vergleich durchgeführt und das Ergebnis ausgegeben. In der letzten Zeile wird zur Überprüfung das Ergebnis aus der
ersten Zeile ausgegeben.

*   *   *

Beispiel 6.2.2 - Finden Sie heraus, ob die Zahlen 0111111 binär gleich 7F hexadezimal sind:

```
ok
2 BASE ! 01111111 HEX 7F DECIMAL <cr> ok
OVER OVER <cr> ok
= . <cr> -1 ok
- . <cr> 0 ok
```

In den ersten beiden Zeilen werden die zu vergleichenden Werte auf den Stack gelegt und kopiert. In der dritten Zeile wird mit dem Wort = auf Gleichheit getestet. In der letzten Zeile wird derselbe Vergleich indirekt durch eine Subtraktion durchgeführt. Diese Subtraktion ist ein Äquivalent für eine NICHT-GLEICH-Operation, denn jede von Null verschiedene Zahl kann ja als WAHR-Flag bezeichnet werden.

* * *

Beispiel 6.2.4 - Finden Sie heraus, ob 2553 ein ganzzahliges Vielfaches von 37 ist:

```
ok
2553 37 MOD 0= . <cr> -1 ok
```

Weil 2553 das Produkt von 37*69 ist, hinterläßt die Modulo- Operation den Rest 0 auf dem Stack. Der Vergleich mit 0 ergibt dann das WAHR-Flag -1.

* * *

6.3 Bedingte Verzweigungen

Eine grundlegende Eigenschaft aller Programmiersprachen läßt eine unter mehreren Ausführungssequenzen, aufgrund einer Vergleichsoperation, auswählen. Die Art und Weise, in der eine Verzweigung .durchgeführt werden kann, ist vom Charakter der Programmiersprache abhängig. Maschinensprache oder unstrukturierte Hochsprachen erlauben Sprünge an jede beliebige Stelle im Programm, wobei das Sprungziel als absolute Adresse bzw. als eine Marke angegeben wird. Dadurch wird der physikalische Aufenthaltsort einer Programmsequenz im Arbeitsspeicher völlig unabhängig vom tatsächlichen Programmablauf.

Als eine strukturierte Sprache beschreitet FORTH einen anderen Weg. Beide (bzw. alle) Zweige einer Entscheidung müssen vollständig in einer Doppelpunktdefinition kompiliert werden. Hierfür stehen die Strukturworte IF { f >>> }, ELSE und THEN <f,79,83> zur Verfügung. Bei der späteren Ausführung entscheidet das Flag, welcher der beiden Programmzweige ausgeführt wird. Alle Worte in dem anderen Teil der Verzweigung werden ignoriert.

FORTH kompiliert eine bedingte Verzweigung im Format:

: <Name>   .... IF ... THEN ... ELSE ;

Die Worte zwischen IF und ELSE bilden den WAHR-Zweig, die Worte zwischen ELSE und THEN den FALSCH-Zweig. Bei der Ausführung von <Name> stellt IF fest, ob ein WAHR- oder ein FALSCH-Flag auf dem Stack liegt (das Flag wird dabei vom Stack genommen). Ist der Wert von Null verschieden (es handelt sich um ein WAHR-Flag), werden nur die Worte im WAHR-Zweig ausgeführt, ist der Wert gleich Null, so werden nur die Worte im FALSCH-Zweig ausgeführt. Unabhängig vom Zustand des Flags werden alle Worte vor IF und nach THEN ganz normal ausgeführt.

Wird nur eine Verzweigungsmöglichkeit benötigt, kann die vereinfachte Form der bedingten Verzweigung eingesetzt werden:

: <Name> ... IF ... THEN ... ;

Hier existiert nur ein WAHR-Zweig, der sich aus den Worten zwischen IF und THEN aufbaut. Dieser gelangt zur Ausführung, wenn es sich bei dem Flag im TOS um ein WAHR-Flag handelt. Anderenfalls wird die Ausführung mit dem nächsten Wort nach THEN fortgesetzt, d.h. die Worte zwischen IF und THEN werden ignoriert. In einer Wortdefinition können beliebig viele IF-Bedingungen nacheinander ausgeführt werden. Die Strukturen können auch verschachtelt werden. Hierbei gilt es zu beachten, daß eine IF-ELSE-THEN-Struktur vollständig in einem Zweig einer anderen IF-ELSE-THEN-Struktur enthalten ist.

*   *   *

Beispiel 6.3.1 – Kompilieren und testen Sie eine Definition, die die Meldungen "WAHR" und "FALSCH" entsprechend dem Stackwert ausgibt. Sorgen Sie dafür, daß der Wert nach der Ausführung vom Stack verschwindet:

```
ok
: .W/F           ( Stackdiagramm: f >>> )
   IF            ( Prüfen und Entfernen des Flags )
    ." WAHR"      ( WAHR-Zweig: Ausgabe des Textes )
   ELSE          ( FALSCH-Zweig )
    ." FALSCH"    ( Ausgabe des Textes )
   THEN          ( Ende der bedingten Verzweigung )
;                ( Ende der Definition )  <cr>


ok
20  .W/F  <cr>  WAHR  ok
0   .W/F  <cr>  FALSCH  ok
-20 .W/F  <cr>  WAHR  ok
0 0=  .W/F  <cr>  WAHR  ok
1 0=  .W/F  <cr>  FALSCH  ok
```

Die für die einzelnen Verzweigungen verwendeten Einrückungen sind sehr nützlich, da sie es erlauben, die Struktur der Definition und die Ausführungseffekte mit einem Blick zu erfassen. Sie haben selbstverständlich auf die Kompilation keinen Einfluß. Bei der Ausführung von .W/F wird der Inhalt des TOS getestet und vom Stack entfernt. War es ein FALSCH-Flag (gleich Null), wird nur der Teil zwischen ELSE und THEN ausgeführt und die Meldung "FALSCH" ausgegeben. War der Wert auf dem Stack ungleich Null, so wird der WAHR-Teil ausgeführt und die Meldung "WAHR" ausgegeben. Das Entfernen des Flags vom Stack geschieht automatisch mit der Ausführung des Wortes IF.

* * *

Beispiel 6.3.2 - Kompilieren und testen Sie eine Definition, die auf einen Tastendruck wartet. Wenn die gedrückte Taste ein großes "J" war (ASCII 74), soll die Meldung "JA" ausgegeben werden, anderenfalls soll nichts passieren:

```
ok
: ?JA              ( Stackdiagramm:  >>> )
   KEY             ( Warten auf Taste )
   74  =           ( Vergleiche mit "J" )
   IF              ( Beginn der Verzweigung )
    ." JA"         ( WAHR-Zweig - Text ausgeben )
   THEN            ( Ende der Verzweigung )
;                  ( Ende der Definition )  <cr>
ok
```

KEY wird außerhalb der bedingten Verzweigung ausgeführt. Jeder Tastendruck außer "J" überspringt den WAHR-Zweig und geht direkt zum Ende der Definition.

* * *

Beispiel 6.3.3 - Kompilieren und testen Sie eine Definition, die den Inhalt des TOS nur dann ausgibt, wenn er größer als 100 hex ist. In jedem anderen Fall soll der Wert vom Stack entfernt werden:

```
ok
HEX  <cr>  ok
: .>100HEX         ( Stackdiagramm: n >>>  )
   DUP             ( Kopiere Wert für Vergleich )
   100 >           ( Vergleiche und erzeuge Flag )
   IF  .           ( Falls WAHR dann gebe n aus )
   ELSE  DROP      ( Anderenfalls lösche n )
   THEN            ( Ende der Verzweigung )
;                  ( Ende der Definition )  <cr>
ok
DECIMAL            ( Dezimale Zahlenbasis ) <cr>
ok
```

Bei der Ausführung von .>100HEX wird zunächst der zu vergleichende Wert kopiert, damit dieser noch für den WAHR-Zweig, d.h. für eine eventuelle Ausgabe zur Verfügung steht. IF entfernt das Flag, das bei dem Vergleich entstanden ist.

War es ein WAHR-Flag, so wird der noch auf dem Stack befindliche Wert ausgegeben. Anderenfalls wird der **ELSE**-Zweig ausgeführt und dieser Wert gelöscht.

Wenn eine Anwendung nur diesen einen Fall eines Vergleichs zweier Werte mit Ausgabe des Wertes erfordert, ist die Definition völlig ausreichend. Kommen mehrere ähnlich gestaltete Vergleiche vor, ist es effektiver, den allgemeineren Teil dieser Operation als einen eigenen Baustein zu definieren:

```
ok
: .>              ( Stackdiagramm: n1 n2 >>> )
   OVER SWAP      ( n1 n2 >>> n1 n1 n2 )
   >              ( Vergleiche die beiden Werte)
   IF  .          ( WAHR-Zweig - gebe n1 aus )
   ELSE DROP      ( FALSCH-Zweig - lösche n1 )
   THEN           ( Ende der Verzweigung )
;                 ( Ende der Definition )  <cr>
ok
HEX  <cr>  ok


: .>100HEX        ( Stackdiagramm: n1 >>>  )
   100            ( Hinterlege  Vergleichswert )
   .>             ( Ausgabe falls n1 > 100 Hex )
;                 ( Ende der Definition )  <cr>
ok


DECIMAL  <cr>  ok
: .>100Dez        ( Stackdiagramm: n1 >>> )
   100            ( Vergleichswert auf den Stack )
   .>             ( Gebe n1 aus, wenn größer 100) ;          ( Beende die
Definition )  <cr>
ok
```

Die allgemein gehaltenere Definition .> gibt n2 nur aus, wenn n2 > n1 ist. Die Definitionen von .100HEX und .100DEZ greifen auf diese Definition zurück. Es ist leicht ersichtlich, daß sich mit dieser Methode beliebig viele andere Vergleichsoperationen sehr leicht durchführen lassen.

* * *

Beispiel 6.3.4 - Kompilieren und testen Sie eine Definition, die den Inhalt des TOS ausgibt, wenn der Wert im Bereich 5 und 500 Hex liegt oder anderenfalls eine entsprechende Meldung ausgibt. In jedem Fall soll der Inhalt des TOS gelöscht werden:

```
ok
HEX  <cr>  ok


: ?UGRENZE  5 < ;  (Stackdiagramm: n >>> f)  <cr>
ok
0  ?UGRENZE  .  <cr>  1  ok
5  ?UGRENZE  .  <cr>  0  ok


: ?OGRENZE 500 > ;  (Stackdiagramm: n >>> f)  <cr>
ok
500  ?OGRENZE  .  <cr>  0  ok
600  ?OGRENZE  .  <cr>  1  ok


: ?BEREICH         ( Stackdiagramm: n >>> )
   DUP             ( Kopiere TOS )
   ?UGRENZE        ( Teste Untergrenze )
   IF              ( WAHR-Zweig äußere Bedingung)
    ." Unterhalb" DROP  ( n < 5 )
   ELSE            (FALSCH-Zweig äußere Bedingung)
    DUP ?OGRENZE   (Kopiere TOS für zweiten Test )
    IF             (WAHR-Zweig innere Bedingung )
     ." Oberhalb" DROP   ( n > 500 )
    ELSE           (FALSCH-Zweig innere Bedingung)
     .             ( Ausgabe von n )
    THEN           ( Ende der inneren Bedingung )
   THEN            ( Ende der äußeren Bedingung )
;                  ( Ende der Definition )   <cr>
ok


0 ?BEREICH  <cr>  Unterhalb  ok
5 ?BEREICH  <cr>  5 ok
100 ?BEREICH  <cr>  100 ok
500 ?BEREICH  <cr>  500 ok
500 ?BEREICH  <cr>  Oberhalb  ok
```

Dieses Beispiel baut das gewünschte Wort auf, indem zuvor zwei andere Bausteine getestet und definiert wurden. Sowohl **?UGRENZE** als auch **?OGRENZE** prüfen den Wert im TOS und legen ein WAHR-Flag ab, wenn sich n außerhalb des festgelegten Bereichs befindet. In **?BEREICH** sind zwei vollständig ineinander verschachtelte bedingte Verzweigungen

enthalten. Ist n kleiner als 5, tritt der WAHR-Zweig der äußeren Bedingung in Aktion, gibt eine Meldung aus und löscht den TOS. Ist n aber
gleich 5 oder größer, so wird innerhalb des FALSCH-Zweiges der äußeren
Verzweigung zunächst geprüft, ob n größer als 500 ist und ein entsprechendes Flag auf dem Stack abgelegt. In Abhängigkeit vom Zustand
dieses Flags wird n entweder gelöscht, und es wird eine kurze Meldung
ausgegeben oder n wird ausgegeben.

*   *   *

6.4 Indizierte Schleifen

Eine Schleife ist eine sich wiederholende Operation. Sie kommt in zwei
verschiedenen Grundformen vor. Soll ein Vorgang wiederholt werden, bis
eine bestimmte Bedingung auftritt bzw. solange eine bestimmte Bedingung
wahr ist, so handelt es sich um eine unbestimmte Schleife. Wird ein Vorgang jedoch eine festgelegte Anzahl oft wiederholt, handelt es sich um
eine indizierte Schleife.

Indizierte Schleifen benutzen einen Index (dies ist ein Zähler), um festzustellen, wie oft sie bereits durchlaufen wurden. Sowohl Start- als auch
End-Wert einer Schleife müssen vorgegeben werden. Am Ende eines
Schleifendurchganges wird der Index erhöht (normalerweise um 1, falls
nichts anderes festgelegt wurde). Ist der inkrementierte Index kleiner als
der Endwert, wird die Schleife erneut durchlaufen. Wird durch die Erhöhung des Indexes die Grenze zwischen Endwert-1 und Endwert überschritten, wird die Schleife beendet und die Ausführung fährt mit dem
nächsten Wort nach der Schleife fort.

Alle indizierten Schleifen müssen - wie die IF-ELSE-THEN Struktur -
vollständig in einer Doppelpunktdefinition enthalten sein. Wie die Ent-
scheidungsstrukturen, sind auch Schleifenkonstruktionen außerhalb einer
Doppelpunktdefinition nicht erlaubt. Eine indizierte Schleife ist wie folgt
aufgebaut:

> : <Name> ... **DO** ... **LOOP** ... ;

Der sich wiederholende Teil dieser Definition steht zwischen den Worten
DO { w1 w2 >>> } <f,79,83> und **LOOP** <f,79,83>. (Im Unterschied zu
FORTH-83 weisen diese Strukturen in Fig-FORTH bzw. FORTH-79
einen anderen Aufbau auf und erlauben nur vorzeichenbehaftete Indizes.)
Bei der späteren Ausführung von **DO** innerhalb von <Name> werden die
beiden Schleifenparamter vom Stack genommen.

Die Worte in der Schleife werden das erste Mal ausgeführt bei einem Indexwert w2 (dem Startindex der Schleife). Am Ende der Schleife wird der Index durch **LOOP** um Eins erhöht und es erfolgt ein Test des Schleifenwertes. Falls der neue Indexwert immer noch kleiner ist als der Endwert n1, wird die Schleife erneut durchlaufen. Falls der Index aber gleich oder größer als der Endwert w1 ist, wird die Schleife beendet. Die Ausführung wird mit dem ersten Wort nach **DO** fortgesetzt. Da der Index-test am Ende der Schleife durchgeführt wird, wird die Schleife mindestens einmal durchlaufen. Dabei kann es zu folgendem Außnahmefall kommen: Wenn Start- und Endwert bereits beim Eintritt in die Schleife gleich sind, ist damit bereits vor der ersten Inkrementierung die Grenze des Endwertes überschritten. Da eine Schleife aber mindestens einmal durchlaufen wer-den muß, führt das dazu, daß eine solche Schleife genau 65536 mal durchlaufen wird.

Es gibt in FORTH noch einen weiteren Typ einer indizierten Schleife, der wie folgt aufgebaut ist:

     : <Name> ... **DO** ... n **+LOOP** ;

Auch hier werden zwei Werte, ein Start- und ein Endwert, übergeben, die zu Beginn der Schleife vom Stack genommen werden. Am Ende eines Laufes wird der Schleifenindex von **+LOOP** { n >>> } <f,79,83> nicht um Eins, sondern um den Wert n erhöht (bzw. verringert). Dieser Wert kann sowohl positiv als auch negativ sein. Mit dem Wort I { >>> w } <83> kann der aktuelle Schleifenindex auf den Stack abgelegt werden. Die Verwen-dung von I ist nur in einer indizierten Schleife sinnvoll.

Indizierte Schleifen können auch ineinander verschachtelt werden. FORTH-83 fordert aber, daß mindestens drei Verschachtelungsebenen möglich sein müssen. (Die Anzahl der möglichen Verschachtelungsebenen wird nur durch den Umfang des Return-Stacks begrenzt, der zur Zwischenspeicherung der Schleifenparameter verwendet wird.) Bei ver-schachtelten Schleifen ist I immer der Index der innersten Schleife. Mit dem Wort J { >>> w } <79,83> ist der Zugriff auf den Index der äußeren Schleife möglich.

Im Normalfall wird eine Schleife die vorgegebene Anzahl von Durchläufen ausführen. Mit Hilfe von **LEAVE** <f,79> wird jedoch die Möglichkeit an-geboten, eine Schleife augenblicklich zu verlassen. **LEAVE** sollte, wie auch I bzw. J nur in einer Schleife angewendet werden. Die Ausführung von **LEAVE** verwirft die Schleifenparameter und fährt mit der Ausführung direkt nach **LOOP** bzw. **+LOOP** fort. Da **LEAVE** in jedem Fall einen Abbruch der Schleife bewirkt, wird **LEAVE**   in der Regel innerhalb einer Entscheidung eingesetzt werden.

*   *   *

Beispiel 6.4.1 - Kompilieren und testen Sie ein Wort, das den Inhalt des TOS drei Mal ausgibt und anschließend löscht:

```
ok
: PRINTx3        ( Stackdiagramm: n >>> )
   4 1           (Ablegen der Schleifenparameter)
   DO            ( Start der Schleife mit  1 )
    DUP  .       ( Kopiere n für Ausgabe )
   LOOP          (Inkrementiere und prüfe Index )
   DROP          ( Lösche n )
;                ( Ende der Definition )  <cr>
ok
```

```
5 PRINTx3  <cr>  5  5  5  ok
```

Beachten Sie auch hier, daß die Schleifenstruktur durch Einrücken einzelner Zeilen hervorgehoben wird. Der Endwert 4 und der Startwert 1 werden durch **DO** vom (Paramter-) Stack entfernt und auf dem Return-Stack abgelegt. Der Endwert ist 4 (und nicht drei, wie man vielleicht auf den ersten Blick vermuten könnte), da **LOOP** den Index zunächst erhöht und anschließend testet. Alternativ hätte man auch die Schleifenparameter 3 und 0 einsetzen können. Beim ersten Durchlauf hat der Index den Wert 1. Der Inhalt des TOS wird kopiert und eine Kopie ausgegeben. Am Ende der Schleife wird der Index durch **LOOP** um Eins erhöht und mit dem Endwert 4 verglichen. Da der Endwert noch nicht erreicht wurde, wird die Schleife, beginnend mit dem ersten Wort nach **DO**, erneut durchlaufen. Nach dem dritten Durchgang ist der Index gleich dem Endwert 4 und die Schleife wird beendet. In der letzen Zeile wird die neue Definition getestet.

*   *   *

Beispiel 6.4.2 - Kompilieren und testen Sie eine Definition, die alle Zahlen zwischen 1 und einem anderen positiven Wert, der sich im TOS befindet, ausgibt:

```
ok
: DRUCKE_I          ( Stackwert: n >>> )
   1+               ( Erhöhe Endwert n um eins )
   1                ( Startwert der Schleife )
   DO               ( Anfang der Schleife )
    I .             ( Index holen und ausgeben)
   LOOP             ( Index erhöhen und prüfen )
;                   ( Beende Definition) <cr>
ok


3 DRUCKE_I  <cr>  1 2 3  ok
-7 DRUCKE_I  <cr>  1 2 3  .... 65535 ... -10 -9 -8 -7  ok
```

Diesmal wurde der Endwert nicht in der Definition festgelegt, sondern vor
dem Eintritt in die Schleife auf dem Stack abgelegt. Eine Schleife benötigt
zwei Parameter, den Startwert und den Endwert. Dabei spielt es keine
Rolle, wie diese Werte auf den Stack gelangen. Auch in diesem Beispiel
wird der Endwert zu Beginn um Eins erhöht, weil der Indextest erst nach
der Inkrementierung stattfindet.

Die vorletzte Zeile liefert das Programmbeispiel für eine ordnungsgemäße
Ausführung. Die letzte Zeile dagegen ist ein Beispiel dafür, was passieren
kann, wenn unbeabsichtigt falsche Parameter übergeben werden. Zwar
wurde die Zahl -7 eingegeben, diese wird jedoch von **LOOP** als die Zahl
65529 interpretiert (**LOOP** erwartet stets vorzeichenlose Parameter). Als
Folge dieser Fehlinterpretation wird die Schleife von 1 bis 65529 (!)
durchlaufen. Die negativen Werte bei der Ausgabe erklären sich durch die
Tatsache, daß das Ausgabewort . (dot) die Zahl im TOS als einen vorzeichenbehafteten Wert ausgibt. Daher sieht es so aus, als würde der Index
heruntergezählt werden. (Dieses Problem kann aus den erwähnten Gründen
bei einem Fig-FORTH bzw. FORTH-79 System nicht auftreten.)

*   *   *

Beispiel 6.4.3 - Kompilieren und testen Sie ein Wort, das alle Integers zwischen einem positiven Wert, der sich im TOS befindet, und Null in umgekehrter Reihenfolge ausgibt:

```
ok
: RUECKWÄRTS     ( Stackparameter: n >>> )
   1             ( Endwert auf dem Stack )
   SWAP          ( Vertausche Start- und Endwert )
   DO            ( Beginn der Schleife )
    I  .         ( Ausgabe des Index )
    -1           ( Inkrement auf den Stack )
   +LOOP         ( Inkrement addieren und testen )
;                ( Beende die Definition )  <cr>
ok
3 RUECKWÄRTS  <cr>  3 2 1  ok
```

In diesem Beispiel befindet sich bereits der Startwert (und nicht der Endwert) der Schleife auf dem Stack. Der Endwert 1 wird in der Definition festgelegt. Durch **SWAP** werden die Parameter in die richtige Reihenfolge gebracht. **DO** nimmt die Parameter vom Stack und richtet den Index entsprechend ein. Nachdem der Schleifenindex durch I vom Return-Stack in den TOS kopiert und ausgegeben wurde, wird ein Inkrement von -1 durch **+LOOP** zum Index addiert. Die Schleife wird solange durchlaufen, bis der Indexwert Null ist.

* * *

Beispiel 6.4.4 - Definieren und testen Sie ein Wort, das die Integers zwischen dem Grenzwert, der sich im TOS befindet, und 1 ausgibt, sofern dieser Grenzwert größer oder gleich zwei ist. Wenn der Wert kleiner als zwei ist, soll keine Ausgabe erfolgen. In jedem Fall soll der Grenzwert nach Abschluß der Definition vom Stack entfernt werden :

```
ok
: .>=2           ( Stackparameter: n >>> )
   DUP  1 >      ( Grenzwert >= 2 ? )
   IF DRUCKE_I   ( WAHR-Zweig )
   ELSE DROP     ( FALSCH-Zweig, lösche n )
   THEN          ( Ende der Bedingung )
;                ( Beende die Definition) <cr>
ok
3  .>=2  <cr>  1 2 3  ok
0  .>=2  <cr>  ok
```

Indizierte Schleifen bzw. Worte, die indizierte Schleifen enthalten, können auch innerhalb einer bedingten Verzweigung ausgeführt werden. In diesem Beispiel wird das bereits definierte Wort **DRUCKE_I** im WAHR-Zweig einer bedingten Verzweigung aufgerufen.

*   *   *

Beispiel 6.4.5 - Definieren und testen Sie ein Wort, das alle Buchstaben, die zwischen den Adressen 4000 hex und 4100 hex liegen, ausgibt. Wenn der auszudruckende Buchstabe jedoch dem ASCII-Wert 30 hex entspricht, soll die Schleife abgebrochen werden:

```
ok
HEX  <cr>  ok
: MEM_AUSGABE       ( Stackdiagramm: >>> )
   4101   4000      ( Schleifenparameter ablegen )
   DO               ( Eintritt in die Schleife )
    I               ( Lege eine Adresse auf dem
                      Stack )
     C@  DUP        ( Kopiere den Buchstaben )
     30 =           ( Ist es ASCII 30 hex ? )
     IF             ( Beginn der Verzweigung )
      DROP  LEAVE   ( WAHR-Zweig, Schleife Ende)
     ELSE EMIT      ( FALSCH-Zweig, Buchstabe
                      ausgeben )
     THEN           ( Ende der Bedingung )
    LOOP            ( Index erhöhen und prüfen )
;                   ( Beende die Definition) <cr>
ok
DECIMAL  <cr>  ok
```

Der aus dem Speicher gelesene Buchstabe wird kopiert, so daß eine Kopie für einen Vergleich mit dem Wert 30 hex zur Verfügung steht. Fällt der Vergleich negativ aus, wird der Buchstabe ausgegeben. Wenn der Wert aber gleich 30 hex ist, wird die andere Kopie vom Stack entfernt, und die Schleife mit **LEAVE** abgebrochen.

Auch wenn dieses Beispiel funktioniert, so ist es ein Beispiel für schlechten Programmierstil. Zum einen ist es nicht sinnvoll, die Parameter in die Definition einzubeziehen. Es wäre empfehlenswerter, das Wort so zu definieren, daß die Parameter vor dem Aufruf übergeben werden, um es universell einsetzen zu können. Zweitens wird der Schleifenindex direkt als Adreßzeiger eingesetzt. Dies funktioniert zwar in diesem speziellen Fall, kann aber in einem Fig-FORTH bzw. FORTH-79 System zu Problemen führen, wenn der Index den Wert 7FFF hex übersteigt.

* * *

6.5 Unbestimmte Schleifen

Im Gegensatz zu einer indizierten Schleife wird eine unbestimmte Schleife nicht nach einer festen Anzahl von Durchläufen abgebrochen. Der Abbruch hängt vielmehr von einer Bedingung und nicht von einem Zähler ab. Genau wie indizierte Schleifen müssen auch die unbestimmten Schleifen vollständig in einer Doppelpunktdefinition definiert sein. Die möglichen Eingabeformate für unbestimmte Schleifen sind:

: <Name>   ... **BEGIN**   .... Flag **UNTIL** .... ;

: <Name>   ... **BEGIN**   .... Flag **WHILE** .... **REPEAT** .... ;

In beiden Fällen markiert **BEGIN** <f,79,83> den Anfang der Schleifenstruktur, die sich bis zum entsprechenden **UNTIL** bzw. **REPEAT** erstreckt. Alle Worte außerhalb der Schleife werden in gewohnter Weise ausgeführt. Auch kann eine unbestimmte Schleife in einer **DO ... LOOP** Form oder in einer bedingten Verzweigung enthalten sein. Selbstverständlich können unbestimmte Schleifen auch verschachtelt sein bzw. die oben genannten Strukturen enthalten. Am Ende jeder Wiederholung einer **BEGIN ... UNTIL** Schleife wird ein Flag, das sich im TOS befindet, einem Test unterworfen. **UNTIL** { f >>> } <f,79,83> prüft, ob es sich um ein WAHR-Flag handelt. In diesem Fall wird die Schleife verlassen und die Programmausführung mit dem ersten Wort nach **UNTIL** fortgesetzt. Befindet sich im TOS allerdings ein FALSCH-Flag, verzweigt **UNTIL** zum ersten Wort nach **BEGIN** und die Schleife wird ein weiteres Mal durchlaufen. Auch dieser Schleifentyp wird daher mindestens einmal durchlaufen.

Die **BEGIN-WHILE-REPEAT**-Struktur prüft die Abbruch-Bedingung in der Schleife. Die Überprüfung wird von **WHILE** { f >>> } <f,79,83> vorgenommen, das Flag dabei vom Stack entfernt. Handelt es sich um ein WAHR-Flag, wird mit der Ausführung bei dem ersten Wort nach **WHILE** fortgefahren. **REPEAT** sorgt dafür, daß die Programmausführung wieder zum ersten Wort nach **BEGIN** verzweigt und die Schleife somit ein weiteres Mal durchlaufen wird. Falls es sich aber um ein FALSCH-Flag handelt, wird die Schleife abgebrochen und die Programmausführung mit dem ersten Wort nach **REPEAT** fortgesetzt. Die Worte zwischen **WHILE** und **REPEAT** werden nicht mehr ausgeführt. Auf den ersten Blick mag die **BEGIN-WHILE-REPEAT**-Struktur wie eine erweiterte **BEGIN-UNTIL**-Struktur aussehen. Der entscheidende Unterschied liegt in der Anordnung der Abbruchbedingung. Die Abbruchbedingung wird bereits vor dem Wort **WHILE** getestet. Falls die Abbruchbedingung bereits beim ersten Mal erfüllt ist, werden die Anweisungen zwischen **WHILE** und **REPEAT** überhaupt nicht ausgeführt.

Die letzte FORTH-83 Schleife besitzt das Format:

: <Name> .... **BEGIN** .... **AGAIN** ;

Hierbei handelt es sich um eine Endlosschleife, da keine Abbruchbedingung existiert. Einmal gestartet wird diese Schleife unendlich oft wiederholt. Es gibt aber zwei Möglichkeiten die Schleife dennoch zu verlassen. Mit **QUIT** <f,79,83> kann jedes FORTH-Programm abgebrochen und das System in den Ausführungsmodus zurückversetzt werden. Durch die Ausführung von **EXIT** <f,79,83> wird jedes FORTH Wort abgebrochen und in die "aufrufende" Ebene zurückgekehrt. **EXIT** findet nicht nur in Endlosschleifen Anwendung, sondern wird in allen Situationen eingesetzt, in denen ein vorzeitiges Verlassen einer Wortdefinition gewünscht wird. Eine Endlosschleife vom Typ **BEGIN ... AGAIN** wird z.B. auch im Textinterpreter eingesetzt, um laufend die Tastatur zu überwachen und Eingaben auszuwerten.

* * *

Beispiel 6.5.1 - Definieren Sie ein Wort, das die Eingabe von Buchstaben über die Tastatur erlaubt. Speichern Sie diese ab (von einer im TOS befindlichen Adresse an), bis eine Leertaste gedrückt wird:

```
ok
: KEY!          ( Stackdiagramm: adr >>> )
    BEGIN       ( Anfang einer unbestimmten
                  Schleife)
      DUP       ( Kopiere Adresse )
      KEY DUP   ( Warte auf Taste und kopiere )
      32 = NOT  ( Vergleiche mit ASCII-Code)
    WHILE       ( Wiederhole solange Bedingung
                  WAHR )
```

```
    SWAP        ( Vertausche Adresse und Byte )
     C!         ( Speichere es an der Adresse )
     1+         ( Erhöhe die Adresse um Eins )
   REPEAT       ( Wiederholung oder Ende )
  2DROP DROP    ( Lösche adr, adr+n und das Byte )
  ;             ( Beende die Definition )  <cr>
ok
```

Am Anfang liegt die Adresse, unter der der erste eingegebene Buchstabe gespeichert werden soll, auf dem Stack. Die Adresse wird kopiert, damit für den jeweils nächsten Durchlauf eine Adresse zur Verfügung steht. Ebenso wird mit dem von **KEY** gelieferten ASCII-Code verfahren, für den eine Kopie für den Vergleich mit dem Leerzeichen (ASCII 32) benötigt wird. Fällt der Vergleich negativ aus, wird das entstandene Flag durch **NOT** invertiert und die Programmausführung nach **WHILE** fortgesetzt. Dort werden als nächstes die beiden obersten Stackwerte vertauscht, um den eingebenen Buchstaben unter der ebenfalls auf dem Stack befindlichen Adresse abspeichern zu können. Anschließend wird die Adresse um Eins erhöht, so daß die benötigte Adresse bereits für den nächsten Durchgang bereit steht. Handelt es sich bei der Eingabe um ein Leerzeichen, wird die Schleife bereits bei **WHILE** abgebrochen und direkt zu dem ersten Wort nach **REPEAT** verzweigt. Dort werden die beiden nicht mehr benötigten Adressen und das übriggebliebene Byte vom Stack entfernt, um den Stack für spätere Operationen in einem einwandfreien Zustand zu hinterlassen.

* * *

Beispiel 6.5.2 - Kompilieren Sie ein Wort, das den Arbeitsspeicher ab einer bestimmten Adresse byteweise ausgibt. Es sollen sowohl die Adresse als auch das darin enthaltene Byte, jeweils in einer Zeile im hexadezimalen Format, ausgegeben werden. Wenn die Routine auf den Speicherwert 0 trifft, soll ein Abbruch und ein Wiederherstellen der ursprünglichen Ein-/Ausgabebasis erfolgen:

```
ok
: HEX_DUMP    ( Stackdiagramm: adr >>> )
   BASE @ SWAP ( Hole aktuelle Zahlenbasis )
   HEX        ( Umschalten auf Hexadezimal )
   BEGIN      ( Anfang einer unbestimmten
                 Schleife)
   DUP DUP    ( Kopiere die Adresse zwei Mal )
   CR U.      ( Ausgabe der 1. Kopie )
```

```
        C@          ( Hole den Speicherwert )
        DUP         ( Kopiere Speicherwert )
        .           ( Gebe eine Kopie aus )
        WHILE       ( Zweite Kopie ist Flag für
                      Abbruch)
        1+          ( Erhöhe Adresse um eins )
        REPEAT      ( Wiederhole Schleife )
        DROP        ( Lösche Adresse )
        BASE !      ( Alte Zahlenbasis wieder-
                      herstellen)
   ;                ( Beende die Definition )  <cr>
   ok


   DECIMAL  20480 HEX_DUMP <cr>
   5000  3F
   5001  14
   5002  9B
   5003  0  ok
```

Die zweite Kopie des Byte-Wertes wird als Flag benutzt, denn ein
WAHR-FLAG ist lediglich ein von Null verschiedener Wert. Nur mit
einem Null-Byte wird die Schleife abgebrochen. Dann wird die noch übrig
gebliebene Adresse gelöscht und die ursprüngliche Zahlenbasis, die sich
die ganze Zeit auf dem Stack befunden hat, wiederhergestellt.

*   *   *

Beispiel 6.5.3 - Definieren Sie ein Wort, das die Ausgabe von Zeichenketten aus dem Arbeitsspeicher ermöglicht. Das letzte Zeichen einer
Zeichenkette hat normalerweise den Wert Null, der bei der Ausgabe ignoriert wird. Die Adresse des ersten auszugebenden Zeichens liegt auf dem
Stack:

```
   ok
   2 BASE !     ( Umschalten auf Dualsystem.) <cr> ok
   : .TEXT          ( Stackdiagramm: adr >>> )
     BEGIN          ( Unbestimmte Schleife)
       DUP 1+       ( Kopiere, Adresse plus Eins)
       SWAP         ( Vertausche beide Adressen )
       C@           ( Hole Speicherwert )
       DUP          ( Kopiere Speicherwert )
       011111111 AND ( Maskiere höchstwertige Bit)
       EMIT         ( Ausgabe des ASCII-Zeichens)
```

```
    0=              ( Ist Speicherwert Null ? )
  UNTIL             ( Wenn WAHR, Abbruch )
  DROP              ( Lösche die Adresse )
;                   ( Beende die Definition )  <cr>
ok
DECIMAL  <cr> ok
```

Die auf dem Stack liegende Adresse wird am Beginn des Schleifendurch-
laufes um Eins erhöht. Damit ist die richtige Adresse für den nächsten
Durchlauf bereitgestellt. Auch das Byte aus dem Arbeitsspeicher wird kopiert. Das höchstwertige achte Bit wird durch eine UND-Verknüpfung mit
7F hex auf Null gesetzt (um einen reinen 7-Bit-ASCII-Code zu bekommen) und anschließend ausgegeben. Die andere Kopie wird mit Null verglichen. Bei einem positiven Vergleich wird ein WAHR-Flag auf dem
Stack abgelegt und damit die Schleife bei **UNTIL** abgebrochen. Bei einem
FALSCH-Flag wird die Schleife ein weiteres Mal durchlaufen.

*   *   *

6.6 Compiler-Worte

Durch das Definitionswort : wird für den darauffolgenden Namen <Name>
ein Wörterbucheintrag erzeugt. Zusätzlich wird FORTH in den
Kompilationsmodus versetzt. Dazu wird lediglich in die Systemvariable
STATE <f,79,83> ein von Null verschiedener Wert eingetragen. Vor der
Verarbeitung jedes einzelnen Wortes aus dem Eingabestrom entscheidet
der Textinterpreter anhand dieser Systemvariable, ob das gefundene Wort
ausgeführt (Ausführungsmodus, **STATE** = 0) oder kompiliert
(Kompilationsmodus, **STATE** <> 0) werden soll. Normalerweise bedeutet
ein von Null verschiedener Wert in **STATE**, daß ein Zeiger in das Wörterbuch kompiliert wird. Dieser Zeiger zeigt auf die aktuelle Adresse des
kompilierten Wortes im Wörterbuch. Dies gilt nicht für jedes Wort. Eine
Ausnahme stellen die sog. *Immediate-Wörter* dar. Sie werden bereits während der Kompilation ausgeführt. Man kann sie zur Steuerung des Kom-
pilationsprozesses verwenden. Einige dieser Worte sind für die Kompilation spezieller Zeiger einzusetzen, die später während der Ausführung von
Verzweigungen und Schleifen benötigt werden. Andere wiederum sorgen
dafür, daß Zeichenketten und Zahlen so kompiliert werden, daß sie später
bei der Ausführung korrekt ausgegeben werden können.

Es wurden bereits einige Beispiele für Immediate-Worte vorgestellt. So ist
z.B. das Ausgabewort ." ein Immediate-Wort, da es bereits in einer Doppelpunktdefinition ausgeführt wird und u.a. bewirkt, daß alle folgenden
ASCII-Codes bis zum nächsten " Delimiter in das Wörterbuch eingetragen
werden.   Andere Immediate-Worte beziehen sich auf spezielle Laufzeitroutinen. Die Ausführung eines solchen Immediate-Wortes während der
Kompilation einer Wortdefinition <Name> bewirkt u.a., daß ein Zeiger
auf eine separate Laufzeitroutine in die Definition von <Name> kompiliert
wird. Während der Ausführung von <Name> sorgt dieser Zeiger für die
Ausführung der dazugehörigen Laufzeitroutine (es wird nicht das Immediate-Wort ausgeführt, das diesen Zeiger kompiliert hat).

Sowohl ; (semikolon) als auch ." arbeiten auf diese Weise. Wäre das Semikolon, das eine Doppelpunktdefinition beendet, kein Immediate-Wort,
würde der Textinterpreter es als ein weiteres Komponenten-Wort kompilieren. Das Semikolon bewirkt als Immediate-Wort, daß ein Zeiger auf
einen speziellen Schlußbaustein kompiliert und der Kompilationsmodus
durch Setzen von **STATE** auf Null suspendiert wird. Bei dem Schlußbaustein handelt es sich um das Wort EXIT <83>. (in Fig-FORTH bzw.
FORTH-79 heißt diese Routine ;S.) Bei der späteren Ausführung von
<Name> übergibt **EXIT** am Ende der Definition die Kontrolle an die
aufrufende Ebene. Meist ist dies die Ebene des Textinterpreters (das ist
generell die äußerste Ebene, zu der ein Programm zurückkehren kann).
Genauso gut kann es sich aber auch um ein Wort handeln, von dem Name
nur ein Baustein ist.

Wird ein Immediate-Wort wie ." während der Kompilation im Eingabestrom gefunden, kompiliert diese Anweisung zunächst einen Zeiger auf
eine Laufzeitroutine zur Ausgabe einer Zeichenkette. Die Zeichen, die auf
." folgen (ausschließlich des abschließenden Leerzeichens und des darauffolgenden "-Zeichens) werden dann zusammen mit einem vorangestellten
Leerzeichen in die Wortdefinition kompiliert. Wird dieses Wort später aufgerufen, stellt die Laufzeitroutine die Anzahl der auszugebenden Buchstaben fest und gibt diese mit **EMIT** aus.

Bei Literalen handelt es sich um numerische Werte, die bei der Eingabe
im Ausführungsmodus auf den Stack abgelegt bzw. im Kompilationsmodus
in das Wörtebuch kompiliert werden. Wenn ein Eingabewort während der
Kompilation nicht im Wörterbuch lokalisiert werden kann, versucht der
Textinterpreter es in eine Zahl umzuwandeln. Dabei werden die einzelnen
Ziffern dieser Zahl in Bezug auf die aktuelle Ein- und Ausgabebasis um-
gewandelt. Verlief die Umwandlung erfolgreich, wird der umgewandelte
Wert auf dem Stack abgelegt. Von dort aus wird der Wert dann durch
LITERAL { >>> w } <f,79,83> zusammen mit einem Zeiger auf eine
Laufzeitroutine für die Zahlenausgabe in das Wörterbuch kompiliert. Bei

der Ausführung von <Name> bewirkt der durch **LITERAL** kompilierte
Zeiger, daß die nächste 16-Bit-Zahl auf den Stack geholt wird. Das Fig-
FORTH Wort **DLITERAL** { d >>> } <f> arbeitet entsprechend, allerdings
mit einer 32-Bit-Zahl.

Bedingte Verzweigungen und Schleifenstrukturen erfordern, daß verschiedene Zeiger in die Definition von <Name> kompiliert werden, damit bei
der Ausführung von <Name> zum richtigen Zweig bzw. an die richtige
Stelle eines sich wiederholenden Teiles der Definition verzweigt werden
kann. Solche Immediate-Worte wie **BEGIN, IF, DO** oder **LOOP** errechnen
die richtige Sprungadresse während der Kompilation von <Name>, wobei
sie den Stack für die temporäre Speicherung von Zwischenergebnissen und
für die Fehlerprüfung (z.B. fehlendes **THEN** o.ä.) nutzen. Außerdem werden spezielle Zeiger auf die Laufzeitroutinen **BRANCH** <f> für unbe-
dingte Sprünge und **?BRANCH** { f >>> } <f> für bedingte Sprünge sowie
die systemabhängigen Laufzeitroutinen für **DO, LOOP** und **+LOOP** kompiliert.

Immediate-Worte können auch vom Benutzer definiert werden. Dazu muß
lediglich nach Beendigung einer Doppelpunktdefinition das FORTH Wort
IMMEDIATE <f,79,83> aufgerufen werden. Die Ausführung von
IMMEDIATE bewirkt, daß das zuletzt definierte Wort, also das Wort an
oberster Stelle im Wörterbuch, zu einem Immediate-Wort wird. Um aus
einem "normalen" Wort ein Immediate-Wort zu machen, muß lediglich das
sog. *Precedence-Bit* im Wortnamen des betreffenden Wortes gesetzt werden. Mit gesetztem Precedence-Bit wird ein Wort auch im Kompilationsmodus ausgeführt. Jedes in einer Doppelpunktdefinition verwendete Immediate-Wort wird ganz normal ausgeführt und nicht als Komponentenwort kompiliert. Manchmal kann es jedoch erforderlich sein, auch ein
Immediate-Wort kompilieren zu können, damit dieses erst bei der späteren
Ausführung von <Name> ausgeführt wird. In diesem Fall muß dem Immediate-Wort in der Doppelpunktdefinition das FORTH Wort [COMPILE]
<f,79,83> vorangehen. [COMPILE] ist ein Immediate-Wort und bewirkt,
daß das nächste Wort aus dem Eingabestrom kompiliert wird, selbst wenn
es ein Immediate-Wort ist. An dieser Stelle soll noch das Wort **COMPILE**
<f,79,83> erwähnt werden. **COMPILE** weist folgende Syntax auf:

: <Name>   ... **COMPILE**   <Name1> .... ;

Bei <Name> handelt es sich in der Regel um ein Immediate-Wort.
COMPILE bewirkt nun, daß die Kompilationsadresse von <Name1> erst
während der Ausführung von <Name> kompiliert und <Name1> nicht ausgeführt wird. **COMPILE** wird in erster Linie zum Aufbau zusätzlicher
Definitionsworte benutzt und in reinen Anwendungsprogrammen selten
eingesetzt.

In einigen außergewöhnlichen Situationen kann es notwendig sein, den Kompilationsmodus vorübergehend auszuschalten. Das Immediate-Wort [<f,s> schaltet während der Kompilation in den Ausführungsmodus, indem es **STATE** auf Null setzt. Das Wort] <f,s> schaltet wieder in den Kompilationsmodus zurück. In den meisten Fällen werden diese Wort im folgenden Format benutzt:

: <Name> ... [....] ... ;

Die Worte in den eckigen Klammern werden ausgeführt und nicht kompiliert, unabhängig davon, ob es sich um Immediate-Worte handelt. Dies erlaubt es z.B. während der Doppelpunktdefinition von <Name> Berechnungen durchzuführen oder die Zahlenbasis für die Ein- und Ausgabe umzuschalten. Folgt das Immediate-Wort **LITERAL** auf die rechte Klammer], so wird ein in der Klammer errechneter Wert, der sich im TOS befindet, in die Wortdefinition von <Name> kompiliert.

* * *

Beispiel 6.6.1 - Kompilieren und testen Sie ein Immediate-Wort, das den jeweiligen Systemstatus ausgibt:

```
ok
: STATUS_DRUCKEN      ( Stackdiagramm: >>> )
   STATE a           ( Hole den Systemstatus )
   ." Status : "      ( Ausgabe einer Meldung )
   IF ." kompilierend" ( Wenn STATE <> 0, WAHR-
                        Zweig)
   ELSE ." ausführend" ( FALSCH-Zweig, Ausführung)
   THEN               ( Ende der Verzweigung )
;                     ( Beende die Definition ) <cr>
ok
IMMEDIATE  <cr>        ( Wort wird als Immediate
                        gekennzeichnet )

ok
STATUS_DRUCKEN  <cr>  Status : ausführend  ok
: STATUS?  STATUS_DRUCKEN ;  <cr>  Status : kompilierend  ok
STATUS?  <cr>
```

Ein von Null verschiedener Wert in der Systemvariablen **STATE** bedeutet, daß das System kompiliert. Dieser Wert wird innerhalb von **STATUS_DRUCKEN** als Flag verwendet. Die Ausführung von **STATUS_DRUCKEN** ergibt, daß das System sich im Ausführungsmodus befindet. Wenn **STATUS_DRUCKEN** während der Kompilation gefunden wird, wird es als Immediate-Wort sofort zur Ausführung gebracht und nicht kompiliert. Daher erscheint die Meldung "Status : kompilierend" in der vorletzten Zeile. Die Ausführung von **STATUS?** in der letzten Zeile hat keine Auswirkung, da dieses Wort kein Komponentenwort enthält.

*   *   *

Beispiel 6.6.2 - Definieren Sie ein Wort, das **STATUS_DRUCKEN** nur während der Ausführung und nicht während der Kompilation ausführt:

```
ok
: JETZT?          ( Stackdiagramm: >>> )
   [COMPILE]      ( Kompiliere das nächste Wort )
   STATUS_DRUCKEN ( Jetzt wird STATUS_DRUCKEN
                    kompiliert )
;                 ( Beende die Definition )  <cr>
ok
JETZT? <cr> Status : ausführend  ok
```

Mit **[COMPILE]** wird **STATUS_DRUCKEN** als Komponentenwort von **JETZT?** kompiliert, obwohl es eigentlich ein Immediate-Wort ist.

*   *   *

Beispiel 6.6.3 - Kompilieren Sie ein Wort mit dem Namen *ADDQ, das die zwei auf dem Stack liegenden Werte multipliziert und einen festen Wert addiert. Dieser Wert kann erst während der Kompilation aus dem Inhalt der Speicherregister mit den Adressen 2780 und 3070 hex durch eine Multiplikation errechnet werden:

```
ok
HEX  <cr>  ok
: *ADDQ           ( Stackdiagramm: n1 n2 >>> n3)
  *               ( Multipliziere n1 mit n2 )
  [               ( Schalte in Ausführungsmodus )
  2780 C@ 3070 C@ ( Hole beide Speicherinhalte )
```

```
*                 ( Multipliziere sie )
]                 ( Zurück in den
                    Kompilationsmodus)
LITERAL           ( Kompiliere den Wert auf den
                    Stack)
+                 ( Und addiere ihn zu n1*n2)
; DECIMAL         ( Beende die Definition )  <cr>
ok
```

Die Worte in den eckigen Klammern werden ausgeführt und nicht kompiliert, so daß das Ergebnis der Multiplikation auf dem Stack abgelegt wird. Dieser Wert wird dann als Literal in das Wort *ADDQ kompiliert, nach dem die Kompilation wieder aufgenommen wurde. Angenommen, die beiden Speicherregister enthielten während der Kompilation von *ADDQ die Werte 3 und 4, so wäre die folgende Definition völlig gleichwertig:

```
ok
: *ADDQ  *  12  +  ;  <cr>  ok
```

Unabhängig aller späteren Änderungen der in den Speicherregistern 2780 und 3070 hex gespeicherten Werte wird der während der Kompilation von *ADDQ errechnete Wert bei jedem Aufruf dieses Wortes beibehalten.

*   *   *

KAPITEL 7

ORGANISATION DES SPEICHERS

7.1 Überblick

FORTH unterteilt den zur Verfügung stehenden Speicher in unterschiedliche Bereiche. Ein allgemeines Verständnis des Gebrauchs der einzelnen Bereiche ist Vorraussetzung für das Verständnis der Systemoperationen in FORTH.

Ein Fig-FORTH System wird im allgemeinen so aufgeteilt, wie es in der Speicherkarte des Modells in Abb. 7.1.1 zu sehen ist, auch wenn manche Prozessoren geringfügige Änderungen erfordern können.[1] Die Speicherkarte eines FORTH-79 bzw. eines FORTH-83 Systems ist nicht festgelegt, obwohl einzelne Speicherbereiche in vielen Fällen mit denen eines Fig-FORTH Systems übereinstimmen.

7.2 Die Speicherkarte

Die Standard-Fig-FORTH Speicherkarte ist in Abb. 7.1.1 zu sehen. Fig-FORTH verwaltet diese Bereiche mit Hilfe einer Vielzahl von Doppelpunktdefinitionen, Systemkonstanten und Benutzervariablen. Die Ausführung der in Abb. 7.1.1 aufgeführten Worte legt einen Zeiger, der den jeweiligen Bereich adressiert, auf den Stack.

Einige Installationen weichen von der Standard-Speicherkarte ab, um spezielle Operationen des Prozessors bzw. des Betriebssystems zu berücksichtigen. So befinden sich bei bestimmten Fig-FORTH Systemen der Parameterstack und der Bereich der Boot-up Literale unterhalb des Wörterbuches. Obwohl die jeweilige Prozessorarchitektur Abweichungen von der Standard-Speicherkarte erforderlich machen kann, bleibt die Verwendung dieser Bereiche im allgemeinen gleich.

In einem Fig-FORTH System verbleiben die einzelnen Bereiche in der selben relativen Anordnung. Die genauen Adressen und Größen einiger dieser Bereiche können sich jedoch während der Kompilation bzw. der Ausführung eines Programms verändern. So verschiebt sich beispielsweise das obere Ende des Wörterbuches in Richtung größer werdender Adressen, wenn zusätzliche Wortdefinitionen in das Wörterbuch kompiliert werden.

Die Wort- und Textpuffer oberhalb des Wörterbuches haben zwar eine
konstante Länge, verschieben aber ihre Position, wenn das Wörterbuch
wächst. Genauso ändern die Stacks ihre Größe, wenn Werte auf dem Stack
abgelegt bzw. vom Stack genommen werden, wobei die Stacks in Richtung
kleiner werdender Adressen wachsen.

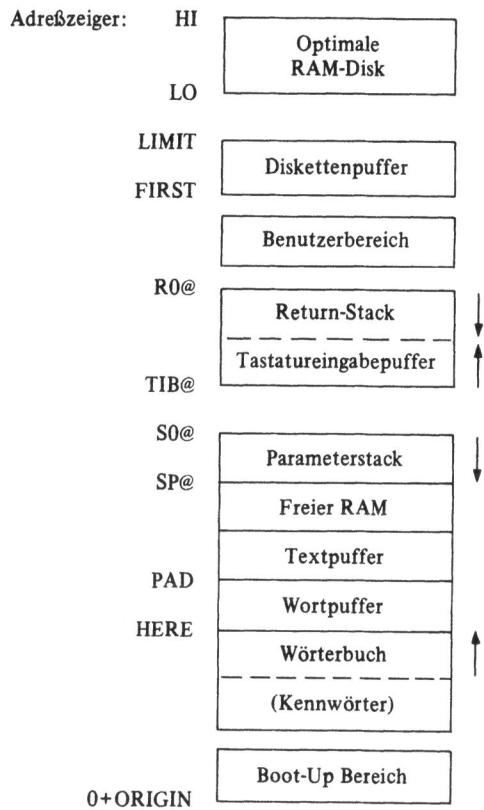

Abbildung 7.1.1

FORTH-79 bzw. FORTH-83 setzen nicht explizit eine bestimmte
Speicheraufteilung voraus. Obwohl ein FORTH-79 bzw. FORTH-83 System die meisten Bereiche eines Fig-FORTH Systems im Speicher enthalten
wird, kann ein FORTH-79 bzw. FORTH-83 Programm lediglich den
Textpuffer, den Benutzerbereich, den Massenspeicherpuffer und bestimmte Wörterbuchdefinitionen ansprechen.

Die besondere Struktur von FORTH führt zu kompakten Anwenderprogrammen, die nur wenig mehr Speicherplatz belegen als äquivalente
Maschinenprogramme. Der sog. "Speicheroverhead", d.h. jener Teil des
Programms, der vom FORTH Compiler erzeugt wird aber keine Funktionen des Anwenderprogrammes übernimmt, ist ebenfalls relativ klein. In
den meisten Fig-FORTH Systemen belegt das Kernwörterbuch   selten
mehr als 6 oder 7 KByte. Zusätzlich sollten mindestens 2 Kbyte Arbeitsspeicher für Erweiterungen des Wörterbuches und mindestens weitere 2
KByte für die verbleibenden Bereiche des Systems zur Verfügung stehen.
Ein System, welches für die meisten Anwendungsprogramme ausreichend
ist, paßt bequem in einen 16 Kbyte Speicher.[2] Auch wenn sich der zur
Verfügung stehende Arbeitsspeicher bei heutigen Mikrocomputersystemen
in anderen Größenordnungen bewegt, empfiehlt sich FORTH aufgrund
seines geringen Speicherplatzbedarfs als eine ideale   Sprache für
Einplatinensysteme, bei denen in der Regel wenig Speicherplatz zur Verfügung steht.

7.3 Die Boot-Up Literale

Der untere Bereich des Speichers, unterhalb des Wörterbuches, in einem
Fig-FORTH System enthält zahlreiche installationsabhängige *Boot-Up
Literale*. Hierbei handelt es sich um numerische Werte, die für die Initialisierung des Systems benötigt werden. Bei einigen dieser Werte handelt es
sich um 16- bzw. 32-Bit-Zahlen, die während der Initialisierung des Systems in den Benutzerbereich des Speichers kopiert werden. Andere Boot-
up Literale legen die Startadresse des Benutzerbereichs, den ASCII-Code
des Backspacezeichen der Tastatur und einen Zeiger auf die oberste Definition bzw. das Ende des Wörterbuchkerns fest. Diese Literale können ferner herstellerspezifische Angaben enthalten, wie z.B. die Versionsnummer
des Systems oder die Typenbezeichnung des Prozessors (gespeichert als
eine 32-Bit-Zahl zur Basis 36).

Die Adresse des Boot-up Bereichs, die Reihenfolge und den Inhalt der
Boot-up Literale muß dem Systemmanual entnommen werden. Die Adressen im Boot-up Bereich werden relativ zum Ursprung, d.h. der niedrigsten
Adresse des Fig-FORTH Systems festgelegt. Diese Adresse wird beim Erstellen des Systems festgelegt. Die Ausführung des Wortes **+ORIGIN** { n
>>> adr } <f> liefert die Adresse der n-ten 16- bzw. 32-Bit Speicherzelle
oberhalb des Ursprungs. Durch die Wortfolge 0 **+ORIGIN** wird die
Adresse des Ursprungs auf dem Stack abgelegt.

Die Ausführung von **COLD** reinitialisiert das System unter Verwendung der Boot-up Literale. Bevor nicht bestimmte Boot-up Literale vom Benutzer geändert werden, sind nach einem solchen Neustart alle Worte überhalb des FORTH-Kerns verloren. Ein erweitertes Wörterbuch kann nur als Objektcode gespeichert und wieder geladen werden, wenn zuvor die Boot-up Literale an die neue Situation angepaßt wurden, so daß aus ihnen die tatsächliche Größe des Wörterbuches hervorgeht. Es muß dann lediglich der Bereich zwischen dem Ursprung und dem Ende des Wörterbuches gespeichert werden. Wenn der Objektcode später wieder geladen und ausgeführt wird, wird durch den Kaltstart das System so initialisiert, daß es auch alle benutzerdefinierten Worte umfaßt.

FORTH-79 bzw. FORTH-83 legen keine spezielle Initialisierungsprozedur fest. Deswegen kann ein erweitertes Wörterbuch nicht direkt gespeichert werden. Stattdessen muß der Quellcode, der die Erweiterung des Wörterbuches erzeugte, auf Diskette gespeichert werden, um eine spätere Rekompilierung des erweiterten Wörterbuches zu ermöglichen.

7.4 Das Wörterbuch

Das Wörterbuch ist das wichtigste und umfangreichste Element eines FORTH Systems. Es enthält die Definitionen aller Kern- und Benutzerworte. In den meisten Fällen befindet sich der sog. *Nukleus*, der die Primitive Definitionen enthält, am unteren Ende des Wörterbuchs, wobei die Worte des Sprachkerns direkt darauf folgen.

Das Wörterbuch dehnt sich bei der Definition neuer Worte aus und der Umfang verringert sich, wenn Wortdefinitionen gelöscht werden. Die Adresse der nächsten verfügbaren Speicherzelle oberhalb des Wörterbuches ist in der Benutzervariablen **DP** { >>> adr } <f> gespeichert. Dieser Zeiger wird durch die Fig-FORTH Wortfolge **DP @** oder durch die Ausführung von **HERE** { >>> adr } <f,s,83> auf dem Stack abgelegt.

Ein Definitionswort kompiliert eine neue Wortdefinition beginnend ab der durch **HERE** festgelegten Adresse und verändert dann den Wörterbuchzeiger **DP** entsprechend der Größe der gemachten Definition. **ALLOT** { n >>> } <f,s,83> erhöht oder erniedrigt den Wörterbuchzeiger um den angegebenen Wert n, der sowohl positiv als auch negativ sein kann.[3] Wird **ALLOT** mit einem positiven Wert ausgeführt, entsteht eine Lücke von n 16- bzw. 32-Bit Speicherzellen im Wörterbuch. Die entstandene Lücke kann zur Aufnahme von Daten oder Maschinencoderoutinen im Wörterbuch verwendet werden.

FORGET <f,s,83> setzt den Wörterbuchzeiger zurück und bewirkt, daß
zuvor gemachte Eintragungen in das Wörterbuch "vergessen" werden. Es
darf nur im Ausführungsmodus, d.h. außerhalb einer Doppelpunktdefinition in der Form:

FORGET <Name>

aufgerufen werden. Die Ausführung dieser Befehlssequenz setzt den
Wörterbuchzeiger auf den Anfang der Definition <Name>. Nachfolgende
Ergänzungen zum Wörterbuch führen dazu, daß <Name> und alle nach
<Name> definierten Worte überschrieben werden. Um den Fig-FORTH
Sprachkern oder benutzerdefinierte Worte vor unbeabsichtigtem Löschen
zu schützen, enthält die Benutzervariable **FENCE** { >>> adr } <f> einen
Zeiger auf das älteste Wort, das gelöscht werden darf. Jeder Versuch, ein
Wort im geschützten Bereich zu entfernen, führt zu einer Fehlersituation.
Die FORTH-79 Version von **FORGET** schützt darüberhinaus auch die
Einträge im Kernwörterbuch vor dem Löschen.

In Folge der Initialisierung (oder Reinitialisierung durch **COLD**) werden
sowohl **DP** als auch **FENCE** mit Werten aus dem Boot-Up Bereich belegt.
In einem Fig-FORTH System markieren die beiden Zeiger das erste Byte
oberhalb der Definition von **TASK** <f>. Bei dieser Definition handelt es
sich einfach um eine "leere" Operation, die als eine praktische Begrenzung
des Wörterbuchkerns dient. Die Ausführung von **FORGET TASK** entfernt
alle benutzerdefinierten Worte aus dem Fig-FORTH Wörterbuch, die nach
TASK definiert wurden.

7.5 Der Wortpuffer

Der Wortpuffer bewegt sich unmittelbar über dem Ende des Wörterbuchs
und beginnt damit bei der in der Benutzervariablen **DP** enthaltenen
Adresse. Die festgelegte Länge des Puffers ist im allgemeinen um
mindestens vier Bytes größer als die maximal mögliche Länge einer über
die Tastatur eingegebenen Zeile. Mit dem Erweitern bzw. Verkleinern des
Wörterbuches bewegen sich die Grenzen des Wortpuffers um den gleichen
Betrag in Richtung größer bzw. kleiner werdender Adressen, ohne daß
dabei der Inhalt des Wortpuffers gerettet oder verschoben wird.

Der Textinterpreter verarbeitet den Eingabestrom, indem er einzelne
Worte vom Tastatureingabespeicher in den Wortpuffer schiebt und dabei
den vorherigen Inhalt überschreibt. Jedem Wort, das im Wortpuffer abgelegt wird, geht ein Zählbyte voran, das die Anzahl der Zeichen des
betreffenden Wortes angibt. In diesem "dimensionierten" Format können

die Zeichen leicht als Bestandteil eines neuen Wörterbucheintrages kompiliert werden. Wie auch die meisten anderen Systemdetails, ist das Verarbeiten des Eingabestromes für den FORTH-79 bzw. FORTH-83 Benutzer
transparent. Anwenderprogramme dürfen keinen Speicher außerhalb des
Wörterbuches, des Benutzerbereichs, des Text- und des Diskettenpuffers
adressieren.

7.6 Der Textpuffer

Der Textpuffer befindet sich in einer festgelegten Distanz direkt über dem
Wortpuffer. Mit dem Erweitern oder Verkleinern des Wörterbuches ver-
schiebt sich die Position des Textpuffers entsprechend. Der Inhalt des
Puffers wird beim Verschieben nicht gespeichert.

Der Puffer dient als ein Art "Schmierzettel"-Bereich, in dem auszugebende
Zeichenketten Zeichen für Zeichen zusammengesetzt werden können. Die
Adresse des ersten Bytes des Textpuffers wird durch Ausführung von
PAD { >>> adr } <f,s,83> auf dem Stack abgelegt. Der Puffer hat im all-
gemeinen dieselbe Länge wie eine Ausgabezeile.

7.7 Freier RAM

Der Speicherbereich zwischen dem augenblicklichen Ende des Textpuffers
und dem Parameterstack kann für die Erweiterung des Wörterbuches oder
für andere Zwecke verwendet werden. Neue Wortdefinitionen, die zum
Wörterbuch hinzugefügt werden, bewirken, daß sich Text- und Wortpuffer in Richtung größer werdender Adressen bewegen (in vormals
freien RAM Speicher), um die selbe relative Position und Länge beizubehalten. Bei der Erweiterung des Wörterbuches wird der Inhalt der ursprünglichen Puffer sowie der Bereich des freien RAM, in dem sich nun
die neuen Puffer befinden, überschrieben.

Sowohl Fig-FORTH als auch FORTH-79 bzw. FORTH-83 benötigen für
Anwenderdefinitionen mindestens 2 KByte freien RAM überhalb des
Kernwörterbuches. Falls nicht der gesamte Bereich für Wörterbuch-
erweiterungen oder Puffer benötigt wird, kann der Rest zur Ab-
speicherung von Daten oder Maschinencoderoutinen verwendet werden.
Fig-FORTH erlaubt den direkten Zugriff auf diesen (wie auch auf jeden
anderen) Bereich, wobei der Programmierer allerdings sicherstellen muß,
daß diese Daten nicht an den beiden Enden überschrieben werden.
FORTH-79 Applikationen sollten stattdessen ein sog. "Nullwort" (z.B.:
TASK ;) an die Spitze des Wörterbuches kompilieren und dann durch
ALLOT genügend Platz für Daten oder Maschinencoderoutinen schaffen.

Beim Laden eines Fig-FORTH Systems in Form eines Assemblerprogramms kann zusätzlicher freier Speicher durch Heraufsetzen der Ur-
sprungsadresse des Assemblerprogramms (Assembleranweisung ORG)
gewonnen werden. Freier RAM steht unter Umständen auch überhalb der
Diskettenpuffer zur Verfügung.

7.8 Der Parameterstack

In den meisten Installationen wächst der Parameterstack in Richtung klei-
ner werdender Adressen. Trotzdem wird die zuletzt abgelegte Zahl stets als
"Top Of Stack" (TOS) bezeichnet. Während Fig-FORTH dem Benutzer das
Anschauen und Modifizieren des Stackzeigers erlaubt, bieten FORTH-79
bzw. FORTH-83 dem Benutzer keinen Zugriff auf die elementaren
Operationen zum Initialisieren des Stacks.

Beim Ablegen bzw. Herunternehmen von Zahlenwerten vom Stack wird
der jeweils aktuelle Stackzeigerwert im Pseudoregister SP gespeichert.[4]
Nach der Initialisierung des Systems besitzt der Stackzeiger den Wert, der
in der Benutzervariablen S0 { >>> adr } <f> durch ein Boot-Up Literal
abgelegt wurde. Der Stackzeiger kann durch Ausführung von SP@ { >>>
adr } <f> gelesen bzw. durch Ausführung von SP! <f> auf seinen Initialisierungswert gesetzt werden.

Der Speicherplatz, der dem Stack zur Verfügung steht, ist installationsabhängig. Für ein FORTH-79 System sind mindestens 64 Bytes erforderlich.
Dieser Speicherplatz sollte für die meisten Anwendungen ausreichend sein.

7.9 Tastatureingabepuffer und Return-Stack

Der Fig-FORTH Tastatureingabespeicher (Terminal Input Buffer) und der
Return-Stack teilen sich einen gemeinsamen Speicherbereich, wobei beide
von den entgegengesetzten Enden her wachsen. Der Tastatureingabepuffer
dient zur Aufnahme von Zeichenketten (bis zu 80 Zeichen) aus dem Eingabestrom. Nach einer Eingabe werden einzelne, durch ein Leerzeichen
getrennte Wörter aus dem Eingabestrom separiert und in den Wortpuffer
kopiert. Die Benutzervariable TIB { >>> adr } <f>, die durch ein Boot-up
Literal initialisiert wird, enthält einen Zeiger auf die erste Speicherzelle
im Eingabespeicher. Anders als in Fig-FORTH legt TIB { >>> adr } <83>
die Adresse des Tastatureingabepuffers direkt auf dem Stack ab.

Die wichtigste Funktion des Return-Stacks besteht darin, daß dieser stets einen Zeiger auf das als nächstes auszuführende Wort enthält. Ferner wird der Return-Stack zur Zwischenspeicherung von Schleifenparametern bei einer **DO..LOOP** Schleife verwendet. Der Initialisierungswert für den Return-Stackzeiger ist in der Benutzervariablen **R0** { >>> adr } <f> enthalten, die wiederum durch ein Boot-up Literal festgelegt ist. Der augenblickliche Wert des Return-Stackzeigers ist im Pseudoregister RP [5] gespeichert und wird durch Ausführung von **RP@** { >>> adr } <79> im Stack abgelegt. Der Return-Stack kann auch für die zeitweise Speicherung von Werten während der Ausführung eines Wortes verwendet werden. Ein einzelner Wert wird durch Ausführung von **>R** { n >>> } <f,s,83> von der Spitze des Parameterstacks in die Spitze des Return-Stacks gebracht bzw. in umgekehrter Richtung durch Ausführung von **R>** { >>> n } <f,s,83>. Die Verwendung von **>R** bzw. **R>** muß in einer Wortdefinition ausgeglichen sein. Beim Einsatz innerhalb verschachtelter Schleifen, Verzweigungen oder ähnlicher kompilierter Strukturen müssen beide Worte in derselben Definitionsebene eingesetzt werden. Der oberste Wert im Return-Stack kann durch **R** { >>> n } <f> bzw. **R@** { >>> n } <s,83> zerstörungsfrei (d.h. ohne dabei gelöscht zu werden) auf den Parameterstack kopiert werden.

Die Initialisierung des Systems oder die Wiederherstellung des Systems nach einer Fehlersituation (durch **ABORT**) löscht beide Stacks und setzt die Stackzeiger auf ihre ursprünglichen Werte zurück. Der Return-Stack kann in Fig-FORTH auch durch **RP!** gelöscht werden, welches den Return-Stackzeiger auf seinen durch **R0** festgelegten Wert zurücksetzt.

Für den Return-Stack sollten mindestens 48 Bytes und für den Tastatureingabepuffer 80 Bytes zur Verfügung stehen. Das System gibt keine Warnung aus, falls sich beide Bereiche überschneiden sollten.

7.10 Der Benutzerbereich

Anders als bei "normalen" Variablen, sind die Werte von Benutzervariablen nicht in ihren jeweiligen Wortdefinitionen gespeichert. Stattdessen enthält die Wortdefinition jeder Benutzervariablen einen festgelegten Offsetzeiger. Bei der Ausführung einer Benutzervariablen wird dieser Offset zu der Startadresse des Benutzerbereichs addiert und die daraus resultierende Adresse auf dem Stack abgelegt.

In einem Fig-FORTH System legen die Boot-up Literale sowohl die
Adresse des Benutzerbereichs (Usertable) als auch die Initialisierungswerte
für die Benutzervariablen **DP, FENCE, R0, S0, TIB, VOC-LINK,
WARNING** und **WIDTH** fest. Andere Benutzervariablen wie **BASE,
CONTEXT, CURRENT** und **STATE** werden während der Initialisierung
des Systems oder nach einer Wiederherstellung im Anschluß an eine
Fehlersituation explizit auf ihre Standardwerte gesetzt.

Der Benutzerbereich ist in erster Linie für Multitasking (gleichzeitiges
Abarbeiten von mehreren Programmen) Anwendungen gedacht, um jedem
Task seine eigene Kopie der notwendigen Systemwerte zur Verfügung zu
stellen. Sowohl in Fig-FORTH als auch in FORTH-79 bzw. FORTH-83
soll diese Eigenschaft die Einrichtung von Multitaskingsystemen erleich-
tern. Ein Minimalsystem belegt mindestens 34 Bytes für den Benutzerbereich, wobei üblicherweise 48 bzw. 64 Bytes reserviert werden.

7.11 Die Diskettenpuffer

Das FORTH Wörterbuch enthält Wörter, die den Zugriff auf das
Diskettenlaufwerk ermöglichen. Am häufigsten wird der Diskettenspeicher
in Zusammenhang mit Worten des **EDITOR** Vokabulars benutzt, die die
Aufgabe haben, einzelne Screens mit dem Quellcode von Anwenderprogrammen zu erzeugen, zu speichern bzw. zu laden. Der Diskettenspeicher kann ebenfalls zum Anlegen von Dateien mit sequentiellem oder
wahlweisem Zugriff genutzt werden. Bevor Daten von einem Diskettenlaufwerk vom Benutzer angeschaut oder verändert werden können, müssen
diese Daten in den Diskettenpuffer übertragen werden.

Der Diskettenpuffer befindet sich im obersten Bereich des Arbeitsspeichers, der von einem FORTH System genutzt wird. Der Diskettenpuffer wird von FORTH in einzelne Bereiche unterteilt, wobei jeder Bereich einen einzelnen "Screen" (dies ist eine Bezeichnung für einen Block
von 1024 Bytes) aufnehmen kann. Der Diskettenpuffer eines Fig-FORTH
Systems muß mindestens zwei Screens aufnehmen können, während
FORTH-79 bzw. FORTH-83 diese Anzahl nicht festlegen. Die Systemkonstante **FIRST** { >>> n } <f> zeigt auf den Start des Diskettenpuffers
während die Systemkonstante **LIMIT** { >>> n } <f> das erste Byte nach
dem Ende des Diskettenpuffers markiert.

Fig-FORTH Systeme ohne Diskettenlaufwerke können im RAM beginnend bei oder oberhalb von **LIMIT** eine RAM Disk installieren. Die op-
tionalen Systemkonstanten **LO** { >>> n } <f> und **HI** { >>> n } <f> markieren das Ende der RAM Disk. Wird das zentrale Diskettenzugriffswort
entsprechend geändert, können Daten zwischen den einzelnen Disketten-

puffern und der RAM Disk so transportiert werden, als wäre ein Diskettenlaufwerk vorhanden. Selbstverständlich kann eine RAM Disk auch zusätzlich zu einem Diskettenlaufwerk installiert werden. Der Benutzer muß
dann zusätzliche Worte definieren, die den Datenaustausch mit der RAM
Disk übernehmen.

Die kleinste Einheit, die normalerweise zwischen dem Diskettenlaufwerk
und dem Diskettenpuffer des FORTH Systems transportiert werden kann,
ist ein sog. Block. Ein Fig-FORTH Block besteht aus einer bestimmten
Anzahl von Bytes, die durch die Systemkonstante **B/BUF** { >>> n } <f>
festgelegt wird. **B/BUF** muß eine Potenz von zwei sein. In FORTH-79
bzw. FORTH-83 umfaßt ein Block 1024 Bytes. In diesem Fall entspricht
ein Block einem Screen.

Die tatsächliche Größe eines Blocks im Diskettenpuffer ist um vier Bytes
größer, als die Größe eines Blocks. Die beiden Kopfbytes enthalten neben
der Blocknummer ein Update-Bit. Die letzten beiden Bytes haben den
Wert Null und markieren das Blockende. FORTH-79 bzw. FORTH legen
keine physikalische Puffergröße fest. Worte des Kerns, die mit Blöcken
arbeiten, stellen sich auf zusätzliche Bytes am Beginn bzw. am Ende eines
Blocks ein und berücksichtigen diese Bytes bei ihren Operationen.

Anmerkungen

[1] Fig-FORTH benötigt nur einen kleinen Teil des Speichers für wichtige
Maschinencoderoutinen, wie z.B. dem Adreßinterpreter, welcher sich
während für die Ausführung von FORTH Worten zuständig ist. Dieser
prozessorabhängige Code kann an jeder geeigneten Stelle im Speicher
untergebracht werden.

[2] Erfahrene Programmierer können den Fig-FORTH Kern lediglich mit
den Wörtern rekompilieren, die sie für eine bestimmte Anwendung
benötigen. Sogar eine weitere Reduzierung des Wortkerns ist möglich,
indem für ein bestimmtes System alle Wortnamen aus dem Wörterbuch
entfernt werden (*headerless code*). Ein vollständiges System kann so in
weniger als 4 KBytes Speicher untergebracht werden. Der Leser sollte
sich allerdings bewußt sein, daß eine solche Rekompilation und Reduzierung der Größe alles andere als trivial ist und eine grundlegende
Systemkenntniss voraussetzt.

[3] FORTH-79 erfordert die Festlegung von n in Einheiten von Bytes. Fig-
FORTH geht davon aus, daß n entweder in Einheiten von Bytes oder in
Einheiten von Worten (16 Bit) definiert ist, in Abhängigkeit davon, ob
es sich um einen 8-, 16- oder 32-Bit Prozessor handelt.

4 In Abhängigkeit von der Installation kann es sich bei SP um ein Prozessorregister oder um eine Speicherzelle handeln.

5 Wie bei SP, kann es sich auch bei RP entweder um ein Prozessorregister oder eine Speicherzelle handeln.

KAPITEL 8

AUFBAU UND VERWALTUNG DES WÖRTERBUCHES

8.1 Überblick

Das FORTH-Wörterbuch ist in Vokabulare - das sind miteinander verbundene Listen von Wortdefinitionen - aufgeteilt. Es können eine beliebige Anzahl von Vokabularen nebeneinander existieren; jedes Vokabular kann wiederum eine beliebige Anzahl von Wortdefinitionen enthalten.

Unabhängig vom jeweiligen Vokabular oder der allgemeinen Ausführungsprozedur eines Wortes, weisen alle Wörterbucheinträge denselben Aufbau auf. Jeder Eintrag enthält den Namen des Wortes, die Adressen sowohl der vorangehenden Wortdefinition im Vokabular als auch der allgemeinen Ausführungsprozedur des Wortes sowie alle benötigten Parameter. Worte, die durch das selbe Definitionswort kompiliert wurden, enthalten identische Zeiger zur selben allgemeinen Ausführungsprozedur; diese Prozedur ist in dem jeweiligen Definitionswort enthalten.

Vokabulare werden von der Spitze des Vokabulars beginnend nach unten, d.h. von der neuesten Definition beginnend zu der ältesten Definition durchsucht. FORTH legt über spezielle Zeiger fest, welches Vokabular bei der Eingabe eines Wortes durchsucht wird, bzw. in welches Vokabular eine neue Wortdefinition eingetragen wird. Fig-FORTH und FORTH-79 bzw. FORTH-83 unterscheiden sich deutlich in der Art und Weise, wie Vokabulare verknüpft bzw. durchsucht werden.

8.2 Vokabulare

Das FORTH-Wörterbuch ist in mit Namen versehenen Wortlisten, die Vokabulare genannt werden, organisiert. Jedes Vokabular ist ein eigenes Wörterbuch, das individuell durchsucht oder erweitert werden kann. Alle Wörter im Kern der Fig-FORTH bzw. FORTH-79 Wörterbücher sind Teile eines Wörterbuches, das naheliegenderweise **FORTH** <f,s,83> genannt wird. In FORTH-83 Systemen ist der Name des Sprachkernes installationsabhängig.

Andere häufig benutzte Vokabulare sind **EDITOR** und **ASSEMBLER**. Das Vokabular **EDITOR** enthält Worte, mit denen auf Diskette gespeicherte Textblöcke manipuliert werden können. In vielen Fällen handelt es sich dabei um den Quellcode der Anwenderprogramme. Dieser Quelltext kann auf dem Bildschirm dargestellt und durch die Worte des **EDITOR**-Vokabulars verändert werden. Damit wird es möglich, neue Definitionen oder Ausführungsprozeduren für ein Anwendungsprogramm zu erstellen, zu verändern und anschließend auf Diskette oder Festplatte für eine spätere Kompilierung oder Ausführung zu speichern. Da Worte des **EDITOR**-Vokabulars unter Umständen an die Hardware (Tastatur bzw. Bildschirm) angepaßt werden müssen, sind sie nicht standardisiert. (Obwohl im Rahmen des Fig-FORTH Standards ein Vokabular für einen zeilenorientierten Editor vorgeschlagen wird, das für die gängigsten Ausgabegeräte geeignet ist.)

Das **ASSEMBLER**-Vokabular erlaubt es, neue Definitionen in Maschinencode unter Verwendung der Assembler-Mnemonics zu erstellen. Da das **ASSEMBLER**-Vokabular auf einen speziellen Prozessor zugeschnitten sein muß, ist es ebenfalls weder in Fig-FORTH noch in FORTH-79 bzw. FORTH-83 definiert.[1]

Ein neues Vokabular mit dem Namen <Vname> läßt sich nur außerhalb einer Doppelpunktdefinition durch Ausführung von

VOCABULARY <Vname> IMMEDIATE

definieren. Diese Wortsequenz kompiliert einen Wörterbucheintrag für das Wort <Vname>, das ein Vokabular definiert. Neben dem **FORTH**-Vokabular können beliebige zusätzliche Vokabulare existieren. Jedes zusätzliche Vokabular ist mit dem **FORTH**-Vokabular verkettet; jedes Durchsuchen des Vokabulars <Vname> wird daher zwangsläufig zu einem Durchsuchen des Vokabulars **FORTH** führen.

Zu jedem Zeitpunkt ist ein Vokabular als das sog. "Context"-Vokabular vereinbart. Während der Interpretation des Eingabestromes durch den Textinterpreter wird das Context-Vokabular als erstes nach dem eingegebenen Wort durchsucht. Mit der Ausführung des Vokabular-Definitionswortes <Vname> wird <Vname> als Context-Vokabular vereinbart. Dies gilt auch für den Fall, daß sich das System im Kompilationsmodus befindet, da <Vname> ein Immediate-Wort ist. Durch die Eingabe von VLIST <f> wird eine Liste der Worte, die im augenblicklichen Fig-FORTH Context-Vokabular enthalten sind, ausgegeben. In FORTH-83 Systemen wird diese Funktion von **WORDS** <83> übernommen. Die Liste der ausgegebenen Worte beginnt mit der neuesten und endet mit der ältesten Wortdefinition. Sie kann vorzeitig durch Betätigen der "Stop"-bzw. Break-Taste der Tastatur abgebrochen werden. Weiterhin wird ein Vokabular als das Current-Vokabular vereinbart, in welches die neuen Wortdefinitionen eingetragen werden können. Durch die Sequenz

                        \<Vname\> DEFINITIONS

wird ein Vokabular als Current-Vokabular vereinbart. Die Ausführung von \<Vname\> macht es zum Context-Vokabular. **DEFINITIONS** \<f,83\> vereinbart das augenblickliche Context-Vokabular als Current-Vokabular.

* * *

Beispiel 8.1.1 - Definieren Sie ein neues Vokabular mit dem Namen **BUCHSTABEN**. Fügen Sie ein Wort hinzu, das das oberste Stackelement als ein ASCII-Zeichen behandelt und es, falls es sich um einen Großbuchstaben (ASCII 41 bis 5A Hex) handelt, zerstörungsfrei, d.h. ohne die Zahl auf dem Stack zu löschen, ausgibt.

```
OK
VOCABULARY BUCHSTABEN IMMEDIATE  <CR>  OK
BUCHSTABEN DEFINITIONS  <CR>  OK
HEX

: .GROSS ( c >>> c )
   DUP 40 >       ( Wahr, wenn ASCII-Code
                    größer, gleich 41 hex)
   IF             ( Sprung, wenn unterhalb Minimum)
     DUP 5B <     ( Wahr, wenn ASCII-Code
                    kleiner, gleich 5A hex)
     IF           ( Sprung, wenn oberhalb Maximum)
     DUP EMIT     ( Zerstörungsfreie Ausgabe des
                    Zeichens )
     THEN         ( Beendet die innere Bedingungsstruktur )
   THEN             ( beendet die äußere Bedingungsstruktur )
;                   ( beendet die Definition )  <CR>
OK
DECIMAL <CR>  OK

FORTH DEFINITIONS <CR>  OK
```

Die erste Zeile definiert ein Vokabular mit dem Namen **BUCHSTABEN**. Diese Definition beeinflußt jedoch nicht die Vereinbarung der Context- bzw. Current-Vokabulare. Die zweite Zeile bewirkt, daß das Vokabular **BUCHSTABEN** sowohl zum Context-, als auch zum Current-Vokabular wird.

Keines der später eingegebenen Worte ist Bestandteil des Vokabulars **BUCHSTABEN**. Da jedoch alle neuen, vom Benutzer definierten Vokabulare, mit dem Vokabular **FORTH** verbunden sind, werden diese Worte während der Textinterpretation auch lokalisiert. Die neue Definition mit dem Namen **.GROSS** wird im Current-Vokabular **BUCHSTABEN** abgelegt. Nach Eingabe der letzten Zeile dient **FORTH** wieder sowohl als Context-, als auch als Current-Vokabular. Bevor nicht **BUCHSTABEN** erneut als Context-Vokabular vereinbart wird, kann die Definition **.GROSS** nicht ausgeführt werden, da beim Durchsuchen des Wörterbuches die Definition von **.GROSS** nicht gefunden werden kann.

* * *

8.3 Wörterbuchfelder

Sowohl alle Worte des Fig-FORTH Kerns als auch vom Benutzer definierte Worte weisen im Wörterbuch ein identisches Format auf. Unabhängig davon, wie ein Wort gebildet wurde oder unabhängig vom allgemeinen oder speziellen Verhalten bei der Ausführung, weist eine Definition im Wörterbuch einen einheitlichen Aufbau auf. Diese Uniformität trägt wesentlich zur Schnelligkeit und Flexibilität von FORTH bei und erlaubt es, daß alle möglichen Typen von Wortdefinitionen kompiliert, lokalisiert und ausgeführt werden können.

Eine Wortdefinition besteht aus vier verschiedenen Feldern. Diese Felder erscheinen immer in derselben Reihenfolge, wobei das erste Feld einer Wortdefinition unmittelbar auf das letzte Feld der vorangehenden Wortdefinition folgt. (Abb. 8.3.1) Unabhängig von der Bedeutung eines Wortes enthält die Wortdefinition alle Informationen, die für die Lokalisierung, Ausführung, oder Verwendung zur Kompilation neuer Worte benötigt wird. Jede neue Wortdefinition wird an die Spitze des Wörterbuches gesetzt. Damit wächst es im Umfang in Richtung größer werdender Adressen.

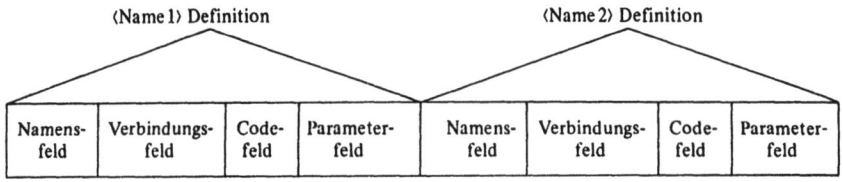

Abbildung 8.3.1

Jede Wortdefinition beginnt mit einem Namensfeld. Das Namensfeld enthält die ASCII-Codes der Zeichen, die den Wortnamen bilden. Dem ASCII-Codes geht ein sog. *Zählbyte* voraus, das u.a. die Länge des Wortnamens angibt[2]. Unmittelbar auf das Namensfeld folgt das Verbindungsfeld, das einen Adreßzeiger auf das vorangehende Wort enthält. Das Verbindungsfeld dieses Wortes enthält wiederum einen Zeiger auf das Namensfeld des davor definierten Wortes usw. Zusammen erlauben das Namens- und das Verbindungsfeld einen Vergleich der Worte des Eingabestromes mit den Wortnamen des Wörterbuches[3]. Wenn die Adresse des letzten Eintrages bekannt ist, kann das gesamte Vokabular von der Spitze bis an das Ende durchsucht werden. Jede Wortdefinition in einem nicht verketteten Vokabular wird bei der Suche ausgelassen.

Auf das Verbindungsfeld folgen das Codefeld und das Parameterfeld. Das Codefeld besteht nur aus einem Adreßzeiger, der auf die *allgemeine Ausführungsprozedur* des Wortes zeigt. Dieser Codefeldzeiger zeigt immer auf eine ausführbare Maschinencoderoutine. Außer bei einer Primitive-Definition handelt es sich bei der Maschinencoderoutine um die allgemeine Ausführungsprozedur, die im Definitionswort untergebracht ist, und durch die das Ausführungsverhalten des Wortes festgelegt wird.

Mit der Verwendung eines einzelnen Zeigers anstelle der gesamten Ausführungsprozedur in einer Wortdefinition wird nicht nur Speicherplatz gespart. Viel entscheidender ist die Tatsache, daß so ein einfaches Abarbeiten beliebig verschachtelter Wortdefinitionen möglich wird.

Das Parameterfeld enthält die für die Ausführung des betreffenden Wortes notwendigen Daten. So enthält z.B. das Codefeld einer Konstanten einen Zeiger auf die allgemeine Ausführungsprozedur, die von allen Wörtern verwendet wird, die durch das Definitionswort **CONSTANT** definiert wurden. Diese allgemeine Ausführungsprozedur, die im Parameterfeld von **CONSTANT** gespeichert ist, veranlaßt, daß ein einfach genauer Wert aus dem Parameterfeld von <Name> auf den Stack kopiert wird. Das Codefeld einer durch **VARIABLE** definierten Variablen <Name> enthält einen Zeiger auf die im Parameterfeld von **VARIABLE** gespeicherte allgemeine Ausführungsprozedur. Die Prozedur veranlaßt bei der Ausführung von <Name>, daß die Adresse des Parameterfeldes von <Name> (und nicht der einfach genaue Wert, der unter dieser Adresse abgelegt ist) auf den Stack gebracht wird. Analog enthält das Codefeld einer Benutzervariablen einen Zeiger auf eine allgemeine Ausführungsprozedur, die in der Definition von **USER** zu finden ist. Bei der Ausführung eines durch **USER** definierten Wortes addiert die Prozedur einen einfach genauen *Offset* (mit dem Begriff Offset wird im allgemeinen ein konstanter Wert bezeichnet, der zu einer Basisadresse zu addieren ist), der im Parameterfeld der Benutzervariablen gespeichert ist, zur Startadresse des Benutzerbereiches und legt diese Adresse auf dem Stack ab. Dabei handelt es sich um die Adresse des aktuellen Wertes der betreffenden Benutzervariablen im Benutzerbereich des Systems.

Das Parameterfeld einer Doppelpunktdefinition <Name> enthält einen oder mehrere Adreßzeiger. Jeder dieser Adreßzeiger zeigt auf das Codefeld eines Komponentenwortes, aus denen sich die Doppelpunktdefinition zusammensetzt. Auch Zeichenketten oder Literale können in das Parameterfeld einer Doppelpunktdefinition eingebettet werden, indem der Zeichenkette bzw. dem Literal ein Zeiger auf eine entsprechende Laufzeitroutine (kompiliert durch ." bzw. LITERAL) vorangeht. Das Codefeld der Doppelpunktdefinition <Name> zeigt auf eine Maschinencoderoutine im Definitionswort : . Diese Routine bedient sich der im Parameterfeld von <Name> gespeicherten Adressen um der Reihe nach jedes der Komponentenworte zu lokalisieren und auszuführen.

Das Parameterfeld eines Primitiven enthält die in ausführbarem Maschinencode geschriebene Ausführungsprozedur direkt. Das Codefeld zeigt daher auf den Beginn des Parameterfeldes, da ein Primitive nicht mit einer allgemeinen Ausführungsprozedur assoziiert ist. Beim Aufruf des Primitive-Wortes, wird die im Parameterfeld enthaltene Maschinencoderoutine zur Ausführung gebracht. Der für eine bestimmte Definition benötigte Speicherplatz hängt sowohl von der Länge des Namens als auch von der Größe des Parameterfeldes ab. Das Namensfeld eines Wortes mit n Zeichen (vorrausgesetzt, daß n nicht größer als die maximal erlaubte Anzahl an Zeichen ist) wird n+1 Bytes groß sein. Das Parameterfeld kann aus nur einer Zelle bestehen, wie bei Variablen oder Konstanten, oder aus mehreren Zellen für die Zeiger, die durch eine Doppelpunktdefinition kompiliert werden. In jedem Fall benötigen Verbindungsfeld und Codefeld nur eine Zelle[4].

Nachdem eine neue Definition vollständig kompiliert wurde, gibt der Wörterbuchzeiger die neue Adresse der Wörterbuchspitze an. Während der Ausführung kann die Parameterfeldadresse eines Wortes <Name> durch Ausführung von ' (tick) { >>> adr } <f,s,83> auf den Stack geholt werden:

> ' <Name>

' ist ein Immediate-Wort, das ausgeführt wird, wenn es im Compilemodus eingegeben wird. Wird es innerhalb einer Doppelpunktdefinition eingesetzt, entfernt ' die Parameterfeldadresse vom Stack und kompiliert sie als Literal in die nächste freie Speicherzelle der Wortdefinition. Die spätere Ausführung der neuen Definition wird somit bei ihrer Ausführung die Parameterfeldadresse von <Name> auf den Stack bringen.

Befindet sich die Parameterfeldadresse adr1 eines Fig-FORTH-Wortes auf dem TOS, kann die Startadresse des Namens-, Verbindungs- bzw. Codefeldes durch die Fig-FORTH Worte **NFA, LFA** bzw. **CFA** { adr1 >>> adr2 } ermittelt werden. Genauso erhalten Sie durch Ausführung von **PFA** { adr1 >>> ad2 } in Fig-FORTH die Parameterfeldadresse, wenn sich die Namensfeldadresse adr1 des Wortes im TOS befindet. Der Name des Wortes, dessen Namensfeld bei Adresse adr beginnt, wird mit einem angehängten Leerzeichen durch die Ausführung von **ID.** { adr >>> } <f> ausgegeben.

Eine Wortdefinition hat in einem Fig-FORTH System immer den beschriebenen Aufbau. Dagegen ist der Aufbau einer FORTH-83-Wortdefinition nicht näher festgelegt. Zwar verfügt auch jede FORTH-83-Wortdefinition über ein Namens-, ein Verbindungs-, ein Parameter- und über ein Codefeld, die Anordnung dieser Komponenten kann jedoch von System zu System variieren. Aus diesem Grund sind im FORTH-83-Standard auch keine Worte vorgesehen, die die Adressen der einzelnen Komponenten ermitteln können. Allerdings enthält der erweiterte FORTH-83-Standard Worte, die in den meisten Systemen implementiert wurden. Mit **BODY>** { cfa >>> pfa } <83> läßt sich aus der Codefeldadresse cfa einer Wortdefinition die Adresse pfa des Parameterfeldes (das in FORTH-83 allgemein als "body" bezeichnet wird) bestimmen. **>NAME** { cfa >>> nfa } <83> wandelt die Codefeldadresse cfa in die Namensfeldadresse nfa um, während **>LINK** { cfa >>> lfa } die Codefeldadresse cfa in die Verbindungsfeldadresse lfa umrechnet. Darüber hinaus sind in ANHANG B noch zahlreiche Worte des erweiteren FORTH-83 Standards enthalten, mit denen ähnliche Umwandlungen durchgeführt werden können. Auch der Aufbau des Namensfeldes ist in FORTH-83-Systemen nicht einheitlich. So enthält das Namensfeld eines FORTH-83-Systems in der Regel noch zusätzliche Informationen über den Typ des jeweiligen Wortes.

In Fig-FORTH hat der Benutzer Zugriff auf alle Wörterbuchbereiche. Alle Felder eines Wörterbucheintrages können angeschaut und verändert werden. FORTH-79- bzw. FORTH-83- Programme, die auf das Wörterbuch zugreifen, dürfen nur das Parameterfeld von Variablen, Konstanten und von Worten, die durch vom Benutzer erstellte Definitionsworte kompiliert wurden, adressieren. Darüberhinaus darf nur durch **ALLOT** zur Verfügung gestellter Speicherplatz adressiert werden. Der Zugriff auf andere Parameterfelder sowie die Namens-, Code- und Verbindungsfelder der übrigen Wörter ist in FORTH-79 bzw. FORTH-83 nicht erlaubt [6].

* * *

Beispiel 8.3.1 - Definieren Sie eine neue Fig-FORTH Konstante, und lokalisieren Sie jedes Feld der Wortdefinition im Speicher:

```
OK
HEX 123 CONSTANT WAS   <CR>  OK
' WAS   U.  <CR>   4D90   OK
' WAS   NFA   U.   <CR>   4D88   OK
' WAS   LFA   U.   <CR>   4D8C   OK
' WAS   CFA   U.   <CR>   4D8E   OK
DECIMAL   <CR>   OK
```

Die erste Zeile erzeugt die neue Wortdefinition WAS. Der Wert der Konstanten ist ab 4D90 hex gespeichert. Das Namensfeld beginnt mit der Adresse 4D88 hex und belegt fünf Bytes (ein Längenbyte und drei ASCII-Zeichen). Das Verbindungsfeld belegt die nächsten zwei Bytes; der Inhalt zeigt auf das Namensfeld der zuletzt durchgeführten Definition. Die nächsten beiden Bytes nach dem Namensfeld werden durch das Codefeld belegt. Der Inhalt zeigt auf die allgemeine Ausführungsprozedur, die mit der Wortdefinition assoziiert ist und die den Inhalt des Parameterfeldes von WAS bei der Ausführung in den TOS kopieren soll. Insgesamt belegt die Wortdefinition 11 Bytes. (Siehe Abb. 8.3.2)

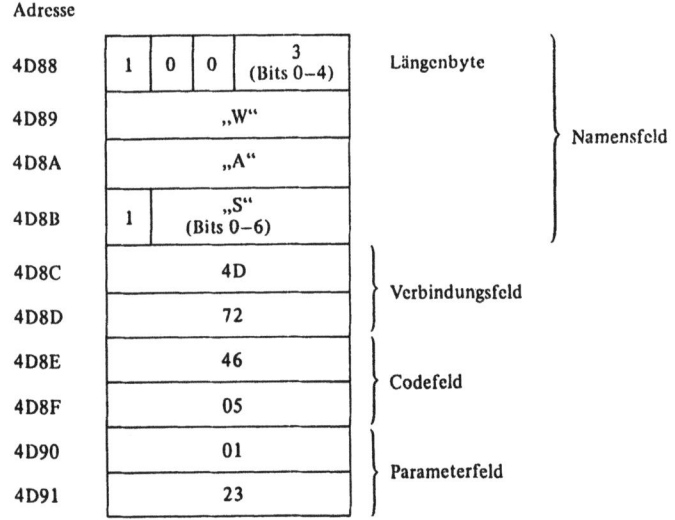

Abbildung 8.3.2

* * *

Beispiel 8.3.2 - Definieren Sie eine neue FORTH-83-Variable, und geben Sie die Feldinhalte der Wortdefinition aus:

```
OK
HEX  HERE  U.  <CR>  4CE2  OK
VARIABLE  ZAHL  123 ZAHL !  <CR>  OK
ZAHL a .  <CR>  123  OK
' ZAHL  a  U.  <CR>  1104  OK
' ZAHL  >BODY  U.  <CR>  4CEB  OK
' ZAHL  >NAME  U.  <CR>  4CE2  OK
' ZAHL  >LINK  U.  <CR>  4CE7  OK
DECIMAL  <CR>  OK
```

Die Definition der neuen Variable beginnt bei der Adresse 4CE2 hex und belegt 11 Bytes (manche FORTH-83 Systeme fügen zusätzlich eine Null in das Namensfeld ein, wenn der Wortname aus einer ungeraden Anzahl an ASCII-Zeichen besteht). Weil es sich um eine Variable handelt, bewirkt die allgemeine Ausführungsprozedur, daß bei der Ausführung von **ZAHL** die Parameterfeldadresse auf den Stack gebracht wird. Wie in der dritten Zeile gezeigt wird, enthalten die beiden Bytes des Parameterfeldes den Wert der Variablen.

Der Inhalt des Verbindungsfeldes zeigt auf das Namensfeld der zuletzt hinzugefügten Vokabular-Ergänzung (in diesem Fall handelt es sich um die Definition des Wortes **WAS**. Das Codefeld zeigt auf die allgemeine Ausführungsprozedur, die von allen Variablen benutzt wird und die sich im Parameterfeld des Definitionswortes **VARIABLE** befindet (siehe Abb. 8.3.3).

* * *

Beispiel 8.3.3 - Kompilieren Sie in Fig-FORTH eine neue Doppelpunkt-definition und geben Sie den Inhalt ihres Parameterfeldes aus:

```
OK
HEX
: AUSGABE  DUP  EMIT  ;  <CR>  OK
' AUSGABE  a DUP U. 2+ NFA ID.  <CR>  556  DUP  OK
' AUSGABE 2+ a DUP U. 2+ NFA ID.  <CR>  2E0 EMIT OK
' AUSGABE  4 + a DUP U. 2+ NFA ID.<CR>  447 ;S  OK
```

Die neue Definition gibt das Zeichen, dessen ASCII-Code sich auf dem Stack befindet, auf dem Bildschirm aus. Die folgenden Zeilen untersuchen eine Zeile im Parameterfeld von **AUSGABE**. Die Zellen sind 0, 2 bzw. 4 Bytes vom Start des Parameterfeldes entfernt. Diese Offsets werden nacheinander zu der Adresse addiert, die durch ' ermittelt wurde.

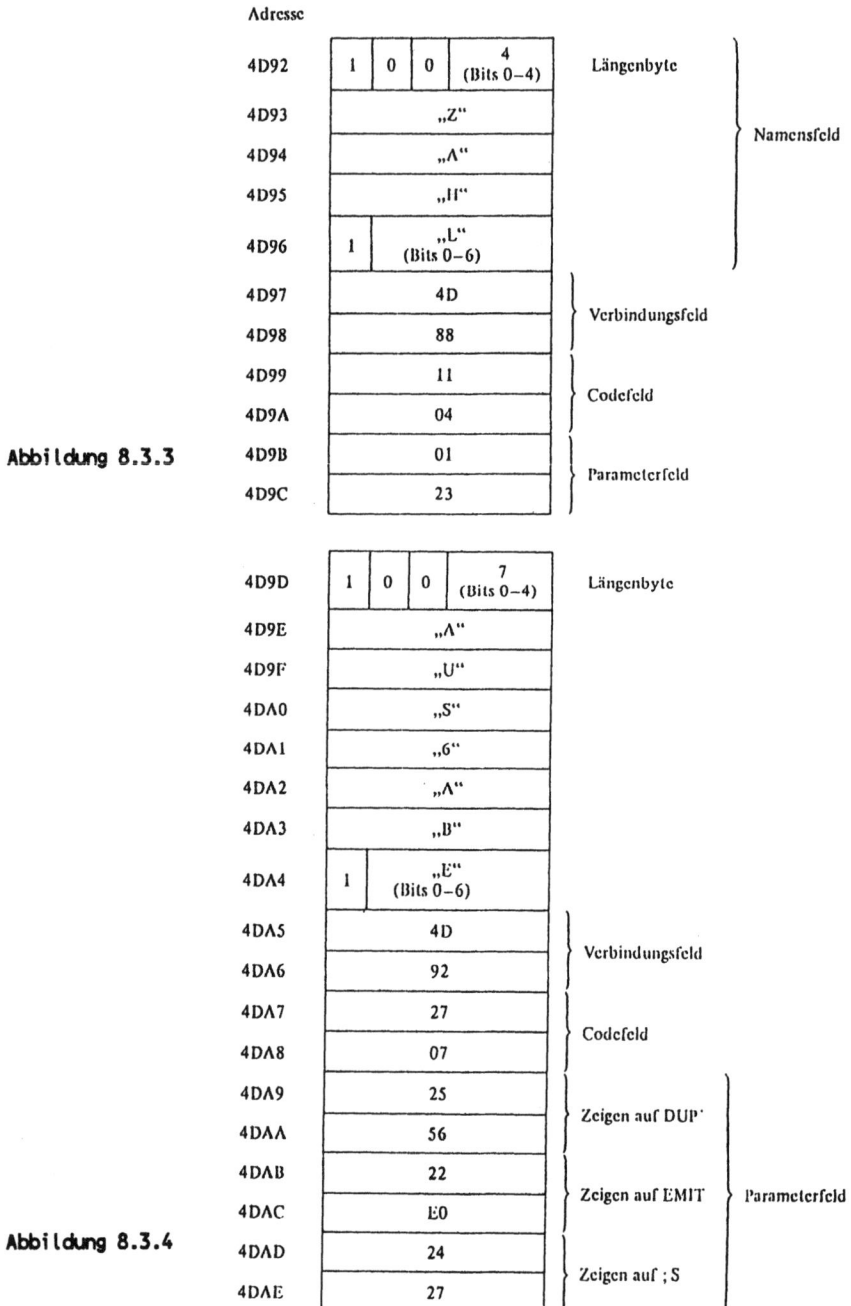

Abbildung 8.3.3

Abbildung 8.3.4

Der Inhalt jeder einzelnen Zelle - ein Zeiger auf das Codefeld eines
Komponentenwortes - wird dupliziert und eine Kopie auf dem Bildschirm
ausgegeben. Die verbleibende Kopie des Zeigers wird um 2 Bytes erhöht,
um die Parameterfeldadresse des Komponentenwortes auf dem Stack zu
erhalten. Diese Adresse wird benutzt, um das Namensfeld des
Komponentenwortes zu ermitteln und den Namen des jeweiligen
Komponentenwortes auszugeben. Beachten Sie, daß der letzte Zeiger im
Parameterfeld von **AUSGABE** das Komponentenwort ;S als letzte
Komponente kennzeichnet. Erinnern Sie sich daran, daß das Immediate-
Wort ; in einer Wortdefinition einen Zeiger auf die Laufzeitroutine ;S in
die Wortdefinition kompiliert (siehe Abb. 8.3.4).

* * *

8.4 Kompilation und Speicherung von Daten

Konstanten und Variablen werden in FORTH definiert, um 16-Bit-Werte
oder 32-Bit-Werte im Parameterfeld zu speichern. Solche Definitionen
können aber auch vom Benutzer erweitert werden, um zusätzliche Daten
im Wörterbuchbereich abzulegen.

Durch die Ausführung von , (komma) { n >>> } <f,s,83> wird ein 16-Bit-
Wert in die nächste freie Zelle des Wörterbuches eingetragen. Analog wird
durch C, (c-komma) { b >>> } <f,s,83> ein Byte oder ein Zeichenwert
vom TOS in das nächste freie Wörterbuchfeld kompiliert. Jedes Wort kompiliert den Wert in binärer Form in die nächste verfügbare Speicheradresse
an die Spitze des Wörterbuches und erhöht den Wörterbuchzeiger entsprechend. Anders als Zahlen und Zeichenketten, die in einer Doppelpunktdefinition unter Verwendung der Worte **LITERAL** und ." kompiliert
werden (beide Worte kompilieren zusätzlich einen Zeiger auf eine Laufzeitroutine), sind den gespeicherten Werten keine Zeiger vorangestellt.

Der Wörterbuchzeiger kann durch **ALLOT** { n >>> } <f,s,83> explizit verschoben werden. Damit läßt sich ein Zwischenraum von n Bytes schaffen,
der an der alten Spitze des Wörterbuches beginnt. In diesen Zwischenraum
können durch die Worte ! bzw. C! numerische Werte gespeichert werden.

Nach Abschluß einer Wortdefinition kann das Parameterfeld des soeben
definierten Wortes durch Verwendung von **ALLOT**, C, oder , (die den
Wörterbuchzeiger verschieben) erweitert werden. Diese Worte werden
häufig eingesetzt, um Datenfelder im Wörterbuch anzulegen. Bei einem
Datenfeld handelt es sich um eine Gruppe von numerischen Werten, die

mit einem Namen versehen sind. Jedes Feldelement kann durch seine relative Position im Feld bestimmt werden. Der in einem Feld gespeicherte
Wert wird wie jeder andere Speicherinhalt behandelt.

Auch Zeichenketten können im erweiterten Parameterfeld gespeichert
werden. Zeichenketten werden im allgemeinen durch wiederholte Ausführung von **C,** - es werden einzelne Zeichen nacheinander vom Stack in
das Wörterbuch übertragen - kompiliert. Alternativ kann das Wort
CMOVE benutzt werden, um eine Zeichenkette von einer beliebigen
Adresse im Speicher auf den reservierten Platz im Wörterbuch zu kopieren. Durch Ausführung von **TYPE** { adr >>> } <f,s,83> kann eine
Zeichenkette, die bei der Adresse adr beginnt und n Zeichen umfaßt, auf
dem Bildschirm ausgegeben werden.

✳   ✳   ✳

Beispiel 8.4.1 - Definieren Sie eine Fig-FORTH-Variable, und erzeugen
Sie einen Zwischenraum von 16 Bytes nach ihrer Definition:

```
OK
HEX  HERE  U.  <CR>  2802  OK
0 VARIABLE  ZWISCHEN  <CR>  OK
ZWISCHEN  U.  <CR>  280F  OK
HERE  U.  <CR>  2811  OK
10  ALLOT  <CR>  OK
HERE  U.  DECIMAL  <CR>  2821  OK
```

Die Definition von **ZWISCHEN** benötigt mit dem Initialisierungswert
fünfzehn Bytes. Die 16 Bytes von Adresse 280C bis 281B werden über-
sprungen, so daß die neue Definition ab Adresse 2821 begonnen werden
kann. Letztlich wurde das Parameterfeld von **ZWISCHEN** auf eine
Gesamtlänge von 18 Bytes erweitert.

✳   ✳   ✳

Beispiel 8.4.2 - Definieren Sie ein Feld mit vier Plätzen, die jeweils die Werte 12, 24, 48 bzw. 96 enthalten. Geben Sie die letzten beiden Werte, die in dem Feld gespeichert sind, aus:

```
OK
12  VARIABLE  GRUPPE  <CR>  OK
24  ,  48  ,  96  ,  <CR>  OK
GRUPPE  4  +  @  .  <CR>  48  OK
GRUPPE  6  +  @  .  <CR>  96  OK
```

In der ersten Zeile wird das neue Wort **GRUPPE** mit zwei zur Speicherung verfügbaren Bytes im Parameterfeld definiert. Diese Bytes werden dazu benutzt, den Initialisierungswert des Elements 0 zu speichern. Die verbleibenden drei Werte werden direkt mit , an die Spitze des Wörterbuches kompiliert. Diese Werte können dann mit den Worten @ und ! ausgelesen bzw. verändert werden. In jedem Fall wird bei der Ausführung von **GRUPPE** die Startadresse des erweiterten Parameterfeldes auf dem Stack abgelegt. Die absolute Adresse für jeden Wert ist die Summe aus der Basisadresse und dem relativen Byte-Offset zu diesem Element. Da jedes Feldelement einen 16-Bit-Wert darstellt, beträgt der relative Offset für das n-te Element 2*n Bytes [4].

* * *

Beispiel 8.4.3 - Definieren und testen Sie ein Wort, mit dem das n-te Feldelement aus dem durch die Wortdefinition **GRUPPE** definierten Feld geholt werden kann. Dem Wort wird die Elementnummer übergeben.

```
OK
: HOLE_ELEMENT    ( n1 >>> n2 )
    2 *            ( Errechne Byte-Offset zu n1 )
    GRUPPE         ( Start des Parameterfeldes )
    +              ( Berechne die absolute Adresse )
    @              ( Hole den Wert )
;                  ( Beende die Definition )  <CR>
OK


0 HOLE_ELEMENT  .  <CR>  12  OK
3 HOLE_ELEMENT  .  <CR>  96  OK
```

Der Offset zu Element 0 ist Null, da er sich im regulären Parameterfeld der Wortdefinition befindet. Element 1 wird in den nächsten beiden Bytes gespeichert, Element 2 in den folgenden zwei Bytes usw. Bei dem Beispiel

fehlt jegliche Art der Bereichs- bzw. Fehlerüberprüfung. Elemente mit
einer Nummer, die kleiner als 0 oder größer als 3 ist, werden auf jeden
Fall einen Wert zurückgeben, der allerdings bedeutungslos ist. Ein besserer
Weg zur Definition von **HOLE_ELEMENT** könnte wie folgt aussehen:

```
OK
: ?BEREICH        ( n1 n2 >>> f )
   OVER           ( Kopiere n1 )
   <              ( Vergleich mit maximal Wert n2)
   IF             ( Springe, wenn zu groß )
    DROP  0       ( Lösche n1, Falschflag ablegen)
   ELSE           ( Sprung, wenn nicht zu groß )
    0< 0=         ( WAHR, wenn überhalb Minimum )
   THEN           ( Ende der Verzweigung )
;                 ( Ende der Definition )  <CR>
OK
```

Das Wort **?BEREICH** erwartet die Elementnummer n1 und das maximal
gültige Element n2 als Operanden und setzt voraus, daß die kleinste Zahl
Null ist. Mit diesem Wort kann **HOLE_ELEMENT** neu definiert werden:

```
OK
: HOLE_ELEMENT    ( n1 >>> n2  oder n1 >>> )
   DUP            ( Kopiere n1 )
   3              ( Obere Indexgrenze )
   ?BEREICH       ( Überprüfe Index )
   IF             ( Sprung, wenn Index innerhalb
                    des Feldes )
    2 * GRUPPE + @ ( Hole den Wert im Feld )
   ELSE           ( Sprung, wenn Index ungültig )
    . ." INDEX?"  ( Ausgabe einer Fehlermeldung )
   THEN           ( Ende der Verzweigung )
;                 ( Ende der Wortdefinition )  <CR>
OK
```

```
 2 HOLE_ELEMENT   .  <CR>  24  OK
10 HOLE_ELEMENT   .  <CR>  10  INDEX?  OK
-1 HOLE_ELEMENT   .  <CR>  -1  INDEX?  OK
```

Der Bereichstest in **?BEREICH** kann nicht nur im Zusammenhang mit
HOLE_ELEMENT, sondern mit jedem anderen Feld, das 0 als untere
Indexgrenze verwendet, eingesetzt werden.

* * *

Beispiel 8.4.4 - Definieren Sie ein Wort, das eine Zeichenkette, die nicht mehr als 15 Zeichen umfassen soll, aufnehmen kann. Die maximale Zeichenanzahl wird als Wert in der Wortdefinition gespeichert. Definieren Sie Worte, die den n-ten gespeicherten Wert auf den Stack legen und die gesamte Zeichenkette ausgeben. Bei allen Wörtern, die mit einem einzelnen Zeichen arbeiten, soll sichergestellt werden, daß der richtige Bereich eingehalten wird.

Der notwendige Platz für 15 Zeichen im Wörterbuch wird durch diese Definition festgelegt:

```
OK
15 CONSTANT TEXT <CR> OK
15 ALLOT <CR> OK
```

Das reguläre Parameterfeld der Konstanten enthält die maximale Länge der Zeichenkette. Die Zeichen werden von 1 bis 15 numeriert. Die Bereichsüberprüfung wird mit dem Konstantenwert durchgeführt:

```
OK
: ?SBEREICH      ( n >>> f )
   DUP           ( Kopiere n )
   0 >           ( Prüfe, ob n positiv )
   IF            ( Sprung, wenn n positiv )
    TEXT         ( Hole maximalen Indexwert )
    > 0=         ( WAHR, wenn n nicht größer als
                   maximaler Index)
   ELSE          ( Sprung, wenn n < = Null )
    DROP  0      ( Lösche n, FALSCH-Flag ablegen)
   THEN          ( Ende der Verzweigung )
;                ( Beende die Definition )  <CR>
OK
```

Nur wenn n zwischen 1 und 15 liegt, wird ein WAHR-Flag übergeben. Das erste Zeichen wird im ersten Byte nach dem Parameterfeld von **TEXT** gespeichert, das zweite in dem zweiten Byte usw. Es ist nicht weiter schwierig, ein Wort zu definieren, das die relative Position n in eine absolute Adresse umwandelt:

```
OK
: ZEICHENADD     ( n >>> adr )
  ' TEXT         ( hole Pfa während Compilation)
    1+ +         ( Berechne Adresse von n )
;                ( Beende die Definition )  <CR>
OK
```

Die Parameterfeldadresse von **TEXT** wird berechnet und als Literal in die Definition von **ZEICHENADD** kompiliert. Die Hol- bzw. Speicheroperationen für das Zeichen n können nun definiert werden:

```
OK
: @TEXT          ( n >>> c oder n >>> )
   DUP           ( Kopiere n )
   ?BEREICH      ( Überprüfe den Bereich )
    IF           ( Sprung, wenn gültiger Index )
    ZEICHENADD   ( Hole absolute Adresse )
    C@           ( Hole das Zeichen )
   ELSE          ( Sprung, wenn außerhalb Bereich )
    . ." BEREICH?"
                 ( Ausgabe einer Fehlermeldung )
   THEN          ( Ende der Verzweigung )
;                ( Beende die Definition )  <CR>
OK


: !TEXT          ( c n >>> )
   DUP           ( Kopiere n )
   ?BEREICH      ( Überprüfe den Bereich )
    IF           ( Springe, wenn gültiger Index )
    ZEICHENADD   ( Hole absolute Adresse )
    C!           ( Speichere das Zeichen )
   ELSE          ( Sprung, wenn außerhalb Bereich )
    . ." BEREICH?"
                 ( Ausgabe einer Fehlermeldung )
   DROP          ( Verwerfe das Zeichen )
   THEN          ( Ende der Verzweigung )
;                ( Beende die Definition )  <CR>
OK
```

Das Beispiel wirft ähnliche Probleme wie schon Beispiel 6.3.5 auf. Es ist sehr speziell, da es nur für die Benutzung einer Zeichenkette im Parameterfeld von **TEXT** konzipiert wurde. Um mit jeder beliebigen Zeichenkette arbeiten zu können, sollte die Zeichenkette als Variable definiert werden. In diesem Fall kann der Variablenname verwendet werden, um die Parameterfeldadresse als Operand zu erhalten.

* * *

8.5 Verkettung von Vokabularen

Ist <Vname1> das Current-Vokabular, wird ein neues Vokabular <Vname2> wie folgt definiert:

VOCABULARY <Vname2> **IMMEDIATE**

Auch <Vname2> erhält einen Wörterbucheintrag, der über einen Zeiger mit dem Current-Vokabular verbunden wird. Das Vokabular ist zu diesem Zeitpunkt noch leer und wird erst durch spätere Wortdefinitionen gefüllt. Daß heißt, die Wortdefinition von <Vname2> befindet sich im Vokabular <Vname1>. Fig-FORTH, FORTH-79 und FORTH-83 verknüpfen Vokabulare auf eine unterschiedliche Art und Weise[5]. Als ein Resultat unterscheiden sich Suchläufe und Erweiterungen in den Wörterbüchern der drei FORTH Versionen relativ stark voneinander.

Fig-FORTH verknüpft ganze Vokabulare zu einer baumartigen Struktur, in der das gesamte Zweigvokabular <Vname2> mit dem Stammvokabular <Vname1> verbunden ist. <Vname1> ist wiederum mit dem älteren Vokabular <Vname0> verbunden, das zu dem Zeitpunkt als Current-Vokabular vereinbart war, als <Vname1> definiert wurde usw. Eine Suche im Zweigvokabular <Vname2> führt dazu, daß ebenfalls die Stammvokabulare <Vname1> und <Vname0> und schließlich als Konsequenz dieser Verknüpfungsstruktur auch das Vokabular **FORTH** durchsucht werden.

Fig-FORTH benutzt die letzten drei Zellen des Parameterfeldes des Wörterbucheintrages von <Vname2>, um das neue Vokabular mit dem Stammvokabular <Vname1> zu verknüpfen. Die erste der drei Zellen enthält ein Dummy-Namensfeld. Als "Dummy" wird ein Feld bezeichnet, wenn es noch keinen sinnvollen Inhalt enthält und erst zu einem späteren Zeitpunkt mit einem Zeiger gefüllt werden soll. Es folgt ein Dummy-Verbindungsfeld, das einen Zeiger auf das Namensfeld der obersten (jüngsten) Wortdefinition des Vokabulars enthält. Der Zeiger wird bei jeder neuen Wortdefinition, die zu dem Vokabular <Vname2> hinzugefügt wird, aktualisiert.

Unmittelbar nach der Kompilation von <Vname2> befinden sich noch keine Worte im Vokabular <Vname2>. Der oberste Wortzeiger in <Vname2> zeigt auf das Dummy-Namensfeld der Wortdefinition <Vname1>. Sobald <Vname2> sowohl als Context- als auch als Current-Vokabular vereinbart wurde, können Worte zu dem neuen Vokabular hinzugefügt werden. Das erste neue Wort <Name> wird wie üblich kompiliert, sein Verbindungsfeld enthält allerdings einen Zeiger auf den Beginn des Dummy-Namensfeld des Stammvokabulars <Vname1>.

Gleichzeitig wird der Dummy-Verbindungsfeldzeiger in <Vname2>
geändert, um auf die Adresse des Namensfeldes von <Name> zu zeigen,
das nun das oberste Wort im Vokabular <Vname2> darstelllt (Siehe Abb.
8.5.1).

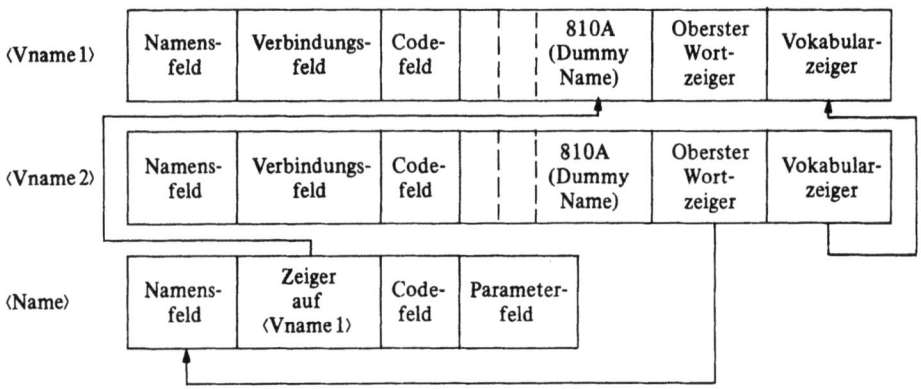

Abbildung 8.5.1

Diese Fig-FORTH Struktur verbindet die Worte in dem Vokabular
<Vname2> mit denen im Vokabular <Vname1>. Durch das Holen des
obersten Wortzeigers in der Definition von <Vname2> beginnt eine Suche
in dem Vokabular <Vname2>. Dieser Zeiger kennzeichnet das Namensfeld
der zuletzt durchgeführten Definition. Das Verbindungsfeld dieses Wortes
zeigt wiederum auf die davor vorgenommene Definition usw. Diese Ver-
kettung wiederholt sich solange, bis das ältestes Wort, in diesem Fall
<Name>, gefunden wird. Das Verbindungsfeld von <Name> zeigt auf das
Dummy-Verbindungsfeld von <Vname1>. Dieses Dummy-Verbindungsfeld
legt das oberste Wort des Stammvokabulars fest und bewirkt so, daß bei
einer Suche alle Wörter in <Vname1> ebenfalls einbezogen werden. Dieser
Vorgang wiederholt sich durch alle Stammvokabulare bis das Vokabular
FORTH ebenfalls durchsucht wird. Das älteste Wort im Vokabular
FORTH enthält einen speziellen Zeiger um das Ende der Liste zu kenn-
zeichnen.

Die letzte Zelle im Fig-FORTH Wörterbucheintrag von <Vname> enthält
einen Zeiger auf die gleiche letzte Zelle der unmittelbar zuvor durchgeführten Vokabulardefinition. Diese Zelle enthält wiederum einen Zeiger
auf die vor diesem Vokabular zuletzt gemachte Vokabulardefinition usw.
Das letzte Feld des Vokabulars **FORTH** enthält schließlich einen Nullzeiger. Das letzte Feld eines jeden Vokabulars stellt für die **FORGET**
Operation eine separate Verbindung zwischen Vokabularen zur Verfügung.

Die Verbindung erfolgt zwischen den Vokabular-Definitionsworten und nicht zwischen den Wörtern der einzelnen Vokabulare.

Die Anordnung des FORTH-79-Wörterbuches unterscheidet sich wesentlich von der Anordnung eines Fig-FORTH-Wörterbuches. In FORTH-79 ist ein neu definiertes Vokabular <Vname2> nur mit dem Systemvokabular **FORTH** verbunden. Eine Suche im Vokabular <Vname2> beginnt, wie in Fig-FORTH, mit der obersten d.h. der zuletzt zu dem Vokabular <Vname2> hinzugefügten Wortdefinition. Wegen der begrenzten Verbindung setzt sich die Suche jedoch nur durch die Vokabulare <Vname2> und **FORTH** durch. <Vname1> und alle anderen Vokabulare werden nicht durchsucht. Abb. 8.5.2 illustriert die Unterschiede zwischen diesen beiden Methoden Vokabulare zu verbinden und den daraus resultierenden Suchpfaden. Dies wird an identischen Vokabulardefinitionen aufgezeigt.

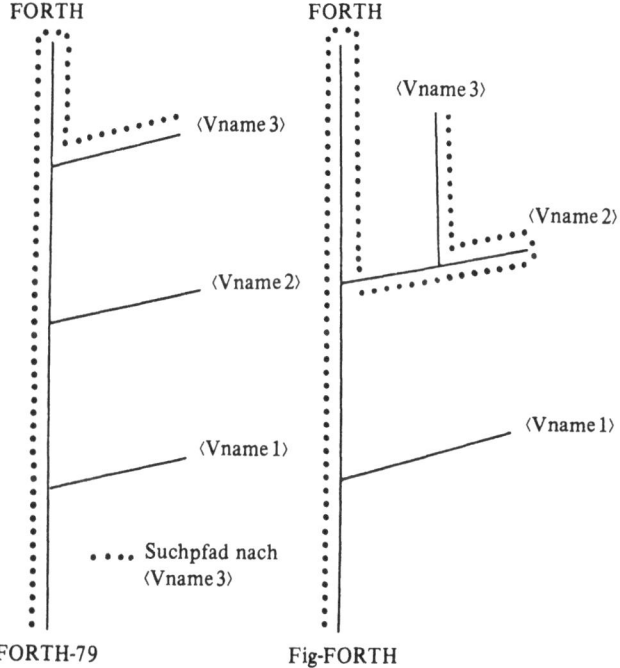

Abbildung 8.5.2

Die Definition von <Name> mit allen danach durchgeführten Definitionen
(unabhängig von dem Vokabular) wird durch die Sequenz

    FORGET <Name>

aus dem Wörterbuch gelöscht. Diese Sequenz muß außerhalb einer Doppelpunktdefinition ausgeführt werden. FORTH-79 erwartet, daß sich <Name>
im Current-Vokabular oder im Vokabular **FORTH** befindet; Fig-FORTH
dagegen setzt voraus, daß sich <Name> in dem Vokabular befindet, das
sowohl als Current- als auch als Context-Vokabular vereinbart wurde. Die
Definition von **FORGET** des Fig-FORTH Modells enthält jedoch einen
schwerwiegenden Mangel. **FORGET** unterbricht das Vokabular lediglich
von dem festgelegten Punkt, ohne zu berücksichtigen, daß wichtige Ver-
bindungen zu anderen Vokabularen unter Umständen zerstört werden.
Damit kann ein System leicht zum Absturz gebracht werden.

Um diese Schwierigkeit zu vermeiden ist eine "intelligentere" **FORGET**-
Operation in vielen Fig-FORTH Systemen implementiert[6]. Mit diesem
Wort ist es möglich, **FORGET** durch mehrere Vokabulare hindurch wirk-
sam einzusetzen, indem die Zeiger, die die einzelne Vokabulare verbinden,
mit der Benutzervariablen **VOC-LINK** { >>> adr } <f,s> angepaßt werden.
Diese Benutzervariable enthält einen Zeiger auf das letzte Feld des zuletzt
kompilierten Definitionswortes des Vokabulars <Vname>.

Die Benutzervariablen **CONTEXT** und **CURRENT** { >>> adr } <f,s> enthalten Zeiger auf das Context- bzw. Current-Vokabular. In einem Fig-
FORTH System kennzeichnen diese Zeiger die Verbindungsfelder in den
jeweiligen Wörterbucheinträgen. Diese Felder enthalten Zeiger auf die
Namensfelder der obersten Worte in den Vokabularen. Die Namensfeldadresse der zuletzt vorgenommenen Erweiterung des Context-Vokabulars wird durch Ausführung von **LATEST** { >>> adr } <f> auf dem Stack
abgelegt.

* * *

Beispiel 8.5.1 - Bestätigen Sie, daß der Zeiger auf die Spitze des Current-
Vokabulars das Namensfeld der zuletzt durchgeführten Definition adressiert:

```
OK
0 CONSTANT ZAHL  <CR>  OK
LATEST ID.  <CR>  ZAHL  OK
CURRENT a a ID.  <CR>  ZAHL  OK
```

In der ersten Zeile wird eine neue Konstante definiert. Die Wortdefinition der Konstanten wird an die Spitze des Wörterbuches eingetragen und ist mit dem Current-Vokabular verbunden. Die beiden anderen Zeilen zeigen äquivalente Möglichkeiten auf, um zu bestätigen, daß die Vokabularzeiger auf das neueste Namensfeld zeigen.

* * *

Beispiel 8.5.2 - Definieren Sie ein Wort, um die Zeiger von einem Voka-bular-Definitionswort in Fig-FORTH zu erhalten und benutzen Sie sie, um das System vor und nachdem neue Wörter zu dem neuen Vokabular hinzugefügt wurden, zu untersuchen:

```
OK
FORTH DEFINITIONS  <CR>  OK
: ZEIGEVOK           ( Aufruf durch ZEIGEVOK <Vname>)
   [COMPILE] '       ( Hole Pfa des nächsten Wortes )
                     ( in der Eingabe )
  DUP DUP            ( Erzeuge drei Kopien )
  CR  2 +            ( Adresse des Dummy-Namensfeld )
  ." Dummy-Name bei"
                     ( Ausgabe der Überschrift )
  U.                 ( Ausgabe der Adresse )
  CR 4 +             ( Adresse des Dummy- )
                     ( Verbindungsfeldes )
  ." Oberstes Wort bei"
                     ( Ausgabe der Adresse )
  a  DUP             ( Hole und Kopiere Zeiger )
  U. ." ist" ID.     ( Ausgabe Zeiger und Wortname )
  CR 6 +             ( Vokabularverbindungsadresse )
  a DUP              ( Hole und kopiere den Zeiger )
  ." Voheriges Vok."
                     ( Überschrift der Ausgabe )
  IF                 ( Sprung, wenn Zeiger <> Null )
    6 - NFA ID.
                     ( Ausgabe des Vokabularnamens )
  ELSE               ( Zeiger Null, d.h. Vokabular =
                       FORTH )
  DROP               ( Lösche den Nullzeiger )
  ." Keines"         ( Überschrift der Ausgabe )
```

```
THEN              ( Ende der Verzweigung )
 CR               ( Zeilenvorsprung )
 ;                ( Ende der Definition )  <CR>
OK
```

In Fig-FORTH belegt das Parameterfeld eines jeden Vokabular-
Definitionswortes vier Felder; das Dummy-Namensfeld und zwei Zeiger
befinden sich in den letzten beiden Feldern. Die neue Definition - die als
ein Resultat der ersten Zeile zum FORTH- Vokabular hinzugefügt wurde-
kann unmittelbar nach Ausführung der Definition eingesetzt werden:

```
OK
HEX ZEIGEVOK FORTH <CR>
Dummy Name bei  10EB
Oberstes Wort bei  3D82  ist  ZEIGEVOK
Vorheriges Vok.  keines
OK
```

ZEIGEVOK ist die letzte Ergänzung zum FORTH Vokabular; die Wort-
Definition von ZEIGEVOK beginnt bei der Adresse 3D82 hex. Die Zeiger
des FORTH Vokabulars sind in den letzten drei Feldern seiner Wortdefinition gespeichert. Bei dem ersten Feld (Adresse 10EB hex) handelt es sich
um das Dummy-Namensfeld. Darauf folgt ein Zeiger auf das oberste Wort
des Vokabulars, das unter der Adresse 3D83h gespeichert ist. Das letzte
der drei Felder enthält den vokabularverbindenden Zeiger (im Beispiel ist
dies ein spezieller Nullzeiger). Er befindet sich bei der Adresse 10EF hex.
Jedesmal, wenn ein neues Wort dem Vokabular hinzugefügt wird, ändert
sich der Zeiger auf das oberste Wort des Vokabulars.

```
OK
: NEU ;   <CR>  OK

ZEIGEVOK  FORTH  <CR>

Dummy Name bei  10EB
Oberstes Wort bei  3E1A  ist  NEU
Vorheriges Vok.  Keines
OK
```

Der neue Wert des Zeiger auf das oberste Wort des Vokabulars zeigt an,
daß das Namensfeld der letzten Definition bei 3E1A hex beginnt.

Es soll davon ausgegangen werden, daß es sich bei dem zuletzt definierten Vokabular um das **EDITOR**-Vokabular handelt. **ZEIGEVOK** illustriert den Effekt, wenn ein weiteres Vokabular definiert und zu diesem Vokabular Wörter hinzugefügt werden:

```
OK
VOCAULARY TEST IMMEDIATE <CR> OK
TEST DEFINITIONS <CR> OK
: NEU1 ; <CR> OK
ZEIGEVOK TEST <CR>

Dummy Name bei 3E3E
Oberstes Wort bei 3E34 ist NEU1
Vorheriges Vok. EDITOR
OK
```

Der Zeiger auf das oberste Wort des Vokabulars zeigt auf die Wortdefinition von **NEU1**, das letzte (und einzige) Wort in dem Vokabular **TEST**. Das letzte Feld des Wörterbucheintrages von **TEST** enthält einen Zeiger auf den Wörterbucheintrag des Vokabulars **EDITOR**. Beachten Sie, daß dies nicht anzeigt, daß eine Suche im Vokabular **TEST** auch das Vokabular **EDITOR** einschließt; dieser Zeiger wird lediglich benötigt, um für die **FORGET**-Operation die relative Reihenfolge festzulegen, in welcher die einzelnen Vokabulare definiert wurden.

* * *

8.6 Wörterbuchsuche

Jedesmal, wenn aus dem Eingabestrom ein Wort entnommen wird, sucht der Textinterpreter nach einem entsprechenden Wortnamen in einem Wörterbuchteil. In Abhängigkeit von der Verknüpfung kann jede Suche ein oder mehrere Vokabular(e) umfassen.

Während der Interpretation des Eingabetextes beginnt die Suche nach einem bestimmten Wort mit dem Vergleich vom eingegebenen Wort mit dem Inhalt des Namensfeldes des obersten Wortes im Context-Vokabular. Falls die beiden Worte übereinstimmen, wird die Suche erfolgreich abgebrochen, und ein Zeiger auf das gefundene Wort wird auf dem Stack abgelegt. Wird keine Übereinstimmung gefunden, wird das Verbindungsfeld des Wörterbucheintrages benutzt, um das Namensfeld des zuvor definierten Wortes zu ermitteln. Anschließend wird der Vergleich wiederholt.

In einem Vokabular setzt sich die Suche dann, unter Einsatz der Namens-
und Verbindungsfelder der Wortdefinitionen von der Spitze (d.h. von der
jüngsten Wortdefinition) an das Ende fort. Die Suche bricht nur ab, wenn
ein übereinstimmendes Wort gefunden wird. Falls es keine Übereinstimmung gegeben hat, geht die Suche an der Spitze eines verknüpften
Stammvokabulars weiter; dies ist der Zweck des vorhin beschriebenen aus-
gedehnten Verknüpfungsmechanismus. Deshalb werden bei einer Suche in
einem speziellen benutzerdefinierten Fig-FORTH Vokabular alle da-
zwischenliegenden verbundenen Stammvokabulare wie auch das **FORTH**-
Vokabular durchsucht, bis das gesuchte Wort gefunden wird. In der
Sprachversion FORTH-79 wird aufgrund der unterschiedlichen Ver-
knüpfungsart lediglich das spezifizierte Vokabular und das **FORTH**-Voka-
bular durchsucht. Die Art und Weise, wie in FORTH-83 Systemen das
Wörterbuch durchsucht wird, wird in Abschnitt **8.7** besprochen.

Fig-FORTH und FORTH-79 unterscheiden sich im Suchen noch in einer
anderen Beziehung. Die Suche nach einem passendem Wort im Wörterbuch
beginnt an der Spitze des Context-Vokabulars und setzt sich in allen Verknüpfungen fort. Wird keine Übereinstimmung gefunden, durchsucht Fig-
FORTH jedoch auch das Currrent-Vokabular und alle damit verbundenen
Vokabulare. Die Suche wird fortgesetzt, bis ein übereinstimmendes Wort
gefunden wurde, oder alle verbundenen Vokabulare durchsucht wurden[7].

Der Textinterpreter in Fig-FORTH vollzieht die Suche nach einem Wort
im Wörterbuch durch Ausführung von **-FIND** { >>> adr b tf oder >>> ff }
in folgender Form:

-FIND   <Name>

Das nächste durch ein Leerzeichen getrennte Wort <Name> aus dem Eingabestrom wird, zusammen mit einem vorangehenden Längenbyte, in den
Wortpuffer geschoben. Wird ein übereinstimmendes Wort gefunden, wird
seine Parameterfeldadresse, das Längenbyte des Namens und ein WAHR-
Flag tf auf dem Stack abgelegt. Wird weder im Context-Vokabular noch
in einem der verknüpften Vokabulare ein übereinstimmendes Wort gefunden, startet die Suche erneut an der Spitze des Current-Vokabulars. Bleibt
auch die Suche im Current-Vokabular bzw. in den damit verknüpften Vokabularen erfolglos, wird ein FALSCH-Flag ff auf dem Stack abgelegt.

FORTH-79 verwendet **FIND** { >>> adr } <s,83> für das Durchsuchen des
Wörterbuches nach einem bestimmten Wortnamen in folgender Form:

FIND   <Name>

Nach einer erfolgreichen Suche im Context-Vokabular oder im Vokabular **FORTH** wird nicht die Parameterfeldadresse, sondern die Codefeldadresse des übereinstimmenden Wortes <Name> im Stack abgelegt. Wird kein übereinstimmendes Wort gefunden, wird ein FALSCH-Flag übergeben.

Die bereits vorgestellte Operation ' (Tick) durchsucht das Wörterbuch auf ähnliche Weise. Es gibt jedoch einige Unterschiede. Zunächst ist ' ein Immediate-Wort. Während der Kompilation wird die resultierende Adresse als ein Literal an die Spitze des Wörterbuches kompiliert. Zweitens führt eine erfolglose Suche in den Vokabularen (es handelt sich um dieselben Vokabulare, die auch von **FIND** oder **-FIND** durchsucht werden) zu einer Fehlersituation, die zu einem Abbruch der gerade in Ausführung befindlichen Operation führt. Schließlich übergibt die FORTH-79 Version von ' (Tick), anders als bei **FIND**, eine Parameterfeldadresse. ' (Tick) gehört zu der Gruppe der sog. *state-smart* Worte, die, jenachdem ob sie sich im Ausführungs- oder im Kompilationsmodus befinden, ein unterschiedliches Verhalten zeigen. Solche state-smart Worte wurden aus dem FORTH-83 Standard grundsätzlich eliminiert. In FORTH-83 muß daher in einer Doppelpunktdefinition bzw. generell im Kompilationsmodus das Wort ['] <83> verwendet werden, das die Adresse des nachfolgenden Wortes bei der Ausführung als ein Literal auf dem Stack ablegt.

Sowohl Fig-FORTH als auch FORTH-79 bzw. FORTH-83 erlauben, daß ein Wortname sowohl im FORTH-Vokabular als auch in jedem beliebigen anderen Vokabular verwendet werden kann. So können beispielsweise sowohl das **FORTH-**, als auch das **EDITOR-**Vokabular ein Wort <Name> verwenden, das in den beiden Vokabularen eine ganz unterschiedliche Bedeutung haben kann. Wenn **FORTH** als Context-Vokabular vereinbart ist, wird seine Version des Wortes lokalisiert werden. Wird **EDITOR** als Context-Vokabular vereinbart, wird stattdessen seine Version des Wortes <Name> gefunden werden, da das Context-Vokabular **EDITOR** als erstes durchsucht und eine Übereinstimmung (und damit verbunden ein Abbruch der Suche) vor dem Eintritt in das verknüpfte **FORTH-**Vokabular gefunden wird.

In FORTH wird das Auftreten von identischen Wortnamen innerhalb eines Vokabulars unterbunden. (Fig-FORTH gibt eine Warnung aus, wenn ein bereits existierendes Wort als Name einer neuen Wortdefinition kompiliert wird, bricht den Kompilationsprozeß aber nicht ab). Nachdem ein zweites Wort mit dem gleichen Namen definiert wurde, wird bei einer Suche im Wörterbuch nur die neueste Definition im Wörterbuch gefunden, da sich diese näher zur Spitze des Wörterbuches befindet und daher eher lokalisiert werden kann. Falls die Originalversion aber als Bestandteil einer

Doppelpunktdefinition verwendet wurde, wird der kompilierte Zeiger immer noch auf das Original zeigen. Bei einer erneuten Definition wird dann die neuere Version des doppelt existierenden Wortes als Komponente verwendet werden.

* * *

Beispiel 8.6.1 - Illustrieren Sie sowohl erfolgreiche als auch erfolglose Suchläufe im Fig-FORTH Kernwörterbuch:

```
OK
COLD    <CR>   OK    ( Führt einen Kaltstart aus )
HEX     <CR>   OK    ( Hexadezimale Ausgabe )
OK


-FIND TASK   <CR>   OK  ( Führt eine Suche durch )
." Flag= " . <CR>  Flag=1  OK
DROP  ." Pfa= " U. <CR>  Pfa=1E7F  OK
-FIND ABCEDF      ( Führt noch eine Suche durch )
." Flag= " . <CR>  Flag=0  OK
DECIMAL <CR>  OK
```

Die Ausführung von -FIND stellt eine andere (in manchen Fällen geeignetere) Methode zum Auffinden einer Wortdefinition dar. In den meisten Fällen kann ' benutzt werden, um die Parameterfeldadresse des gesuchten Wortes auf dem Stack abzulegen. Ist das gesuchte Wort nicht vorhanden, resultiert jedoch ein Fehlerabbruch, der die Ausführung der Wortdefinition, die das Wort ' beinhaltet, abbricht. -FIND legt stattdessen ein FALSCH-Flag auf dem Stack ab, wenn kein übereinstimmendes Wort gefunden wurde.

* * *

8.7 Vokabularstruktur in FORTH-83

Unter dem FORTH-83 Standard wird keine bestimmte Wörterbuchstruktur explizit festgelegt. Dennoch enthält das Standarddokument eine Empfehlung, die mittlerweile in die meisten FORTH-83 Systeme übernommen wurde. Dieses sog. "ONLY"-Konzept unterscheidet sich grundlegend von den Mechanismen, die für Fig-FORTH bzw. FORTH-79 Systeme in den letzten Abschnitten beschrieben wurden.

Zentraler Bestandteil dieser Vokabularstruktur ist die Suchordnung, die festlegt, in welcher Reihenfolge die einzelnen Vokabulare durchsucht werden. Diese Suchordnung wird durch eine Liste von Zeigern auf die einzelnen Vokabulare realisiert. In der Suchordnung wird immer zuerst das sog. *Transient-Vokabular* durchsucht. Transient heißt in diesem Zusammenhang soviel wie flüchtig bzw. nicht beständig und deutet auf den Umstand hin, daß das Transient-Vokabular nur solange in der Suchordnung verbleibt, bis ein anderes Vokabular zum Transient-Vokabular erklärt wird. Durch das Wort **ALSO** wird das momentane Transient-Vokabular zum residenten Vokabular und damit permanent in die Suchordnung aufgenommen. Es bleibt zwar zunächst auch als Transient-Vokabular vereinbart, wird aber nicht mehr aus der Suchordnung entfernt, wenn ein anderes Vokabular zum Transient-Vokabular wird.

Die augenblickliche Suchordnung läßt sich durch den Befehl **ORDER** ausgeben:

```
OK
ORDER
Searching : FORTH    FORTH EDITOR ONLY    Compiling : FORTH OK
```

Ein neues Vokabular wird folgendermaßen definiert:

```
OK
VOCABULARY NEU OK
```

Durch den Aufruf von **NEU** wird das Vokabular als Transient-Vokabular in die Suchordnung mitaufgenommen:

```
OK
ORDER
Searching : NEU  FORTH EDITOR ONLY    Compiling : FORTH
OK
```

Durch **ALSO** wird **NEU** zum residenten Vokabular und damit permanent in die Suchordnung aufgenommen:

```
OK
ALSO ORDER
Searching : NEU  NEU FORTH EDITOR ONLY    Compiling : FORTH
OK
```

Von dieser Änderung bleibt das Current-Vokabular unberührt. Wie bisher wird jede neue Definition in das Vokabular **FORTH** eingetragen. Das Current-Vokabular ist nicht in die Suchordnung eingeschlossen. Es wird daher, anders als in Fig-FORTH, auch nicht durchsucht. Um in ein neues Vokabular auch Wortdefinitionen eintragen zu können, muß es als Current-Vokabular vereinbart werden:

```
OK
NEU DEFINITIONS OK
```

Mit **ONLY** werden alle anderen Vokabulare aus der Suchordnung entfernt (bis auf das Vokabular **ONLY**). Dieses besondere Vokabular enthält nur wenige Wörter (in der Regel **WORDS, ALSO, DEFINITIONS, FORTH** und **ONLY**), die aber für die Erweiterung des Systems notwendig sind. Ist das Vokabular **ONLY** nicht in der Suchordnung enthalten, kann der Benutzer weder die Suchordnung verändern noch neue Wortdefinitionen hinzufügen. Dieser drastische Schritt kann durch das Wort **SEAL** erreicht werden, das die augenblickliche Suchordnung "einfriert" und **ONLY** aus der Suchordnung entfernt. Durch **SEAL** lassen sich "geschlossene" Systeme erstellen, die der Benutzer zwar benutzen, aber nicht mehr verändern kann. Dieses Konzept steht in einem krassen Gegensatz zum klassischen Fig-FORTH Modell, dessen offene Architektur dem Benutzer in allen Situationen eine größtmögliche Freiheit läßt.

Die eben beschriebene Vokabularstruktur ist sicher erheblich leistungsfähiger als die alte Fig-FORTH bzw. FORTH-79 Struktur, die nur zwischen einem Context- und einem Current-Vokabular unterscheiden kann. Allerdings sind in der neuen Struktur - im Gegensatz zur theoretisch unendlichen Baumstruktur in Fig-FORTH - die Anzahl der Vokabulare in der Suchordnung begrenzt. Das ist nicht unbedingt als Nachteil zu sehen, da erfahrungsgemäß die Anzahl der in einem Programm benutzten Vokabulare selten die Zahl vier übersteigt.

*   *   *

Anmerkungen

[1] FORTH Assembler sind spezielle Anwenderprogramme. Das bedeutet, daß im Gegensatz zu üblichen Assemblern, auch die Assemblerroutinen die Umgekehrt Polnische Notation verwenden. Mittlererweile existiert für nahezu jeden Prozessor ein FORTH Assembler.

[2] Bei Fig-FORTH-Systemen legt die Benutzervariable **WIDTH** die maximale Anzahl von Zeichen, die in einem Namensfeld gespeichert werden können, fest; Dagegen gibt das Längenbyte die aktuelle Anzahl der Zeichen (bis zu max. 31) eines Namens an. FORTH-79 speichert einfach das Längenbyte und die einzelnen Zeichen. Es schneidet bei Wortnamen mit mehr als 31 Zeichen die restlichen Zeichen ab.

[3] In FORTH Programmen, die zur Prozeßsteuerung eingesetzt werden, können Wörterbuchdefinitionen auch ohne Namens- oder Verbindungsfeld existieren. Da diese Felder lediglich für Wörterbuchsuchen verwendet werden, sind sie nicht für Anwendungen erforderlich, bei denen keine weiteren Wörter eingegeben oder hinzugefügt werden. Manche FORTH-Versionen erlauben "Headerless Code" im ROM zu speichern. Fig-FORTH kann, da es während der Ausführung eine Reihe von Zeigern verändert, in der Regel nicht so ohne weiteres im ROM untergebracht werden.

[4] Bei 16-Bit- bzw. 32-Bit-FORTH-Systemen wird n nicht in Einheiten von Bytes, sondern in Worten (16 Bit) bzw. Langworten (32 Bit) interpretiert.

[5] Das FORTH-79 Dokument des FORTH-Standard Teams legt weder Details für die interne Struktur eines Wörterbucheintrages noch für die Struktur von Vokabular-Definitionsworten fest. Diese Systemfunktionen können beliebig implementiert werden, wenn sie sich so verhalten, wie es der FORTH-79 Standard fordert.

6 Das "intelligente" **FORGET** kann durch folgende Wortsequenz einem
Fig-FORTH System hinzugefügt werden:

```
OK
: FORGET
  [COMPILE] ' NFA DUP FENCE a U< 15 ?ERROR
  >R VOC-LINK a
  BEGIN DUP 4 -
    BEGIN PFA LFA a DUP R U< UNTIL
    OVER 2- ! a -DUP 0= UNTIL
  >R DP ! ; <CR>
        OK
```

7 Wenn ein Fig-FORTH Vokabular sowohl als Context-, als auch als
Current-Vokabular vereinbart ist, wird es (und alle damit verknüpften
Vokabulare) zweimal durchsucht. Fig-FORTH überprüft nicht, ob ein Vokabular bereits durchsucht wurde. Der Suchvorgang ist allerdings im allgemeinen so schnell, daß während der Textinterpretation keine Ver-
zögerung auftritt.

KAPITEL 9
ERWEITERN DES WÖRTERBUCHES

9.1 Überblick

Neue Wortdefinitionen werden in FORTH durch Definitionsworte in das Wörterbuch kompiliert. Jede neue Wortdefinition wird in das Current-Vokabular eingetragen. Die Definitionsworte des **FORTH** Systems bedienen sich einer gemeinsamen Prozedur, um für jedes zu definierende Wort den Wortnamen, das Vebindungs- und das Codefeld sowie das entsprechende Parameterfeld in das Wörterbuch zu kompilieren.

Das Parameterfeld eines Definitionswortes enthält eine Routine, die nicht vom Definitionswort selber, sondern von jedem durch das Definitionswort kompilierte Wort ausgeführt wird. Im Codefeld des definierten Wortes ist ein Zeiger auf diese Maschinencoderoutine enthalten. Bestimmte Wortdefinitionen benötigen keinen Zeiger auf eine allgemeine Prozedur, die ihr Ausführungsverhalten festlegt. Diese *Primitive* Definitionen enthalten stattdessen im Parameterfeld eine Maschinencoderoutine, die bei ihrer Ausführung aufgerufen wird. Damit dies geschehen kann, enthält das Codefeld von Primitiven einen Zeiger auf ihr eigenes Parameterfeld.

Definitionsworte können auch vom Benutzer definiert werden. Das Ausführungsverhalten der Worte dieser neuen Klasse wird entweder durch ausführbaren Maschinencode oder durch andere FORTH Worte festgelegt. Solche vom Benutzer definierten Definitionsworte können z.B. zur Definition neuer Datentypen wie Felder oder Stringvariablen eingesetzt werden.

9.2 Erzeugen des Wortkopfes

Für jedes neu definierte Wort wird ein Wortkopf, bestehend aus Namens-, Verbindungs- und Codefeld angelegt. FORTH verwendet dazu eine allgemeine Routine, die durch das Wort CREATE <f,s,83> zur Ausführung gebracht wird. Die Wortsequenz:

> CREATE   <Name>

kompiliert einen Wortkopf für das neue Wort <Name> an die Spitze des Wörterbuches. **CREATE** reserviert allerdings keinen Speicherplatz für das Parameterfeld von <Name>. Der Name <Name> wird durch das nächste Wort im Eingabestrom festgelegt, das vom Textinterpreter an die Spitze des Wörterbuches geschoben wird. Falls ein solches Wort bereits im aktuellen Current- oder Context- (oder in einem, der damit verknüpften) Vokabulare existiert, gibt FORTH eine Meldung aus, führt aber dennoch die Definition des Wortes durch.

Das erste Byte, das sog. Längenbyte, des durch **CREATE** kompilierten Fig-FORTH Namensfeldes enthält neben der Länge des Namens noch weitere Informationen. Die niederwertigen fünf Bits (Bit 0-4) des Längenbytes geben die Länge des Wortnamens an (bis zu max. 31 oder 11111 binär). Bit 7 des Längenbytes ist stets auf '1' gesetzt, um den Beginn des Wortnamens zu markieren. Das sog. *Precedence-bit* (Bit 6) legt fest, ob es sich bei dem Wort um ein Immediate-Wort handelt. Normalerweise wird es auf '0' gesetzt. Es kann jedoch durch das Wort **IMMEDIATE** auf '1' gesetzt werden, um ein Immediate-Wort zu kennzeichnen. Das sog. *smudge-bit* (Bit 5) zeigt an, ob eine Wortdefinition ordnungsgemäß beendet wurde. Durch **CREATE** wird es zunächst auf '1' gesetzt. Nach Beendigung einer Definition wird das Smudge-Bit durch Ausführung von **SMUDGE** <f> auf '0', d.h. auf seinen normalen Zustand zurückgesetzt. Ein gesetztes Smudge-Bit verhindert, daß bei einer Suche nach <Name> die noch unvollständige Wortdefinition <Name> berücksichtigt wird. Dadurch ist es z.B. möglich, daß eine neue Version von <Name> die alte Version von <Name> als Komponentenwort verwenden kann.

Auf das Längenbyte folgen die Zeichen des Wortnamens. In Fig-FORTH wird die maximale Zeichenanzahl in einem Wortnamen durch den Inhalt der Benutzervariablen **WIDTH** festgelegt. Falls der eingegebene Wortname diese Länge überschreitet, wird der Rest abgeschnitten. FORTH-79 bzw. FORTH-83 speichern dagegen bis zu max. 31 Zeichen. Bei einer Wörterbuchsuche werden sowohl das Längenbyte, als auch die gespeicherten Zeichen überprüft.

Das höherwertige Bit des letzten Bytes des Namensfeldes wird auf '1' gesetzt. Dieses Bit und das höherwertige Bit des Längenbytes markieren das Ende und den Beginn des Namensfeldes. Bei allen übrigen Bytes des Namensfeldes ist Bit 7 auf '0' gesetzt. Der Fig-FORTH Textinterpreter benutzt diese beiden gesetzten Bits für **TRAVERSE** { adr1 n >>> adr2 } <f>, das bei gegebener Adresse adr1 des einen Endes eines Wortnamens die Adresse adr2 des entgegengesetzten Endes ermittelt. Die Zahl n auf dem Stack entscheidet, ob die Suche beim Längenbyte (n=1) oder beim letzten Zeichen des Wortnamens (n=-1) beginnt.

Das durch **CREATE** kompilierte Verbindungsfeld folgt unmittelbar auf das letzte Zeichen des Wortnamens. Das Verbindungsfeld enthält einen Zeiger auf das Namensfeld der zuletzt durchgeführten Ergänzung zum Current-Vokabular. **CREATE** aktualisiert den Zeiger auf das oberste Wort im Para-

meterfeld des Vokabular-Definitionswortes <Vname>, um das Namensfeld
von <Name> zu kennzeichnen. Dieser Zeiger kann von **LATEST** dazu
verwendet werden, das Namensfeld eines Wortes zu lokalisieren, auch
wenn das Smudge-Bit im Wortnamen noch nicht zurückgesetzt wurde.

Das durch **CREATE** kompilierte Codefeld unterscheidet sich in den beiden
Sprachversionen Fig-FORTH bzw. FORTH-83. In einem Fig-FORTH
System zeigt das Codefeld auf das nächste verfügbare Speicherfeld im
Wörterbuch, das später den Beginn des Parameterfeldes der Wortdefinition
darstellt. Der Zeiger im Codefeld kann entweder ohne eine Änderung für
eine Primitive Definition verwendet werden oder er kann durch das Definitionswort modifiziert werden, um auf eine geeignete allgemeine Ausführungsprozedur zu zeigen. Die FORTH-83 Version von **CREATE** kompiliert einen Codefeldzeiger, der mit dem Codefeldzeiger einer Variablen
(d.h. mit einem Wort, das durch das Definitionswort **VARIABLE** definiert
wurde) identisch ist. Wird dieser Zeiger nicht mehr verändert, bewirkt
eine spätere Ausführung von <Name>, daß die Parameterfeldadresse des
Wortes auf dem Stack abgelegt wird.

* * *

Beispiel 9.2.1 - Kompilieren Sie einen Wortkopf für ein neues Fig-
FORTH Wort mit dem Namen **KOPF** und geben Sie den Wert des Längenbytes im Namensfeld aus:

OK
CREATE KOPF <CR> **OK**
2 BASE ! LATEST C@ U. DECIMAL <CR> 10100100 **OK**

Die ersten Zeilen erzeugen einen Wortkopf für **KOPF**, bei dem das
Smudge-Bit gesetzt ist. Innerhalb des Längenbytes markiert ein gesetztes
Bit 7 den Beginn des Wortnamens. Darauf folgen ein nicht gesetztes Precedence-Bit und ein gesetztes Smudge-Bit. Die letzten fünf Bits zeigen an,
das der Wortname bei seiner Eingabe aus vier (0100) Zeichen bestand.
KOPF kann zur Zeit noch nicht bei einer Suche im Wörterbuch gefunden
werden, da das Smudge-Bit noch auf '1' gesetzt ist.

* * *

Beispiel 9.2.2 - Setzen Sie das Smudge-Bit des zuletzt definierten Wortes (es handelt sich um **KOPF**) zurück, und markieren Sie es als ein Immediate-Wort:

```
OK
SMUDGDE IMMEDIATE <CR> OK
2 BASE ! LATEST C@ U. DECIMAL <CR>  11000100 OK
```

Die erste Zeile invertiert das Smudge-Bit und das Precedence-Bit. Die übrigen Bits bleiben in dem Zustand, wie er durch die Ausgabe in der letzten Zeile angezeigt wird.

* * *

Beispiel 9.2.3 - Setzen Sie die maximale Anzahl an Zeichen im Wortnamen auf drei und erzeugen Sie einen Wortkopf für das Wort.**LAENGER**. Geben Sie die Länge und die gespeicherten Zeichen des Namensfeldes aus:

```
OK
3 WIDTH ! CREATE LAENGER <CR> OK
LATEST C@ <CR>  OK
2 BASE ! 00011111 AND DECIMAL . <CR> 7 OK
LATEST ID. <CR> LAE_____  OK
```

Die erste Zeile setzt die maximale Zeichenanzahl für den Wortnamen auf 3 und erzeugt dann einen neuen Wortkopf. Das Längenbyte des Wortnamens wird durch die Wort Sequenz **LATEST C@** auf dem Stack abgelegt. In der dritten Zeile werden die drei höherwertigen Bits des Längenbytes maskiert und die Länge des Namens bei seiner Eingabe wird ausgegeben. Wie in der letzten Zeile gezeigt wird, wurden nur die ersten drei Zeichen des Wortnamens gespeichert. Die weggelassenen Zeichen des Wortnamens werden von Fig-FORTH bei der Ausgabe durch **ID.** durch Unterstreichungssymbole angezeigt.

* * *

9.3 Primitive

Die Ausführungsprozedur eines Primitive Wortes (die Bezeichnung *primitive* stellt keine Wertung dar, sondern beschreibt den Umstand, daß dieses Wort aus Maschinenbefehlen aufgebaut ist) wird durch den Maschinencode im Parameterfeld festgelegt. Primitive werden im Fig-FORTH-Kern für elementare Stack- und Speicheroperationen eingesetzt, bei denen es auf eine hohe Ausführungsgeschwindigkeit ankommt. Die Worte, die als Primitive definiert sind, können von System zu System variieren, um die spezifischen Stärken eines Prozessors zu nutzen. FORTH-79 und FORTH-83 legen den Aufbau ihrer Kern-Worte nicht fest. In den meisten FORTH-83 Systemen ist der größte Teil des Sprachkerns in Form von Primitiven definiert, um eine hohe Ausführungsgeschwindigkeit zu erzielen.

Primitive können grundsätzlich auf zwei verschiedene Art und Weisen erstellt werden. Zum einen können die Opcodes der einzelnen Maschinenbefehle mit Hilfe des Befehls C! in das Parameterfeld des Primitiven eingetragen werden, zum anderen kann auf den FORTH-Assembler zurückgegriffen werden. Die Arbeitsweise des FORTH-Assemblers unterscheidet sich erheblich von der Arbeitsweise anderer Assembler. So werden alle Operationen in der Postfix Notation (UPN) angegeben. Bei dem FORTH-Assembler handelt es sich nicht um ein Programm, sondern um eine bestimmte Anzahl von Worten, die den Befehlsmnemonics des Prozessors entsprechen. Zusätzlich existieren Worte, die die einzelnen Adressierungsarten unterstützen bzw. mit denen sich auch in Maschinensprache Programmstrukturen wie IF..THEN oder BEGIN..UNTIL aufbauen lassen. Der vom FORTH-Assembler erzeugte Maschinencode kann in der Regel nur innerhalb des FORTH-Systems zur Ausführung gebracht werden und kann z.B. nicht mit anderen Maschinencodemodulen gelinkt werden.

Es gibt keinen Standard FORTH-Assembler, da der Befehlssatz auf den Prozessor zugeschnitten sein muß. Die Ausführung des Immediate-Wortes **ASSEMBLER** vereinbart das Assembler-Vokabular (sofern verfügbar) als Context-Vokabular. Während der Assemblierung können auch Worte aus anderen Vokabularen verwendet werden. Ein Fig-FORTH Primitive <Name> kann mit dem Assembler wie folgt kompiliert werden:

> **CREATE** <Name>   **ASSEMBLER**   Mn   SMUDGE

Der Zeiger im Codefeld von <Name> zeigt auf das Parameterfeld, das die durch die Mnemonics Mn spezifizierten Opcodes enthält. Nachdem die Definition beendet wurde, wird das Smudge-Bit durch Ausführung von **SMUDGE** auf '0' gesetzt. Nach der Definition des Primitiven ist **ASSEMBLER** immer noch als Context-Vokabular vereinbart. Bei der

Ausführung von <Name> werden die Opcodes der Reihe nach zur Ausführung gebracht. Die Maschinencoderoutine im Parameterfeld von <Name> muß mit einem Sprungbefehl zur Fig-FORTH Routine NEXT enden. NEXT ist keine Wortdefinition, sondern Teil des Fig-FORTH Adreßinterpreters, der die Ausführung eines Wortes übernimmt. Diese prozessorabhängige Routine verwendet normalerweise ein internes Prozessorregister, um einen Zeiger auf das nächste Wort zu speichern. Die Adresse von NEXT ist ebenfalls installationsabhängig[1]. Der Sprungbefehl muß explizit unter Verwendung der im Handbuch angegebenen Adresse kompiliert werden. Anstelle eines Sprungbefehls kann auch die gesamte NEXT Routine an das Ende einer Primitive-Definition kompiliert werden (dies wird z.B. in 68000er-Systemen, bei denen die NEXT Routine nur wenige Bytes umfaßt, praktiziert).

FORTH-83 Primitive werden durch folgende Wortsequenz erstellt:

CODE <Name> Mn **END-CODE**

Das FORTH-83 Assemblerwort **CODE** <83> kompiliert einen Wortkopf für <Name> und macht **ASSEMBLER** zum Context- (bzw. Transient-) Vokabular. Das Codefeld von <Name> zeigt auf das eigene Parameterfeld, welches die Opcodes der Maschinenbefehle enthält. Die Ausführung von **END-CODE** <83> kompiliert den erforderlichen Code zur Beendigung der Definition und schaltet das Context-Vokabular vom Assembler-Vokabular auf das Current-Vokabular um.

Über Primitive können auch Betriebssystemroutinen aufgerufen werden. Dies kann entweder durch einen Unterprogrammaufruf oder, wie z.B. unter MS-DOS üblich, über einen Interruptbefehl geschehen[2].

* * *

Beispiel 9.3.1. - Die Programmierung von Primitive Definitionen mit Hilfe des FORTH Assemblers soll an zwei Beispielen veranschaulicht werden. Im ersten Beispiel wird ein System mit einem 68000er Prozessor und im zweiten Beispiel ein System mit einem 8086/88er Mikroprozessor verwendet:

```
CODE 1+              ( Stack: n >>> n1 )
  SP  )+ D0 MOVE .L  ( Lade Register 0 mit
                       Stackinhalt )
  1  # D0 ADDQ .L    ( Erhöhe Register D0 )
  D0 SP ·) MOVE .L   ( Lade Stack mit Reg. D0)
```

```
   NEXT              ( Kompiliere einen Sprung
                       nach NEXT )
END-CODE             ( Beende die Definition )


CODE (>HI)           ( Stack:  >>> )
   BP  DEC           ( Erhöhe BP um zwei )
   BP  DEC
   0 [BP], SI MOV    ( Inhalt d. durch BP+0 )
                     ( addr. Speicherstelle )
                     ( nach SI )
   SI POP            ( SI auf den Stack )
   NEXT,             ( Sprung zu NEXT )
END-CODE             ( Beende die Definition )
```

9.4 Definitionsworte des Kerns

Der Anteil der Primitive Definitionen am Gesamtumfang des Sprachkerns ist unterschiedlich und kann in manchen Systemen bis zu 70% und mehr betragen. In den meisten Fig-FORTH Systemen machen Primitive Definitionen nur einen kleinen Teil - den *Nucleus* - des Wörterbuches aus. Der Rest des Kernwörterbuches ist mit den gleichen Definitionsworten kompiliert worden, die auch dem Benutzer zur Verfügung stehen. Auch ein Definitionswort ist eine Doppelpunktdefinition, allerdings mit einem geringfügig modifizierten Parameterfeld. Jedes Definitionswort hat zwei verschiedene Funktionen: Es kompiliert einen Wörterbucheintrag für ein neues Wort und es enthält die allgemeine Ausführungsprozedur, die von diesen neuen Worten benutzt wird. Das Parameterfeld legt damit sowohl die Art und Weise wie eine neue Wortdefinition kompiliert wird, als auch das Ausführungsverhalten dieser Wortdefinition fest. Ein Definitionswort <Dname> wird wie folgt kompiliert:

: <Dname> ... ;CODE   <Mnemonics>

Die Zeiger auf die Worte zwischen <Dname> und ;CODE werden wie üblich kompiliert. Diese Worte legen dazu die erforderlichen Schritte fest. Das Wort ;CODE ist ein Immediate-Wort und wird bereits während der Kompilation des neuen Definitionswortes <Dname> ausgeführt. Es kompiliert einen Zeiger auf eine Laufzeitprozedur (in Fig-FORTH mit dem Namen (;CODE)). Zusätzlich wird ASSEMBLER zum Context-Vokabular gemacht und FORTH kehrt in den Ausführungsmodus zurück. Die Mnemonics, bei denen es sich um Worte aus dem ASSEMBLER Vokabular handelt, kompilieren bei der Ausführung den korrespondierenden Opcode in die nächsten freien Stellen des Wörterbuches. Diese Opcodes bilden die allgemeine Ausführungsprozedur für alle Worte, die mit <Dname> definiert wurden.

Das neue Definitionswort <Dname> wird später zur Definition eines neuen Wortes <Name> in der folgenden Form ausgeführt:

   <Dname> <Name>

Die Komponentenworte von <Dname>, die sich vor ;CODE befinden, kompilieren bei ihrer Ausführung die vier Wortfelder von <Name> in das Wörterbuch. Bei der Ausführung der mit ;CODE assoziierten Laufzeitroutine wird der Inhalt des Codefeldes von <Name> geändert. Der neue Codefeldzeiger stellt die Adresse der mit <Dname> assoziierten allgemeinen Ausführungsprozedur dar. Beachten Sie, daß diese Routine, obwohl sie im Parameterfeld <Dname> gespeichert ist, nicht direkt von <Dname> zur Ausführung gebracht wird.

Letzlich kann das durch <Dname> definierte Wort, definiert als ein Mitglied der Wortklasse <Dname>, ausgeführt werden. Der Textinterpreter lokalisiert die Definition von <Name> durch eine Suche im Wörterbuch und führt dann <Name> unter Verwendung der allgemeinen Ausführungsprozedur, die durch den Inhalt des Codefeldes von <Name> adressiert wird, aus. Diese gemeinsame Routine benutzt die Daten, die in das Parameterfeld von <Name> während seiner Kompilation untergebracht wurden. Da es so wichtig ist, zwischen diesen drei Phasen zu unterscheiden, soll jede dieser Phasen extra gekennzeichnet werden: Phase 1 - kompiliert ein Definitionswort <Dname>; Phase 2: bringt <Dname> zur Ausführung um <Name> zu kompilieren; Phase 3: Ausführung von <Name>.

Jede dieser Phasen dient einem separaten Zweck. Die drei Phasen lassen sich gut am Beispiel des Definitionswortes CONSTANT illustrieren, dessen Fig-FORTH Definition wie folgt aussieht:

   : CONSTANT CREATE SMUDGE , ;CODE <Mnemonics>

Während der ersten Phase - als das Kernwörterbuch kompiliert wurde - wurde die Definition von CONSTANT durchgeführt. Die ersten drei Felder des entstandenen Parameterfeldes von CONSTANT enthalten Zeiger auf die Komponentenworte (CREATE, SMUDGE und Komma), die vor ;CODE erscheinen. Das Immediate Wort ;CODE kompiliert einen Zeiger auf seine Laufzeitprozedur, der von den Opcodes der allgemeinen Ausführungsprozedur gefolgt wird[3].

Während Phase 2 wird **CONSTANT** ausgeführt, um durch die folgende Wortsequenz eine neue Wortdefinition zu kompilieren:

n **CONSTANT** <Name>

Die Komponentenworte **CREATE** und **SMUDGE** in der Definition von **CONSTANT** kompilieren einen Wortkopf für das folgende Wort <Name>, mit einem Codefeld, dessen Inhalt zunächst auf den nächsten freien Speicherplatz im Wörterbuch zeigt. Das Komma bewirkt, daß der Wert n an oberster Stelle auf dem Stack in das nächste Wörterbuchfeld kompiliert wird. Diese Bytes werden zum Parameterfeld von <Name>. Zu diesem Zeitpunkt zeigt der Zeiger im Codefeld von <Name> immer noch auf sein eigenes Parameterfeld. Die mit **;CODE** assoziierte Laufzeitroutine wird als letzte Komponente von **CONSTANT** ausgeführt. Sie ändert den Zeiger im Codefeld von <Name> zu einem Zeiger auf die allgemeine Ausführungsprozedur, die am Ende des Parameterfeldes von **CONSTANT** untergebracht ist.

Letztlich wird die neue Definition <Name> während Phase 3 zur Ausführung gebracht. Der Inhalt des Codefelds veranlaßt, daß der im Parameterfeld gespeicherte Wert an die Spitze des Stacks kopiert wird. Alle durch **CONSTANT** definierten Worte enthalten identische Zeiger in ihrem Codefeld und bringen dieselbe Prozedur zur Ausführung.

Das Definitionswort **VARIABLE** wird während Phase 1 durch folgende Wortsequenz definiert:

: **VARIABLE CONSTANT ;CODE** <Mnemonics>

In diesem Fall legen die Mnemonics das allgemeine Ausführungsverhalten der Worte fest, die unter Verwendung von **VARIABLE** definiert wurden. Während der Ausführung von **VARIABLE** (Phase 2) werden die vier Wortfelder zunächst als eine Konstante kompiliert. Die mit **;CODE** assoziierte Laufzeitroutine ändert das Codefeld von <Name> ein weiteres Mal, so daß dieses nun auf die Opcodes zeigt, die die allgemeine Ausführungsprozedur in der Definition von **VARIABLE** bilden. Dieser Code bewirkt, daß die Parameterfeldadresse von <Name> während Phase 3 auf den Stack gebracht wird.

Das Definitionswort **USER** besitzt einen ähnlichen Aufbau:

: **USER CONSTANT ;CODE** <Mnemonics>

In diesem Fall werden die Opcodes der allgemeinen Ausführungsprozedur, die in das Parameterfeld von **USER** kompiliert wurden, dazu verwendet, die Adresse von <Name> innerhalb des Benutzerbereichs auf den Stack zu legen.

Auch das Definitionswort : benutzt **CREATE**, um während Phase 2 einen Wortkopf für das als nächstes eingegebene Wort <Name> zu kompilieren. Es bringt ebenfalls die mit ;CODE assozierte Laufzeitroutine zur Ausführung, um den Inhalt des Codefeldes von <Name> zu ändern. Der Codezeiger addressiert nun die allgemeine Ausführungsprozedur, die in dem Parameterfeld des Definitionswortes : gespeichert ist. Die spätere Ausführung von <Name> während Phase 3 verwendet diese Routine, um die Komponentenworte, die durch die Zeiger im Parameterfeld von <Name> festgelegt werden, der Reihe nach zu lokalisieren und auszuführen.

9.5 Benutzerdefinierte Definitionsworte

Für den Fall, daß das Ausführungsverhalten einer neuen Wortklasse durch den Maschinencode des Prozessors festgelegt werden soll, kann das Definitionswort <Dname> auf die gleiche Art und Weise wie das Definitionswort **CONSTANT** oder andere Definitionsworte des Sprachkerns erstellt werden. Obwohl eine Definition in Maschinensprache sehr effizient sein kann, sind solche Definitionen nicht auf Systeme mit anderen Prozessoren übertragbar. Außerdem ist eine Kenntnis der Maschinensprache des jeweiligen Prozessors notwendig. Es ist häufig sinnvoller, Definitionsworte ausschließlich aus FORTH Worten zusammenzusetzen.

In diesem Fall wird das Ausführungsverhalten der zu definierenden Worte durch andere FORTH Worte festgelegt. Die so definierten Definitionsworte können zur Definition neuer Wortklassen, wie z.B. doppelt genaue Variablen oder Konstanten verwendet werden. Wie bei den Definitionsworten des Sprachkerns, muß auch hier zwischen drei Phasen, die bei der Verwendung eines Definitionswortes auftreten, unterschieden werden: der Kompilation des Wörterbucheintrages des Definitionswortes <Dname>; der Ausführung von <Dname> um die Definition eines neuen Wortes <Name> zu kompilieren und der Ausführung von <Name>. Ein neues Fig-FORTH Definitionswort <Dname> kann durch eine der beiden folgenden Wortsequenzen kompiliert werden (Phase 1):

: <Dname> 0 **CONSTANT** ... **DOES>** ... ;

: <Dname> <**BUILDS** ... **DOES>** ... ;

Während Phase 2 werden die Komponentenworte bis **DOES>** <f,s,83> ausgeführt, um ein neues Wort <Name> innerhalb der Wortklasse <Dname> zu
kompilieren. Während Phase 3 werden die Worte nach **DOES>** als die allgemeine Ausführungsprozedur der Worte innerhalb der Wortklasse
<Dname> zur Ausführung gebracht.

Die Ausführung eines neuen Fig-FORTH Definitionswortes <Dname>
während Phase 2 wird in der folgenden Form durchgeführt:

    <Dname>   <Name>

Die Wortsequenz 0 **CONSTANT** bzw. das Wort **BUILDS>** kompilieren eine
neue Definition und setzen den nächsten Namen <Name> im Eingabestrom
als ihren Namen ein. In beiden Fällen wird das Wort <Name> zunächst als
eine Konstante definiert. In dem Feld, das unmittelbar seinem Codefeld
folgt und das normalerweise den ersten Parameter von <Name> enthalten
wird, ist zunächst noch eine Null gespeichert. Alle verbleibenden Worte
bis **DOES>** können bei ihrer Ausführung die Definition von <Name>
modifizieren (z.B. indem sie zusätzlichen Speicherplatz für das Parameterfeld reservieren). Die Ausführung der Fig-FORTH Version von **DOES>**
führt zu zwei verschiedenen Effekten in Phase 2. Zuerst ändert **DOES>**
das Codefeld von <Name>, indem es dort einen Zeiger auf eine Routine in
der Definition von **DOES>** einträgt. Anschließend wird die Null im Parameterfeld von <Name> durch einen Zeiger auf das erste Wort hinter
DOES> in der Definition von <Dname> ersetzt. Dieser Vorgang beendet
Phase 2.

Das Ausführungsverhalten von <Name> in Phase 3 wird durch die allgemeine Ausführungprozedur festgelegt, die mit <Dname> assoziiert ist. Der
Zeiger im Codefeld von <Name> bewirkt zunächst, daß der Code innerhalb von **DOES>** zur Ausführung gebracht wird. Dieser Code legt die
Adresse des zweiten Feldes, dem ersten frei verwendbaren Feld, im Parameterfeld von <Name> auf den Stack. Die Worte der allgemeinen Ausführungsprozedur können diesen Zeiger verwenden, zusätzliche Werte auf
den Stack bringen oder eine andere Operation durchführen.

FORTH-79 kompiliert Definitionsworte auf etwas unterschiedliche Weise.
Dabei wird folgende Wortsequenz verwendet (Phase 1):

    : <Dname> **CREATE** ... **DOES>** ... ;

Erneut werden alle Worte bis **DOES>** während Phase 2 zur Ausführung gebracht, um ein neues Wort <Name> in der Wortklasse <Dname> zu kompilieren. Die Worte nach **DOES>** legen das Ausführungsverhalten von <Name> fest, das in Phase 3 zur Ausführung gebracht wird.

Die Worte **CREATE** und **DOES>** unterscheiden sich in den Sprachversionen Fig-FORTH und FORTH-79 in ihrem Ausführungsverhalten. Während Phase 1, der Kompilation des Definitionswortes <Dname>, werden **CREATE** und die Worte bis **DOES>** lediglich als Komponentenworte kompiliert. **DOES>** ist jedoch in FORTH-79 ein Immediate-Wort, das auch während Phase 1 ausgeführt wird. Es kompiliert bei seiner Ausführung einen zusätzlichen Zeiger zusammen mit einer kurzen Maschinencoderoutine in das Parameterfeld von <Dname> und kehrt anschließend in den Textinterpreter zurück. Die auf **DOES>** folgenden Worte werden wie üblich in den Wörterbucheintrag von <Dname> kompiliert.

Während Phase 2 wird das neue FORTH-79 Definitionswort in der folgenden Form ausgeführt:

    <Dname>   <Name>

Die Ausführung von **CREATE** kompiliert eine neue Wortdefinition für <Name>, dessen Codefeld mit dem Codefeld einer Variablen (d.h. einem durch **VARIABLE** definierten Wort) identisch ist. Jedes der Worte zwischen **CREATE** und **DOES>** kann auf die Wortdefinition von <Name> Einfluß nehmen. Zuletzt wird in das Codefeld von <Name> ein Zeiger auf eine kurze Maschinencoderoutine innerhalb der Wortdefinition von <Dname> eingetragen. Anders als bei der Fig-FORTH Version enthält das erste Feld im Parameterfeld von <Name> keinen Zeiger. Bei der späteren Ausführung von <Name> in Phase 3 wird über den Zeiger in seinem Codefeld die Maschinenroutine in der Wortdefinition von <Dname> zur Ausführung gebracht. Diese Maschinencoderoutine bringt die Parameterfeldadresse von <Name> auf den Stack. Das weitere Ausführungsverhalten von <Name> wird durch die allgemeine Ausführungsprozedur in der Definition von <Dname> festgelegt, die durch die auf **DOES>** folgenden Worte kompiliert wurde. Zwar ist das Verhalten von **DOES>** in einem FORTH-83-System durch den Standard nicht näher festgelegt, es entspricht aber in den meisten Fällen dem Verhalten, wie es für ein FORTH-79 System beschrieben wurde. In FORTH-83 wird anstelle von <BUILDS generell das Definitionswort **CREATE** verwendet.

* * *

Beispiel 9.5.1 - Kompilieren und testen Sie ein Definitionswort für eine Variablenklasse, die mit Byte-Operanden arbeitet. Bei der Ausführung soll jedes Wort innerhalb der neuen Klasse die Adresse seines Byte-Wertes auf dem Stack ablegen:

a) Fig-FORTH

```
OK
: CVARIABLE        ( Stack: b >>> )
   <BUILDS         ( Kompiliere Wortkopf mit Dummy )
                   ( Parametern )
   C,              ( Kompiliere Initialierungs Byte)
   DOES>           ( Beende die allgemeine Prozedur)
;                  ( Beende die Definition )   <CR>
OK


255  CVARIABLE BTEST <CR> OK
BTEST C@ . <CR> 255 OK
27 BTEST C! BTEST C@ . <CR> 127 OK
```

b) FORTH-83

```
OK
: CVARIABLE        ( Stack:  >>> )
   CREATE          ( Kompiliere Wortkopf )
   0  ,            ( Reserviere ein Parameterfeld )
   DOES>           ( Lege Laufzeitverhalten fest )
;                  ( Beende die Definition )  <CR>
OK


VARIABLE CTEST  <CR>  OK
44 CTEST C!  <CR>  OK
CTEST C@ .  <CR>  44 OK
```

Die Ausführung des Definitionswortes **CVARIABLE** (Phase 2) kompiliert einen Wörterbucheintrag für ein neues Wort <Name>, dessen Parameterfeld aus drei Bytes besteht. In die ersten beiden Bytes wird durch >BUILDS eine Null eingetragen. In das dritte Byte wird durch C, der Initialisierungswert eingetragen. In das Codefeld von <Name> wird ein neuer Wert eingetragen, und in das erste ·Feld des Parameterfeldes von <Name> wird ein Zeiger auf das erste Wort nach **DOES>** in der Definition des Definitionswortes (in diesem Fall die Laufzeitroutine ;S) eingetragen.

In FORTH-83 wird durch **CREATE** ein Wortkopf erzeugt, der allerdings noch kein Parameterfeld enthält. Dieses kann z.B. durch die Wortfolge 0 , erzeugt werden. Die Übergabe eines Initialisierungswertes ist nicht erforderlich, da Variablen in FORTH-83 keinen Initialisierungswert benötigen.

Das Ausführungsverhalten (Phase 3) aller Worte innerhalb der Wortklasse **CVARIABLE** ist es, die Adresse des Byte-Wertes auf dem Stack abzulegen { >>> adr }. Das durch **DOES>** kompilierte Codefeld sorgt dafür, daß diese Adresse - die Adresse des Feldes, das unmittelbar auf das rekompilierte erste Feld im Parameterfeld folgt - auf dem Stack abgelegt wird. Es ist keine zusätzliche allgemeine Ausführungsprozedur notwendig.

Die letzten drei Zeilen illustrieren das Verhalten von **CVARIABLE** während Phase 2 und die Ausführung eines der Worte innerhalb der neuen Wortklasse während Phase 3.

* * *

Beispiel 9.5.2 - Kompilieren und testen Sie ein Definitionswort für doppelt genaue Konstanten, das sich bei der Ausführung genauso verhält wie das Definitionswort **CONSTANT**:

```
OK
: 2CONSTANT        ( Stack: d >>> )
  CREATE           ( Kompiliere einen Wortkopf mit)
                   ( Dummy Parametern )
    , ,            ( Kompiliere d in Parameterfeld)
  DOES>            ( Definiere allgemeine Prozedur)
    DUP 2+         ( Kopiere Adresse und erhöhe um
                     zwei )
    a              ( Hole die untere Hälfte von d )
    SWAP           ( Lege Adresse an der Spitze ab)
    a              ( Hole die obere Hälfte von d )
;                  ( Beende die Definition )  <CR>
OK

123.45 2CONSTANT TEST1  <CR>  OK
TEST1 D. <CR>  12345 OK
67.890 2CONSTANT TEST2  <CR>  OK
TEST2 D. <CR>  67890 OK
```

Jedes Wort innerhalb der Wortklasse **2CONSTANT** wird mit einem doppelt genauen Wert kompiliert, der dem ursprünglichen Dummy-Parameter folgt. Die obere Hälfte von d wird in der Speicherzelle mit der niedrigeren Adresse gespeichert.

Während Phase 3 holen die durch **2CONSTANT** definierten Worte den doppelt genauen Wert und legen ihn auf dem Stack ab { >>> d }. Die beiden Beispielworte **TEST1** und **TEST2** illustrieren den Gebrauch des neuen Definitionswortes und den Mitgliedern der neuen Wortklasse.

* * *

Beispiel 9.5.3 - Definieren Sie eine Wortklasse für einfach genaue Feldvariablen. Der maximale Index für das Feld (ausgehend von dem Basisindex 1) wird durch den Inhalt des obersten Stackelements während Phase 2 festgelegt:

```
OK
: SFELD          ( Stack: n >>> )
  CREATE         ( Kompiliere Wortkopf )
  2* ALLOT       ( Reserviere Platz für n
                   Elemente)
  DOES>          ( Definiere allgemeine Prozedur )
   SWAP          ( Vertausche Index mit Adresse )
   1- 2 *        ( Berechne Offset zum 1. Element)
   +             ( Addiere Parameterfeldadresse )
;                ( Beende die Definition )  <CR>
OK


3 SFELD LISTE  <CR>  OK
100 1 LISTE !  200 2 LISTE  ! 300 3 LISTE ! <CR> OK
2 LISTE @  . <CR>  200 OK
3 LISTE @  . <CR>  300 OK
```

Durch das Definitionswort **SFELD** wird ein neues Wort **LISTE** definiert. Sein Parameterfeld wird durch **SFELD** so dimensioniert, daß es in der Lage ist, die Anzahl an Elementen aufnehmen zu können, die während Phase 2 festgelegt wurde. Jedes Wort, das durch **SFELD** definiert wird, weist während Phase 3 folgendes Verhalten auf: { n >>> adr }. Die allgemeine Ausführungsprozedur bewirkt, daß die Adresse von Element n auf dem Stack abgelegt wird. Sie kann nun genau wie die Adresse einer normalen Variable verwendet werden.

* * *

Beispiel 9.5.4 - Definieren Sie ein Definitionswort für Feldvariablen, dessen Ausführungsverhalten dem von **SFELD** entspricht. Jedoch soll während Phase 2 jedes der neu definierten Worte seine Feldelemente mit einem Initialisierungswert belegen. Dieser Wert n1 und die Anzahl an Elementen n2 werden als Operanden auf dem Stack übergeben:

```
OK
: NFELD          ( Stack: n1 n2 >>> )
   CREATE         ( Kompiliere Wortkopf )
   HERE           ( Hole Wörterbuchzeiger )
   +              ( Addiere Anzahl der Elemente n2)
   HERE           ( Hole erneut die Startadresse )
   DO             ( Beginn einer Schleife )
      DUP ,       ( Kompiliere Initialisierungs-)
                  wert n1 )
   LOOP           ( Beende die Schleife )
   DROP           ( Lösche letzte Kopie von n1 )
  DOES>           ( Definiere allgemeine Prozedur )
   SWAP           ( Vertausche Index und Adresse )
   1- 2 *         ( Berechne Offset Feldelement)
   +              ( Berechne Elementadresse )
 ;                ( Beende die Definition ) <CR>
OK


0 10 NFELD NULLEN <CR>  OK
7 NULLEN ? <CR>  0  OK
12345 1  NULLEN <CR>  OK
1 NULLEN ? <CR> 12345 OK
```

Zunächst wird ein Definitionswort mit dem Namen **NFELD** definiert. Durch **NFELD** wird als nächstes das Wort **NULLEN** definiert, dessen Parameterfeld mit zehn Nullen gefüllt wird. Das Ausführungsverhalten der durch **NFELD** definierten Worte entspricht dem Ausführungsverhalten der

Worte, die durch **SFELD** definiert wurden. Das Beispiel zeigt ferner, daß auch innerhalb von Definitionsworten Schleifen verwendet werden können.

* * *

Anmerkungen

[1] Falls dies im Systemhandbuch nicht angegeben ist, kann die Adresse von **NEXT** entweder innerhalb des **ASSEMBLER** Vokabulars durch ein entsprechendes Wort auf den Stack gebracht oder durch Untersuchen des letzten Feldes einer Primitive Definition ermittelt werden.

[2] Verwenden Sie in FORTH-79 bzw. FORTH-83 zur Definition eines Primitiven das Definitionswort **CODE** anstelle von **CREATE**. Anders als die Fig-FORTH Version kompiliert **CREATE** in FORTH-79 bzw. FORTH-83 ein Codefeld, das mit dem einer Variablen identisch ist.

[3] Laufzeitroutinen sind in FORTH-79 bzw. FORTH-83 in der Regel nicht mit einem Namen versehen und daher dem Benutzer nicht so ohne weiteres zugänglich.

KAPITEL 10

KOMMUNIKATION MIT DEM SYSTEM

10.1 Überblick

Die Kommunikation des Benutzers mit dem System findet in erster Linie über die Tastatur (Eingabe) bzw. den Bildschirm (Ausgabe) statt. Durch die Definition geeigneter Worte können auch andere Peripheriegeräte in das System integriert werden.

FORTH stellt dem Benutzer Worte zur Verfügung, die sowohl Text- als auch numerische Zeichen auf dem Bildschirm ausgeben bzw. von der Tastatur entgegennehmen. Numerische Werte können für die Ausgabe in formatierte Zeichenketten umgewandelt werden. Die elementaren Ein- und Ausgabeworte transportieren jeweils einzelne Bytes zwischen dem FORTH-System und einem Peripheriegerät. Auf diesen Worten werden dann Worte aufgebaut, mit denen sich ganze Datenblöcke übertragen lassen.

10.2 Kommunikation mit Tastatur bzw. Bildschirm

In den meisten Fällen wird es sich bei der Eingabeeinheit des Systems um eine Tastatur bzw. bei der Ausgabeeinheit des Systems um einen Bildschirm handeln. Die Ein- und Ausgaberoutinen in FORTH basieren auf den Kern-Worten KEY, EMIT und CR, . die bereits vorgestellt wurden (In Fig-FORTH existieren ferner die Worte ?TERMINAL und C/L). Diese Ein- und Ausgabewörter sind die einzigen geräteabhängigen Wortdefinitionen, die benötigt werden. Alle übrigen Worte zur Ein- und Ausgabe bauen auf diesen drei (bzw. fünf) Wörtern auf. Fig-FORTH Systeme sind daher leicht portierbar, da lediglich die elementaren Ein- und Ausgabeworte an ein neues System angepaßt werden müssen.

KEY { >>> c } <f,s,83> nimmt ein Zeichen von der Tastatur entgegen und legt dessen ASCII-Code auf dem Stack ab. EMIT { c >>> } <f,s,83> gibt ein Zeichen aus, dessen ASCII-Code c sich auf dem Stack befindet. CR <f,s,83> sendet den ASCII-Code für Carriage-Return (Cursor an den Beginn der Ausgabezeile - ASCII-Code 13) zusammen mit dem ASCII-Code für Linefeed (Zeilenvorschub - ASCII-Code 10) an den Bildschirm.

Bei der Ausführung des Fig-FORTH Wortes ?TERMINAL { >>> f} <f> wird ein WAHR-Flag auf dem Stack abgelegt, wenn die "Stop"- bzw. Break-Taste der Tastatur gedrückt wurde. In allen anderen Fällen wird ein FALSCH-Flag abgelegt. ?TERMINAL berücksichtigt allerdings nur die augenblickliche Eingabe und wartet nicht wie **KEY** auf die Betätigung einer Taste. Die Systemkonstante C/L { >>> n } <f> legt die Standardlänge einer Ausgabezeile (64 Zeichen pro Zeile) auf dem Stack ab.

Neben der Tastatur und dem Bildschirm können auch andere Geräte zur Ein- und Ausgabe verwendet werden. In den meisten Fällen ist es unproblematisch äquivalente Worte zu **KEY** bzw. **EMIT** zu definieren, die einzelne Zeichen an ein solches Gerät senden bzw. von diesem Gerät in Empfang nehmen können. Diese neuen Wörter können als Primitive definiert werden, um neue, oder bereits existierende Treiberroutinen, die in Maschinencode vorliegen einzubinden. Weitere Worte werden dann in Form einer Doppelpunktdefinition definiert, um spezielle Bytes, Bytefolgen oder Datenblöcke zu transportieren.

10.3 Zeichenketten

Viele Anwendungen (wie etwa Textverarbeitung oder das Editieren von Quellcode) erfordern eine Verarbeitung von Textzeichen anstelle von numerischen Werten.

Textzeichen werden allgemein durch ASCII-Codes dargestellt. Eine Folge von ASCII-Zeichen wird als Textzeichenkette (im folgenden soll der Begriff Zeichenkette verwendet werden) bezeichnet. Wörterbuchsuchroutinen und Ein-/Ausgabeworte machen intensiven Gebrauch von Zeichenketten. Zeichenketten können auch im Wörterbuch gespeichert oder im RAM als Daten abgelegt werden. FORTH unterscheidet bei Daten im Arbeitsspeicher allerdings nicht zwischen numerischen Daten und Zeichenketten. Seien Sie sich daher immer bewußt, daß Sie in FORTH dafür verantwortlich sind, welche Bedeutung jedem einzelnen Byte zukommt.

Der FORTH-Kern enthält eine Vielzahl von Worten, mit denen man Zeichenketten verarbeiten und verschieben kann. Für Zeichenketten können Worte wie **CMOVE** , **C,** , **C!** und **C@** in der gleichen Weise benutzt werden, wie für numerische Werte. Andere Worte des Kerns wie **KEY**, **."** und **EMIT** können eingesetzt werden, um Zeichenketten zu kompilieren bzw. aus dem Speicher auszugeben. Selbst der Fig-FORTH Textinterpreter besteht im Grunde aus wenigen Worten, die die eingegebenen Zeichenketten umwandeln.

In manchen Anwendungen enthält das erste Byte einer Zeichenkette ein *Zählbyte*. Das Zählbyte gibt die Anzahl aller Zeichen in der Zeichenkette an, unabhängig ihrer ASCII-Codes. Der eigentliche Text - also das erste Zeichen - einer solchen Zeichenkette beginnt mit seinem zweiten Byte. Aus diesem Grund benötigt eine aus b Zeichen (wobei b im Bereich 0 bis 255 liegt) bestehende Zeichenkette ein Byte um das Zählbyte aufzunehmen und b-1 Bytes für den eigentlichen Text. Eine Zeichenkette, der ein Zählbyte vorangeht, wird als *dimensioniert* bezeichnet. Jede Zeichenkette, die innerhalb einer Doppelpunktdefinition durch das Wort ." kompiliert wird, weist ein solches dimensioniertes Format auf. Vor das Zählbyte wird durch ." ein Zeiger auf die Laufzeitroutine von ." kompiliert.

Ist die Adresse Adr1 für das Zählbyte einer dimensionierten Zeichenkette bekannt, wird durch die Ausführung von **COUNT** {adr1 >>> adr2 n} <f,s,83> die Adresse des ersten Textbytes auf dem Stack abgelegt. Zusätzlich wird das Zählbyte zu einer 16-Bit-Zahl erweitert und auf dem Stack abgelegt.

Das Wort **-TRAILING** {adr n1 >>> adr n2} <f,s,83> kann dazu verwendet werden, Leerzeichen am Ende einer Zeichenkette abzuschneiden. **TRAILING** untersucht dazu die Zeichenkette von rechts nach links, bis ein Nicht-Leerzeichen gefunden wird und reduziert das Zählbyte um die Anzahl der gefundenen Leerzeichen. Bei den Operanden adr und n1 handelt es sich um die Adresse des ersten Textzeichens der Zeichenkette bzw. um das Zählbyte. Beide Werte werden durch **COUNT** auf dem Stack abgelegt, so daß **COUNT** in der Regel dem Wort **-TRAILING** vorangeht. Beachten Sie, daß nur der Stackwert n1 zu n2 geändert wird; sowohl das gespeicherte Zählbyte als auch die Zeichenkette bleiben unverändert.

*   *   *

Beispiel 10.3.1 - Definieren Sie ein Wort, das das Zählbyte einer dimensionierten Zeichenkette mit der Adresse Adr auf den Stack holt. Etwaige Leerzeichen sollen vom Zählbyte abgezogen werden:

```
OK
: OHNE_LEERZEICHEN   ( Stack: adr >>> n )
    COUNT            ( ermittle Adresse, hole Zählbyte)
   -TRAILING         ( verändere das Zählbyte )
    SWAP DROP        ( Lösche Textadresse )
;                    ( Beende die Definition) <CR>
OK
```

Bei der Adresse Adr, die vor dem Aufruf von **OHNE_LEERZEICHEN**
übergeben wird, handelt es sich um die Adresse des Zählbytes der dimensionierten Zeichenkette. Der eigentliche Text beginnt daher erst bei
Adr+1. Anders als **-TRAILING** oder **COUNT** legt das neue Wort nicht die
Adresse des ersten Textbytes auf dem Stack ab. Der unter der Adresse adr
gespeicherte Wert des Zählbytes wird nicht verändert.

* * *

Beispiel 10.3.2 - Kompilieren Sie ein Wort, das die Länge von zwei
dimensionierten Zeichenketten vergleicht. Die Adressen der beiden
Zeichenketten sollen auf dem Stack liegen. Stimmen die Längen der beiden Zeichenketten (ohne die anhängenden Leerzeichen zu berücksichtigen)
überein, wird ein WAHR-Flag, ansonsten ein FALSCH-Flag auf dem
Stack abgelegt:

```
OK
: ?LAENGE           ( Stack: adr1 adr2 >>> f)
   OHNE_LEERZEICHEN ( Ermittle korrigiertes Zählbyte )
   SWAP             ( Vertausche adr1 und n2 )
   OHNE_LEERZEICHEN ( Ermittle korrigiertes Zählbyte )
   =                ( Vergleiche n1 und n2 )
;                   ( Beende die Definition) <CR>
OK
```

Das neue Wort benutzt die vorhergehenden Beispiele um das Zählbyte zu
holen und zu korrigieren bzw. die Adresse vom Stack zu entfernen.

* * *

Beispiel 10.3.3 - Definieren Sie ein Wort, das zwei dimensionierte
Zeichenketten vergleicht, dessen Adressen auf dem Stack liegen. Falls die
beiden Zeichenketten (ohne die anhängenden Leerzeichen zu berücksichtigen) identisch sind, wird ein WAHR-Flag, ansonsten ein FALSCH-Flag
auf dem Stack abgelegt:

```
OK
: ?TEXT_GLEICH      ( Stack: adr1 adr2 >>> f )
   OVER OVER        ( Kopiere Zählyteadressen )
   ?LAENGE          ( Ermittle Länge ohne Leerzeichen )
   IF               ( Länge stimmt überein )
```

```
-1                  ( Lege ein WAHR-Flag ab für später )
ROT  ROT            ( Bringe Flag unter die Adresse )
COUNT               ( Hole Textadr.2 und Zählbyte 2 )
DROP                ( Lösche Zählbyte 2 )
SWAP                ( Hole Zählbyteadr. 1 an die Spitze )
COUNT -TRAILING     ( Hole Textadr. 1 und Zählbyte 1 )
0 DO                ( Nimm Zählbyte 1 und 0 für Schleife )
   OVER OVER        ( Kopiere beide Adressen )
   C@ SWAP C@       ( Hole beide Zeichen )
     =              ( Vergleiche beide Zeichen )
    IF              ( Zeichen stimmen überein )
     1+ SWAP 1+     ( erhöhe Textadressen )
    ELSE            ( Zeichen stimmen nicht überein )
      ROT DROP 0    ( Ersetze WAHR-Flag mit FALSCH-Flag )
      ROT ROT       ( Bringe Flag unter Adresse )
     LEAVE          ( Verlasse die Schleife )
    THEN            ( Beende die Bedingung )
  LOOP              ( Beende die Schleife )
  DROP DROP         ( Lösche beide Adressen )
ELSE                ( Sprung hierher bei ungleicher Adresse )
DROP DROP 0         ( Lösche beide Adressen und lege FALSCH-Flag ab )
THEN                ( Beende äußere Bedingung)
;                   ( Beende die Definition) <CR>
OK
```

Das **EDITOR** Vokabular enthält in der Regel Worte um Zeichenketten
miteinander vergleichen zu können. Um eine höhere Ausführungsgeschwindigkeit zu erzielen, werden solche Worte häufig als Primitive definiert. Das Wort **?TEXT_GLEICH** verarbeitet, wie **COUNT** und die
meisten anderen Worte die dimensionierte Zeichenketten verarbeiten,
Zeichenketten mit einer Länge bis zu 255 Zeichen. Längere Zeichenketten
können mit einem Zählbyte, das lediglich 8 Bit umfaßt, nicht mehr verarbeitet werden.

* * *

Beispiel 10.3.4 - Definieren Sie ein Wort, um eine dimensionierte Zeichenkette vom Fig-FORTH Eingabepuffer in den Wortpuffer an die Spitze des Wörterbuches zu verschieben:

```
OK
: SCHIEBE.PUFFER   ( Stack:  >>> )
    TIB @          ( Hole Zeiger auf den Puffer )
    DUP C@         ( Hole Zählbyte )
    HERE SWAP      ( Hole Zieladresse )
    CMOVE          ( Verschiebe die Zeichenkette)
;                  ( Beende die Definition ) <CR>
OK
```

Die gesamte Zeichenkette wird, einschließlich des Zählbytes, direkt oberhalb des Wörterbuches abgelegt. Dort bleibt die Zeichenkette solange erhalten, bis sie durch die nächste Tastatureingabe wieder überschrieben wird. In FORTH-83 muß die Wortfolge 'TIB @' durch TIB ersetzt werden.

* * *

10.4 Textausgabe

EMIT, das Grundelement aller Textausgaberoutinen, gibt das zu dem ASCII-Code c korrespondierende Zeichen auf dem Bildschirm (oder einem anderen Ausgabegerät) aus. Jedes Zeichen wird in dem nächsten freien Platz in der Ausgabezeile ausgegeben.

In Fig-FORTH wird durch **EMIT** die Benutzervariable **OUT** { >>> adr } <f> inkrementiert. **OUT** kann als ein Offsetzeiger benutzt werden, um die Adresse eines ausgegebenen Zeichens relativ zum Beginn der Zeichenkette zu bestimmen. **EMIT** wird zudem als Komponente der Ausgabeworte **TYPE, SPACE, SPACES, ID.** und **.",** eingesetzt, die in Fig-FORTH Systemen **OUT** in der gleichen Weise wie **EMIT** inkrementieren.

EMIT kann jedes ASCII-Zeichen, einschließlich der Steuercodes (ASCII-Codes zwischen 0 und 31) auf einem Bildschirm oder Drucker ausgeben. Die Steuerzeichen erlauben, zusammen mit Worten wie **CR** und **SPACES**, eine formatierte Textausgabe.

Durch **TYPE** { adr n >>> } <f,s,83> kann eine aus n Zeichen bestehende Zeichenkette ausgegeben werden, wobei Adr die Adresse des ersten Textzeichens ist. **TYPE** hat keine Wirkung, wenn n Null oder negativ ist. Für

eine dimensionierte Zeichenkette mit der Adresse des Zählbytes auf dem
Stack, legt **COUNT** die Operanden für die Ausgabe mit **TYPE** in der
richtigen Reihenfolge ab. Um den Namen einer Wortdefinition auszugeben, sollte (anstelle von **COUNT TYPE**) in Fig-FORTH das Wort **ID.** {
adr >>> } <f> bzw. in FORTH-83 das Wort **.NAME** { adr >>> } (83) verwendet werden, da das Längenbyte des Wortnamens, das unter der Adresse
Adr gespeichert ist, neben der Länge des Wortnamens zusätzliche Informationen enthält (Precedence-Bit, Smudge-Bit usw.)

Zur Ausgabe können Zeichenketten entweder Zeichen für Zeichen im
Textpuffer zusammengesetzt oder von anderen Adressen im Speicher
dorthin geschoben werden. Durch **PAD** { >>> adr } <f,s,83> wird ein Zei-
ger auf den Textpuffer auf dem Stack abgelegt. Durch die Wortsequenz
PAD COUNT TYPE kann eine dimensionierte Zeichenkette in diesem
Puffer ausgegeben werden.

* * *

Beispiel 10.4.1 – Definieren Sie ein Wort, um eine dimensionierte
Zeichenkette auszugeben, deren Zählbyte unter der Adresse Adr abgelegt
ist. Anhängende Leerzeichen sollen nicht mit ausgegeben werden. Legen
Sie ein Zählbyte für die ausgegebenen Zeichen an oberster Stelle im Stack
ab:

```
OK
: PRINT&COUNT      ( Stack: adr >>> n )
   COUNT           ( Hole Textadresse und Zählbyte )
  -TRAILING        ( Ignoriere Leerzeichen )
   0 OUT !         ( Initialisiere Ausgabezähler)
   TYPE            ( Ausgabe der Zeichenkette )
   OUT a           ( Lege Zählbyte auf dem Stack ab )
;                  ( Beende die Definition ) <CR>
OK
```

An **PRINT&COUNT** kann die Wortfolge C/L – angehängt werden, um die
Anzahl der verbleibenden Leerzeichen in der Ausgabezeile zu ermitteln.

* * *

Beispiel 10.4.2 – Definieren Sie ein Wort um eine Zeichenkette auszugeben. Das erste Textzeichen soll unter der Adresse Adr gespeichert sein. Geben Sie alle Kleinbuchstaben (ASCII 97 bis 122) als Großbuchstaben (ASCII 65 bis 90) aus, ohne allerdings die Darstellung im Speicher zu ändern:

```
OK
: AUSGABE_GROSS    ( Stack: adr n >>> )
    OVER +         ( Berechne Zeichenkettenende)
    SWAP           ( Schleifenparameter in richtiger Reihenfolge )
    DO             ( Beginn der Schleife )
      I C@         ( Hole das nächste Zeichen )
      DUP          ( Kopiere das Zeichen )
      96 >         ( Teste auf Kleinbuchstaben )
      IF           ( Bedingung trifft zu )
        DUP        ( Kopiere das Zeichen )
        123 <      ( Teste den oberen Bereich )
        IF         ( Es ist Kleinbuchstabe )
          32 -     ( Wandle in Großbuchstaben um )
        THEN       ( Beende innere Bedingung )
      THEN         ( Beende äußere Bedingung )
    LOOP           ( Beende die Schleife )
;                  ( Beende die Definition ) <CR>
OK
```

Anders als **TYPE** arbeitet **AUSGABE_GROSS** sowohl mit dimensionierten als auch mit undimensionierten Zeichenketten, solange sich die Adresse des ersten Zeichens und die Anzahl der Zeichen auf dem Stack befinden.

* * *

10.5 Texteingabe

Einzelne Zeichen werden durch **KEY** von der Tastatur entgegengenommen, und der entsprechende ASCII-Code wird auf dem Stack abgelegt. **KEY** hält alle weiteren Ausführungen an, bis ein Tastendruck festgestellt wurde. Das eingegebene Zeichen wird allerdings nicht auf dem Bildschirm dargestellt.

EXPECT { adr n >>> } <f,s,83> nimmt eine Anzahl von Tasteneingaben entgegen und legt die korrespondierenden ASCII-Codes ab der Adresse Adr ab. FORTH-79 bzw. FORTH-83 ignoriert **EXPECT**, falls n Null oder negativ ist. **EXPECT** bricht ab, sobald n Zeichen eingegeben oder ein

Return-Zeichen (ASCII 13) entdeckt wurde. Jedes empfangene Zeichen wird auf dem Bildschirm ausgegeben. Backspace-Zeichen werden unter Verwendung des entsprechenden (systemabhängigen) Codes, der in Fig-FORTH im Boot-up Bereich abgelegt ist, ausgegeben. Ein Return-Zeichen wird als Leerzeichen ausgegeben.

In den meisten Fällen wird der eingegebene Text im Terminal Eingabepuffer (TIB) abgelegt. Die Ausführung von QUERY <f,s> übernimmt bis zu 80 Zeichen (oder alle Zeichen bis zu einem Return) in den Puffer und überschreibt dabei den alten Inhalt. Durch QUERY wird zusätzlich die Fig-FORTH Benutzervariable IN { >>> adr } <f> auf Null gesetzt, um sie als einen Offsetzeiger benutzen zu können. Diese Variable kann später dazu benutzt werden, die relative Position eines speziellen Zeichens innerhalb des Eingabepuffers zu bestimmen. FORTH-83 verwendet stattdessen die Benutzervariable SPAN { >>> adr } <83>, die die Anzahl der mittels EXPECT eingegebenen Zeichen enthält.

Ein mit Hilfe von EXPECT oder QUERY eingegebener Text ist nicht dimensioniert, d.h. das erste Byte enthält das erste Textzeichen und nicht ein Zählbyte. Anstelle des Return-Zeichens können die Zeichenketten zusätzlich ein oder mehrere NULs (ASCII 00) am Ende enthalten. Das NUL-Zeichen, ein nicht darstellbares Symbol, ist in Fig-FORTH auch der Name eines Wortes, das vom Textinterpreter verwendet wird.

* * *

Beispiel 10.5.1 - Definieren Sie Worte, um einen speziell für diesen Zweck zu definierenden Eingabepuffer zu löschen, ihn mit einer eingegebenen Zeichenkette zu füllen und diese Zeichenkette auszugeben:

```
OK
CREATE TEXTBUF 80 ALLOT  OK    (Definition eines Textpuffers)

: LEERE_BUF     ( Stack: >>> )
   TEXTBUF      ( Hole den Pufferzeiger )
   80           ( Anzahl der Zeichen )
   32           ( ASCII-Code Leerzeichen )
   FILL         ( Fülle den Puffer )
;               ( Beende die Definition )   <CR>
OK


: @STRING       ( Stack: >>> )
   LEERE_BUF    ( Lösche den Puffer )
```

```
    QUERY            ( Hole bis zu 80 Zeichen )
;                    ( Beende die Definition )   <CR>
OK


: .STRING            ( Stack: >>> )
   TEXTBUF           ( Hole den Pufferzeiger )
   80                ( Pufferlänge )
   -TRAILING         ( Korrigiere Zählbyte )
   TYPE              ( Ausgabe der Zeichenkette )
;                    ( Beende die Definition )   <CR>
OK
```

Da kein Zählbyte verwendet wird, welches den auszugebenen Text begrenzt, ist es notwendig, den Puffer vor jedem Gebrauch zu löschen. Anderenfalls können Zeichen von einer älteren und längeren Zeichenkette übrigbleiben und durch **.STRING** ausgegeben werden.

*   *   *

Beispiel 10.5.2 - Definieren Sie ein Wort, welches die Anzahl der 'E's in **TEXTBUF** ermittelt und anschließend ausgibt:

```
OK
: ZAEHLE_E       ( Stack: >>> )
   0             ( Hier werden die E's aufaddiert )
   TEXTBUF       ( Startadresse der Suche )
   80 0          ( Obere und untere Schleifengrenze)
   DO            ( Beginn der Schleife )
     DUP         ( Kopiere Pufferadresse )
     I           ( Schleifenindex als Offset )
     +           ( Bilde Adresse des i ten Zeichens)
     Ca          ( Hole Zeichen )
     69 =        ( Ist es ASCII-Code von 'E' ? )
     IF          ( Zeichen ist ein 'E')
       SWAP 1+   ( Zähler plus eins )
       SWAP      ( Stelle alten Zustand wieder her )
     THEN        ( Ende der Bedingung )
   LOOP          ( Ende der Schleife )
   DROP          ( Lösche Textpufferadresse )
   ." Anzahl der 'E's : " ( Ausgabe eines Textes )
   .             ( Ausgabe der Anzahl der 'E's )
;                ( Beende die Definition )   <CR>
```

OK

TEXTBUF 80 EXPECT <CR> EINMAL UND NIE WIEDER <CR> OK
ZAEHLE_E <CR> Anzahl der 'E's : 4 OK

                            *   *   *

10.6 Numerische Zeichenketten

Auf dem Stack oder im Arbeitsspeicher wird ein numerischer Wert in
Form einer 16- oder 32-Bit- Zahl gespeichert. Für Ein-
/Ausgabeoperationen ist es jedoch erforderlich, daß der numerische Wert
als eine Folge von ASCII-Codes vorliegt, die den einzelnen Ziffern der
Zahl entsprechen. FORTH stellt einige Wörter zur Umwandlung zwischen
beiden Formaten zur Verfügung. In jedem Fall wird die Umwandlung
unter Berücksichtigung der gültigen Zahlenbasis vorgenommen.

Eine dimensionierte Zeichenkette, deren Zählbyte unter der Adresse Adr1
gespeichert ist, wird durch (NUMBER) <f> oder CONVERT <s,83>, beide
mit einem Stackdiagramm von { d1 adr1 >>> d2 adr2 }, in ihr Zahlenäquivalent umgewandelt. Die doppelt genaue Zahl d1 dient als eine Art
Akkumulator, in dem das Ergebnis d2 stufenweise gebildet wird. Das
zweite Ergebnis, die Adresse Adr2, stellt die Adresse des ersten nicht
umwandelbaren Zeichens, wie etwa ein Minuszeichen oder ein Dezimalpunkt (markiert einen doppelt genauen Wert), dar. Das Auftreten eines
solchen Zeichens beendet die Umwandlung.

Fig-FORTH stellt darüberhinaus das Wort NUMBER { adr1 >>> d } <f>
zur Verfügung, um eine Zeichenkette, die mit einem Zählbyte beginnend
ab der Adresse Adr1 abgelegt ist, in ihr Zahlenäquivalent umzuwandeln.
Anders als (NUMBER) setzt NUMBER die Umwandlung auch bei Auftreten eines Minuszeichens oder Dezimalpunktes in der Zeichenkette fort.
Die Benutzervariable DPL { >>> adr } <f> wird durch NUMBER zunächst
auf -1 gesetzt. Wird ein Dezimalpunkt entdeckt, wird die Anzahl der
Ziffern rechts vom Dezimalpunkt in DPL abgelegt, anderenfalls bleibt der
Wert von DPL unverändert. Beachten Sie, daß selbst Zeichenketten ohne
einen Dezimalpunkt in eine doppelt genaue Zahl umgewandelt werden. In-
nerhalb des Fig-FORTH Textinterpreters folgen auf NUMBER Worte, die
die höherwertige Hälfte von d löschen, wenn DPL den Wert -1 enthält.
Bei jedem anderen Textzeichen, das keine Zahl darstellt (z.B. bei einem
Minuszeichen oder einem Dezimalpunkt) tritt eine Fehlersituation auf.

Die umgekehrte Operation, die Umwandlung eines Zahlenwertes auf dem Stack in eine Zeichenkette, ist ein wenig komplizierter. FORTH führt diese Umwandlung z.B. während der Ausführung von . (dot) oder anderen Ausgabeworten durch. Die Umwandlung kann auch dazu benutzt werden, Zahlen formatiert, d.h. in einer bestimmten Anordnung, auszugeben. Zusätzlich zu den einzelnen Ziffern können Sonderzeichen, wie das Dollarzeichen oder Dezimalpunkte in die Ausgabezeichenkette eingefügt werden. Voraussetzung für eine Umwandlung ist, daß sich eine vorzeichenlose doppelt genaue Zahl auf dem Stack befindet. Einfach genaue Zahlen und vorzeichenbehaftete doppelt genaue Zahlen können nicht direkt in eine formatierte Zeichenkette umgewandelt werden, sondern müssen zuvor umgewandelt werden, wobei das Vorzeichen, falls benötigt, ebenfalls auf dem Stack gespeichert wird.

Die Zeichenkette für eine formatierte Ausgabe wird von rechts nach links Zeichen für Zeichen im Speicher zusammengesetzt. In Fig-FORTH wird die entstandene, nicht dimensionierte Zeichenkette am oberen Ende des Wortpuffers abgelegt. FORTH-79 bzw. FORTH-83 legen keinen speziellen Ort fest.

Die Umwandlung einer Zahl in eine Zeichenkette wird stets in der folgenden Form durchgeführt:

<# ... #>

Die formatierte Ausgabe wird durch die Worte <# und #> begrenzt. Innerhalb dieser beiden Worte wird das Wort # für die Umwandlung einer einzelnen Ziffer bzw. das Wort #S für die Umwandlung der restlichen Zahl verwendet. Zusätzlich können spezielle Worte, wie **HOLD** und **SIGN** eingesetzt werden, um spezielle Textzeichen in die Zeichenkette einzufügen. Fig-FORTH verwendet die Benutzervariable **HDL** { >>> adr } <f>, die einen Zeiger auf das zuletzt umgewandelte Zeichen in der Zeichenkette enthält.

Die Ausführung von <# <f,s,83> leitet die Umwandlung ein. In Fig-FORTH initialisiert <# auch **HDL**, damit die Variable auf den Beginn des Textpuffers zeigt. Obwohl <# nicht auf den Stack zugreift, sollte die umzuwandelnde vorzeichenlose doppelt genaue Zahl bereits auf dem Stack liegen. Die Ausführung von # { ud1 >>> ud2 } <f,s,83> berechnet und speichert den Zeichencode für eine einzelne Ziffer in der Zeichenkette. Die Fig-FORTH Benutzervariable **HDL** wird vor der Abspeicherung des Zeichens dekrementiert. Die vorzeichenbehaftete doppelt genaue Zahl ud1 wird durch den einfach genauen Wert der Zahlenbasis geteilt, und der Quotient ud2 wird für die weitere Verarbeitung auf dem Stack abgelegt.

Bei dem Rest der Division handelt es sich um einen Wert, der durch ein einzelnes Zeichen dargestellt werden kann. Der entsprechende ASCII-Code wird, von rechts beginnend, in der Zeichenkette abgespeichert.

#S { ud >>> 0 0 } <f,s,83> führt das Wort # solange aus, bis der entsprechende Quotient gleich Null ist. Dabei werden alle Ziffern von ud von rechts nach links umgewandelt. Sowohl # als auch #S erzeugen mindestens ein Zeichen, auch wenn ud1 bereits Null war.

Durch HOLD { c >>> } <f,s,83> kann ein nicht-numerisches Zeichen mit dem ASCII-Code c an die nächste Speicheradresse der Zeichenkette eingesetzt werden. SIGN { n ud >>> ud } <f> bzw. { n >>> } <s,83> speichert ein Minuszeichen in der nächsten freien Speicheradresse der Zeichenkette, falls n negativ ist. Sowohl HOLD als auch SIGN dekrementieren in Fig-FORTH zuerst HDL.

Der Umwandlungsprozess wird durch die Ausführung von #> { ud >>> adr n } <f,s,83> beendet. Das Zählbyte n gibt die Länge der nicht dimensionierten Zeichenkette an, dessen linkes Zeichen unter der Adresse Adr abgespeichert ist. Die entstandene Zeichenkette liegt im richtigen Format vor, um z.B. durch TYPE ausgegeben werden zu können.

* * *

Beispiel 10.6.1 - Definieren und testen Sie ein Wort, um eine vorzeichenlose doppelt genaue Zahl als Telefonnummer zusammen mit einem Bindestrich, der die ersten drei Ziffern trennt, auszugeben (Bsp. 123-4567):

```
OK
: .TEL#        ( Stack: ud >>> )
   <#          ( Beginn der Umwandlung )
   # # # #      ( Umwandlung der rechten Ziffern )
   45 HOLD     ( Einfügen eines Bindestriches )
   #S          ( Rest umwandeln )
   #>          ( Lege Adresse und Zählyte ab )
   TYPE SPACE  ( Ausgabe der Zeichenkette )
;              ( Beende die Definition )  <CR>
OK
```

```
5235498.  .TEL# <CR>  523-5498 OK
```

Die Umwandlung erfolgt von rechts nach links.

*   *   *

Beispiel 10.6.2 - Definieren Sie ein Wort, um eine Telefonnummer in dem oben gezeigten Format auszugeben, diesmal zusätzlich mit der Vorwahl in Klammern. Die Vorwahl wird als eine einfach genaue Zahl durch die oberste Zahl im Stack dargestellt. Darauf folgt die Telefonnumer als doppelt genaue Zahl:

```
OK
: .VORWAHL#     ( Stack: ud n >>> )
   0            ( Mache aus n doppelt genaue Zahl )
   <#           ( Beginne Umwandlung )
   41 HOLD      ( Füge rechte Klammer ein )
   #S           ( Wandle die Vorwahl um )
   48 HOLD      ( Füge eine Null ein )
   40 HOLD      ( Füge linke Klammer ein )
   #>           ( Beende die Umwandlung )
   TYPE SPACE   ( Ausgabe der Vorwahl )
   .TEL#        ( Ausgabe der Restzahl )
;               ( Beende die Definition )   <CR>
OK

66365.11  641  .VORWAHL#  (0641) 663-6511 OK
```

Der Wert der Vorwahl wird durch Hinzufügen einer Null als höherwertiges Byte in eine doppelt genaue Zahl umgewandelt.

*   *   *

Beispiel 10.6.3 - Definieren und testen Sie ein Wort, um eine vorzeichenbehaftete doppelt genaue Zahl mit einem vorangehenden Dollar-Zeichen (ASCII 36) und zwei Ziffern rechts vom Dezimalpunkt auszugeben. Negative Zahlen sollen ein Minuszeichen an der Stelle enthalten, an der normalerweise die Hunderstelstelle stehen würde. Jedem ausgegebenen Wert soll ein Leerzeichen folgen:

```
OK
: D.$            ( Stack: d >>> )
   SWAP OVER     ( Kopiere Vorzeichen in obere Hälfte von d )
   DABS          ( Bilde Betrag von d )
   <#            ( Beginne Umwandlung )
   SIGN          ( Minuszeichen einfügen, falls negativ )
   # #           ( Wandle die beiden rechten Ziffern um )
   46 HOLD       ( Füge Dezimalpunkt ein )
   #S            ( Wandle den Rest um )
   36 HOLD       ( Füge ein Dollarzeichen ein )
   #>            ( Lege Textadresse und Zählbyte ab)
   TYPE          ( Ausgabe der Zeichenkette )
   SPACE         ( Ausgabe eines Leerzeichens )
;                ( Beende die Definition )   <CR>
OK

1234567. D.$ $12345.67 OK
-987.6 D.$  <CR>  $98.76-  OK
0.  D.$  <CR>  $0.00  OK
```

Das Vorzeichenbit wird durch Verdoppelung der oberen Hälfte von d gespeichert. Die Kopie des Vorzeichens wird für den späteren Gebrauch
durch SIGN unterhalb von d auf dem Stack gespeichert.

                              *   *   *

Beispiel 10.6.4 – Definieren und testen Sie ein Wort wie in Beispiel
10.6.3, diesmal für eine einfach genaue Zahl:

```
OK
: .$             ( Stack: n >>> )
   S->D          ( Wandle n in d um )
   D.$           ( Ausgabe der Zeichenkette )
;                ( Beende die Definition )   <CR>

27890 .$ <CR> $278.90 OK
-1 .$ <CR> $0.01- OK
```

Das Fig-FORTH Wort S->D bzw. das FORTH-83 Wort S>D { n >>> d }
ergänzt die einfach genaue Zahl mit einer Null als obere Hälfte und überträgt das Vorzeichen auf die neue Hälfte. In FORTH-83 ist zu beachten,
daß in Beispiel 10.6.3 und 10.6.4 SIGN durch die Wortfolge ROT SIGN zu
ersetzen ist.

∗ ∗ ∗

Beispiel 10.6.5 - Definieren und testen Sie ein Wort zur binären Ausgabe
einer 8-Bit Zahl mit allen führenden Nullen aber ohne anhängende Leerzeichen:

```
OK
: .BINÄR          ( Stack:  b >>> )
   BASE @ SWAP    ( Lege Zahlenbasis auf dem Stack ab )
   2 BASE !       ( Schalte auf binäre Ein- und Ausgabe )
   0              ( Mache aus b eine doppelt genaue Zahl )
   <#             ( Beginne die Umwandlung )
   # # # # # # # #( Ausgabe von acht Ziffern )
   #>             ( Lege Textadresse und Zählbyte ab )
   TYPE           ( Ausgabe der Zeichenkette )
   BASE !         ( Wiederherstellen der Zahlenbasis )
;                 ( Beende die Definition ) <CR>
OK

8 .BINÄR   <CR>  00001000  OK
255 .BINÄR <CR>  11111111  OK
0 .BINÄR   <CR>  00000000  OK
```

Die zur Zeit aktuelle Zahlenbasis wird auf dem Stack gespeichert und
später wiederhergestellt. Zusammen mit einer Null als obere Hälfte wird
aus b die für die formatierte Ausgabe benötigte Zahl gebildet. Es werden
jeweils acht binäre Stellen ausgegeben.

KAPITEL 11

VERWALTUNG DES DISKETTENSPEICHERS

11.1 Überblick

Der Kern der Programmiersprache FORTH stellt Worte zur Verfügung, die den Zugriff auf den Massenspeicher (externer Speicher) ermöglichen. In den meisten Fällen besteht der Massenspeicher aus einem oder mehreren Diskettenlaufwerk(en) bzw. einer Festplatte. Für Systeme, bei denen als Massenspeicher ein Bandlaufwerk eingesetzt wird, kann ein Teil des Arbeitsspeichers dazu verwendet werden, eine RAM Disk zu installieren, um so Diskettenspeicher zu simulieren.

Dem Benutzer stehen Daten von der Diskette oder Festplatte erst dann zur Verfügung, nachdem sie in einen speziellen Puffer, der als Diskettenpuffer bezeichnet wird, übertragen worden sind. Durch jeden Diskettenzugriff wird ein Datenblock zwischen der Diskettenstation bzw. der Festplatte und dem Diskettenpuffer transportiert. Wird der Inhalt des Diskettenpuffers als *aktualisiert* (engl. updated), d.h. als verändert gekennzeichnet, wird vor dem Laden eines neuen Datenblocks in den Puffer der alte Inhalt auf Diskette geschrieben.

11.2 Grundlagen der Diskettenspeicherung

Fig-FORTH kann auf Mikrocomputersystemen mit oder ohne Diskettenstationen (bzw. Festplatte) implementiert werden. Die elementaren Fig-FORTH Worte für den Diskettenspeicherzugriff zeigen das erwartete Verhalten unabhängig davon, ob eine Diskettenstation tatsächlich vorhanden ist, oder ob eine RAM Disk installiert wurde[1].

Fig-FORTH Systeme ohne Diskettenspeicher können einen durch die Systemkonstanten **LO** { >>> n } und **HI** { >>> n } <f> gekennzeichneten Bereich als RAM Disk nutzen und so nicht vorhandenen Diskettenspeicher simulieren. Wenn ein Kassettensystem vorhanden ist, kann zur Erhöhung der effektiven Speicherkapazität die gesamte RAM Disk oder ein Teil davon (unter Benutzung von speziellen benutzerdefinierten FORTH Worten) gespeichert oder wiedergeladen werden.

Der Zugriff auf Diskettendaten ist nur möglich, nachdem die Daten in den Diskettenpuffer des System geladen wurden. Der Diskettenpuffer befindet sich in der Regel in den oberen Speicherbereichen und kann zwischen zwei und fünf Blöcke gleichzeitig aufnehmen. Die Daten werden zwischen der Diskette und dem Puffer in Blöcken festgelegter Größe transportiert[2]. Vorausgesetzt es ist genügend Diskettenspeicherplatz vorhanden, können wahlweise insgesamt 32767 Blocks angesprochen werden. Die Größe eines Blocks wird in Fig-FORTH durch die Systemkonstante **B/BUF** { >>> n } <f> festgelegt. Diese Konstante muß eine Potenz von 2 und darf nicht größer als 1024 sein. In FORTH-79 bzw. FORTH-83 haben Diskettenblöcke eine konstante Größe von 1024 Bytes.

Die tatsächliche Größe eines Blocks im Diskettenpuffer ist stets um vier Bytes größer als der übertragene Block, da die vier zusätzlichen Bytes für die Kopf- und Endmarkierung des Blocks verwendet werden. Die zwei "Kopfbytes" enthalten die Blocknummer und ein Update Bit. Das Ende des Blocks wird durch zwei Null-Bytes gekennzeichnet. Die Worte des Sprachkerns zur Manipulation einzelner Blöcke sind so definiert, daß sie die Kopf- bzw. Endmarkierung korrekt erkennen.

Durch **R/W** { adr n f >>> } <f> wird ein Datenblock zwischen dem Diskettenpuffer und der Diskette transportiert. Die Richtung des Datentransports wird durch ein Flag auf dem Stack festgelegt. Befindet sich ein WAHR-Flag auf dem Stack, wird durch **R/W** Block n in den Diskettenpuffer gelesen, befindet sich ein FALSCH-Flag auf dem Stack wird der Block mit der Nummer n auf Diskette geschrieben. Bei der Adresse Adr handelt es sich um die Adresse des Puffers, der die Quell- bzw. Zieldaten enthält[3].

Die Definition von **R/W** muß auf die Eigenschaften der angeschlossenen Diskettenstation bzw. des verwendeten Betriebssystems zugeschnitten sein, damit jeder gültigen Blocknummer ein physikalischer Block auf Diskette zugeordnet werden kann. So muß z.B. die Anzahl der Spuren und Sektoren sowie die Aufzeichnungsdichte der Diskette berücksichtigt werden. **R/W** kann auch definiert werden, um den Zugriff auf eine beliebige Anzahl angeschlossener Diskettenlaufwerke zu ermöglichen. Falls auf jedem Diskettenlaufwerk n Blöcke gespeichert werden können, wird Block 0 bis n-1 Laufwerk 0, Block n bis 2n-1 Laufwerk 1 usw. zugeordnet. Die Blocknummer n stellt einen absoluten Offset zu Block 0 auf Laufwerk 0 dar. In der Regel wird **R/W** auf Routinen des Betriebssystems zurückgreifen, die den eigentlichen Diskettenzugriff übernehmen. So stellt z.B. MS-DOS Routinen zur Verfügung, mit der eine beliebige Anzahl von Daten in den Arbeitsspeicher gelesen bzw. auf Diskette geschrieben werden können.

Auf diese Weise wird die Einbindung eines FORTH-Systems in die Hardware eines Computers stark vereinfacht.

Prinzipiell wäre es möglich, FORTH Datenblöcke unter Umgehung des Betriebssystems direkt auf Diskette zu schreiben, denn der Zugriff auf Diskettendaten wird in FORTH im Prinzip nicht über einen Dateinamen, sondern über die Blocknummer, die sich in entsprechende Spur- und Sektornummern umrechnen läßt, durchgeführt. Es ist allerdings sinnvoller, sich an ein allgemeines, durch das jeweilige Betriebssystem festgelegte Format zu halten, damit auch andere Dateien (z.B. Programmdateien) parallel zu den FORTH Datenblöcken auf einer Diskette existieren können. Aus diesem Grund wird unter vielen Betriebssystemen (wie z.B. unter MS-DOS) das sog. "Screenfile"-Konzept verwendet. Dazu wird unter dem jeweiligen Betriebssystem eine Datei eröffnet, die zur Aufnahme der einzelnen Datenblöcke dient. Ein Zugriff auf Diskettendaten beinhaltet indirekt (und für den Benutzer unsichtbar) einen Zugriff auf den jeweiligen Screenfile.

11.3 Verwaltung des Diskettenpuffers

Der Diskettenpuffer wird für eine vorübergehende Zwischenspeicherung der Daten von der Diskette verwendet. Der Diskettenpuffer ist in einzelne Blockpuffer unterteilt, von denen jeder einen Datenblock aufnehmen kann. In Fig-FORTH werden die Daten in einem Blockpuffer von einer Kopf- und einer Endemarkierung, beide jeweils 2 Bytes lang, eingeschlossen, so daß jeder Blockpuffer insgesamt B/BUF + 4 Bytes umfaßt. Die niederwertigen 15 Bits des Kopfes geben die Blocknummer an. Bei dem höchstwertigen Bit handelt es sich um das "Update-Bit", welches festlegt, ob der Inhalt des Puffers vor dem Überschreiben durch einen neuen Block auf Diskette "gerettet" wird (Update-Bit = 1). Bei den letzten beiden Bytes handelt es sich einfach um zwei Null-Bytes, die das Ende des Puffers kennzeichnen. Weder die beiden Kopfbytes noch die beiden Null-Bytes am Ende werden auf Diskette geschrieben. Sie dienen lediglich als Markierungen für den Zugriff auf einzelne Blocks des Diskettenpuffers. Über die Blocknummer ist das System stets darüber informiert, welcher Block sich in welchem Puffer befindet. Der gesamte Diskettenpuffer kann durch **EMPTY-BUFFERS** <f,s,83> gelöscht werden. Unabhängig vom Status des Update-Bits sind danach alle Pufferinhalte verloren[5].

Die Benutzervariable **PREV** { >>> adr } <f> enthält die Kopfadresse des Puffers, der zuletzt Daten von der Diskette erhalten hat. Die Benutzervariable **USE** { >>> adr } <f> zeigt entsprechend auf den Kopf des Puffers, der die ältesten Daten von Diskette enthält. Fig-FORTH benutzt die

Puffer auf der Basis eines "Rotationsprinzips", bei dem jeweils ein neuer Block von Diskette in den Puffer mit dem ältesten Inhalt (gekennzeichnet durch **USE**) geschrieben wird. Bei gesetztem Update-Bit wird der Inhalt dieses Puffers zuvor auf Diskette gerettet.

Bei gegebener Kopfadresse Adr1 eines Fig-FORTH Blockpuffers liefert **+BUF** { adr1 >>> adr2 f } <f> die Kopfadresse des nächsten Puffers. Wenn Adr2 mit dem Inhalt von **PREV** identisch ist, wird ein FALSCH-Flag übergeben, ansonsten wird ein WAHR-Flag auf dem Stack abgelegt. Folgender "Spezialfall" kann dabei auftreten: Wenn Adr1 auf den obersten Puffer zeigt, handelt es sich bei Adr2 zwangsläufig um die Adresse des untersten Puffers.

* * *

Beispiel 11.3.1 - Ermitteln Sie die Anzahl und die Größe des Disketten-puffers eines Fig-FORTH Systems:

```
OK
B/BUF  4+  DUP  . ." Bytes "  <CR>  132 Bytes  OK
LIMIT FIRST  -  SWAP  /  .  ." Puffer"  <CR>  10 Puffer  OK
```

Die Systemkonstante **LIMIT** zeigt auf das Ende des Diskettenpuffers. Jeder Block-Puffer umfaßt **B/BUF + 4** Bytes.

* * *

Beispiel 11.3.2 - Definieren Sie ein Wort, das die Blocknummer des Blockes ablegt, der augenblicklich dem Blockpuffer mit der Adresse Adr zugeordnet ist. Legen Sie ferner ein Flag ab, welches nur wahr ist, wenn das Update-Bit im Wortkopf gesetzt ist:

```
OK
HEX  <CR>  OK


: WELCHER_BLOCK       ( Stack: adr >>> n f )
   DUP                ( Kopiere Pufferadresse )
   a                  ( Hole Kopfbytes )
   7FFF  AND          ( Maskiere Updatebit, lege n ab)
```

```
   SWAP  C@           ( Hole höherwertiges Kopfbyte)
   80 AND             ( Lege Updatebit als Flag ab )
   ;                  ( Beende die Definition ) <CR>
OK
```

Bei dem Operand Adr handelt es sich um die Adresse des Pufferkopfes. Die eigentlichen Daten werden beginnend mit der nächsten Zeile abgespeichert.

* * *

Beispiel 11.3.3 - Kompilieren Sie ein Wort, das den Pufferinhalt eines Blockpuffers auf Diskette schreibt, falls dieser als "Updated" markiert ist:

```
OK
: SAVE.UPDATED       ( Stack: Adr >>> )
   DUP               ( Kopiere Pufferadresse )
   WELCHER_BLOCK     ( Ermittle n und Update-Bit)
   IF                ( Update Bit ist gesetzt )
    0 R/W            ( Schreibe Block auf Diskette)
   ELSE              ( Update Bit nicht gesetzt)
    DROP DROP        ( Lösche addr und n )
   THEN              ( Beende Bedingung )
   ;                 ( Beende die Definition ) <CR>
OK
```

Die mit dem Puffer assozierte Blocknummer und das Update-Bit werden durch **WELCHER_BLOCK** aus dem letzten Beispiel ermittelt.

* * *

11.4 Datentransport

In Fig-FORTH transportiert **R/W** einen Datenblock zwischen der Diskette und der angegebenen Speicheradresse. In den meisten Fällen wird der Benutzer über spezielle Worte wie z.B. **EDIT** oder **LOAD** (siehe Kapitel 12) auf Diskettendaten zugreifen und sich nicht um die Verwaltung des Blockpuffers kümmern müssen. In FORTH-79 bzw. FORTH-83 ist der Zugriff auf Diskettendaten für den Benutzer grundsätzlich transparent.

Durch **BUFFER** { n >>> adr } <f,s,83> kann der nächste Puffer in der Rotationsfolge (in Fig-FORTH gekennzeichnet durch die Benutzervariable **USE**) dazu bestimmt werden, Daten eines angegebenen Blocks aufzunehmen. Die Blocknummer wird dabei auf dem Stack übergeben. Nach der Ausführung von **BUFFER** wird die Adresse des ausgewählten Puffers auf dem Stack abgelegt. Beachten Sie, daß es sich hier nicht um die Adresse des Kopfes, sondern um die Adresse des ersten Datenbytes (d.h. Kopfadresse + 2) handelt. Ist das Update-Bit des betreffenden Puffers gesetzt, wird sein augenblicklicher Inhalt zunächst auf Diskette geschrieben. **BUFFER** ordnet dem Block n allerdings lediglich einen Puffer innerhalb des Diskettenpuffers zu, es werden keine Daten von Diskette gelesen. Fig-FORTH setzt die Benutzervariable **PREV** auf den Kopf des ausgewählten Puffers bzw. **USE** auf den Kopf des als nächstes zu belegenden Puffer.

Die Ausführung von **BLOCK** { n >>> adr } <f,s,83> bewirkt zunächst das gleiche wie die Ausführung von **BUFFER**. Zusätzlich wird aber Block n, falls er sich noch nicht im Diskettenpuffer befindet, von Diskette gelesen. In einem Fig-FORTH System mit mehreren aktiven Diskettenlaufwerken muß beachtet werden, daß, anders als bei **BUFFER** oder **R/W**, die Blocknummer nicht als absoluter Offset zu Block 0 auf Laufwerk 0, sondern als relativer Offset zu dem augenblicklichen Laufwerk aufgefaßt wird. In FORTH-79 bzw. FORTH-83 sind dagegen alle Blocknummern absolute Offsets. Das System übernimmt selbst die Umwandlung von Blocknummern in physikalische Adressen auf einer Diskettenstation[4].

Da sich im FORTH-Diskettenpuffer meistens mehrere Blocks gleichzeitig aufhalten, kann es natürlich passieren, daß durch eine unbedachte Operation der Inhalt eines Puffers überschrieben wird. Verwenden Sie daher das Wort **UPDATE**, wenn Sie sichergehen wollen, daß der Inhalt eines Puffers nicht unbeabsichtigt überschrieben werden kann. FORTH gibt keine Warnung aus, wenn der Inhalt eines Puffers überschrieben wurde, um für einen neuen Block Platz zu machen. Sowohl **FLUSH** <s,83> als auch **SAVE-BUFFERS** <s,83> schreiben den Inhalt jedes als aktualisiert markierten Puffers zurück auf Diskette. Sie sollten eines der beiden Worte ausführen, bevor Sie eine Diskette aus einem Laufwerk entfernen oder das FORTH-System verlassen.

* * *

Beispiel 11.4.1 - Definieren Sie ein Fig-FORTH Wort, das auf dem ausgewählten Diskettenlaufwerk Block n mit Nullen füllt:

OK

```
: NULL_BLOCK      ( Stack: n >>> )
  OFFSET @ +      ( Ermittle absolute Blocknummer)
  DUP             ( Kopiere Blocknummer )
  BUFFER          ( Weise Block n Puffer zu )
  DUP             ( Kopiere Datenadresse )
  B/BUF  ERASE    ( Fülle Puffer mit Nullen )
  2-              ( Lege die Kopfadresse ab )
  SWAP            ( Bringe Blocknummer an die Spitze)
  0 R/W           ( Schreibe Block auf Diskette)
;                 ( Beende die Definition )  <CR>
OK
```

BUFFER legt die Adresse des ersten Datenbytes und nicht die Adresse des Kopfes ab. Diese Adresse muß um Zwei erniedrigt werden, damit sie auf die Adresse des Wortkopfes zeigt. Bevor nicht das Update-Bit gesetzt wurde, wird der bisherige Inhalt des Puffers nicht auf Diskette zurückgeschrieben.

*   *   *

Beispiel 11.4.2 - Definieren Sie zwei Worte, um den Wert b des n'ten Byte des Blocks mit der (relativen) Blocknummer n1 zu lesen und zu speichern:

```
OK
: LESE_BYTE      ( Stack: n n1 >>> b )
  BLOCK          ( Hole Block n1, lege Adr ab )
  +              ( Ermittle Adresse des Bytes )
  C@             ( Lege Bytewert in den Stack )
;                ( Beende die Definition ) <CR>
OK
```

```
: SPEICHER_BYTE  ( Stack: b1 n n1 >>> )
  BLOCK          ( Hole Block n1, lege Adr ab )
  +              ( Ermittle Adresse des Bytes )
  C!             ( Speichere das Byte )
  UPDATE         ( Markiere Puffer als Updated )
;                ( Beende die Definition ) <CR>
OK
```

Bei der Ausführung der beiden Worte wird der spezifizierte Block, falls er sich nicht bereits vorher im Puffer befand, von der Diskette gelesen. **SPEICHER_BYTE** speichert einen neuen Bytewert in dem Puffer und markiert diesen als aktualisiert. Sollte dieser Puffer später benötigt werden, um Daten von einem anderen Block aufzunehmen, kann er durch **BUFFER** oder **BLOCK** auf Diskette zurückgeschrieben werden, ohne daß der Benutzer einzugreifen braucht. Vergewissern Sie sich durch Verwendung von **SAVE-BUFFERS** oder **FLUSH**, daß nach Beendigung aller Diskettenzugriffe alle als aktualisiert markierten Blöcke gesichert wurden.

* * *

Beispiel 11.4.3 - Gehen Sie von einem Fig-FORTH System aus, bei dem der Diskettenspeicher als virtueller Speicher zu behandeln ist. Damit ist gemeint, daß Speicheradressen auf der Diskette in der gleichen Weise benutzt werden, wie interner RAM. Die Adresse jedes Bytes auf Diskette wird durch eine vorzeichenlose doppelt genaue Zahl, der **virtuellen Adresse**, festgelegt. Ein Bezug auf die virtuelle Adresse 00000000 hex soll sich auf Byte 0 in Block 0 beziehen, ein Bezug auf die virtuelle Adresse 00000001 auf das folgende Byte usw. Definieren Sie virtuelle Speicheroperatoren, die den Operationen C@, C!, @ und ! entsprechen:

```
OK
: OFFSET&BLOCK    ( Stack: ud >>> n1 n2 )
  B/BUF           ( Anzahl Bytes pro Block )
  U/              ( Ermittle Offset n1, Block n2)
;                 ( Beende die Definition ) <CR>
OK


: BUFFHOLDS       ( Stack: n1 n2 >>> ud )
  B/BUF M*        ( Ermittle virtuelle Blockadresse )
  ROT S->D D+     ( Addiere Offset zum Block, lege ud ab)
;                 ( Beende die Definition )   <CR>
OK


: ?LASTBYTE       ( Stack: n1 >>> f )
  1+              ( Inkrementiere Offset in den Block)
  B/BUF =         ( Wahr,wenn Block bei ud endet)
;                 ( Beende die Definition )   <CR>
OK
```

```
: GETADD              ( Stack: n1 n2 >>> adr )
  0 OFFSET !          ( Setze Laufwerkoffset auf 0 )
  BLOCK               ( Hole Block n2 )
  +                   ( Addiere Byteoffset n1 zu adr)
;                     ( Beende die Definition )  <CR>
OK


: VC@                 ( Stack: ud >>> b )
  OFFSET&BLOCK        ( Ermittle Adr. auf Diskette)
  GETADD              ( Hole Adresse im Puffer )
  C@                  ( Hole das Byte )
;                     ( Beende die Definition )  <CR>
OK


: VC!                 ( Stack: b ud >>> )
  OFFSET&BLOCK        ( Ermittle Adr. auf Diskette)
  GETADD              ( Hole Adresse im Puffer )
  C!                  ( Speichere Byte im Puffer )
  UPDATE              ( Markiere Puffer als aktualisiert)
;                     ( Beende die Definition ) <CR>
OK


: V@                  ( Stack: ud >>> n )
  OFFSET&BLOCK        ( Ermittle Adresse auf Diskette )
  OVER                ( Kopiere Offset )
  ?LASTBYTE           ( Prüfe, ob Block zu Ende )
  IF                  ( Wahr, Zelle geht über Block hinaus)
    BUFHOLDS          ( Lege rekonstruierte ud ab )
    D. ." Split"      ( Ausgabe ud und Warnung )
  ELSE                ( Falsch, gültige Adresse )
    GETADD            ( Hole Adresse im Puffer )
    @                 ( Hole n aus dem Puffer )
  THEN                ( Beende die Bedingung )
;                     ( Beende die Definition ) <CR>
OK


: V!                  ( Stack: n ud >>> )
  OFFSET&BLOCK        ( Ermittle Adresse auf Diskette)
  OVER                ( Kopiere Offset )
  ?LASTBYTE           ( Prüfe, ob Block zu Ende )
  IF                  ( Wahr, Zelle geht über Block hinaus)
    BUFHOLDS          ( Lege rekonstruierte ud ab )
    D. ." Split"      ( Ausgabe von ud und Warnung )
  ELSE                ( Falsch, gültige Adresse )
    GETADD            ( Hole Adresse im Puffer )
```

```
   !                  ( Speichere n im Puffer ab )
     UPDATE           ( Markiere Puffer als aktualisiert)
   THEN               ( Beende die Bedingung )
 ;                    ( Beende die Definition ) <CR>
OK
```

OFFSET&BLOCK wandelt die virtuelle Adresse ud in die Blocknummer n2 und das Byteoffset n1 um, da die n1-te Adresse in dem Block mit der (absoluten) Blocknummer n2 mit der Adresse ud korrespondiert. **BUFFHOLDS** führt die umgekehrte Berechnung von ud1 auf n1 und n2 aus. **?LASTBYTE** legt ein WAHR-Flag ab, falls die Adresse von n1 auf das letzte Byte im Block n2 zeigt. Schließlich legt **GETADD** die Adresse des Bytes im Puffer ab, der aus der Adresse n1 des Blocks n2 gelesen wurde. Falls sich die Daten nicht bereits in dem Puffer befinden, werden Sie von Diskette gelesen.

Sowohl V@ als auch V! sind nur gültig, wenn sich die gesamte 16- Bit-Zelle im gleichen Block befindet. Falls ud mit dem letzten Byte eines Blocks korrespondiert, wird eine Warnung ausgegeben. VC@ ermittelt den Block, der die virtuelle Adresse ud enthält, lädt diesen in den Disketten-puffer und legt den Inhalt des entsprechenden Bytes auf dem Stack ab. VC! führt die entsprechende Speicheroperation aus. Beachten Sie, daß weder VC@ noch V! wirklich Werte aus dem Puffer auf Diskette schreiben. Stattdessen wird das Update-Bit des Puffers gesetzt, um später eine Abspeicherung zu erzwingen, wann immer der Puffer für weitere Daten benötigt oder das Wort **FLUSH** bzw. **SAVE-BUFFERS** ausgeführt wird.

* * *

Anmerkungen

[1] FORTH-79 bzw. FORTH-83 benötigen lediglich Zugriff auf mindestens 32 Kilobyte eines nicht näher festgelegten Massenspeichermediums. Im Einklang mit der vorgeschlagenen allgemeinen Orientierung des FORTH-79 bzw. FORTH-83 Standards sind die elementaren Worte zur Einbindung des Diskettenspeichers, die in diesem und dem nächsten Kapitel diskutiert werden, dem FORTH-79 bzw. FORTH-83 Benutzer im allgemeinen nicht zugänglich.

^{2} Die Anzahl der bei einem Diskettenzugriff des FORTH-Systems geschriebenen Bytes kann unterschiedlich sein und hängt von Besonderheiten des Massenspeichers oder des Betriebssystems ab. Intern sind alle Worte, die auf einen Massenspeicher zugreifen, so definiert, daß sie einen Datenblock auf einmal transportieren können.

^{3} Alle Fig-FORTH Worte, die Datenblöcke transportieren, verwenden das hardwareabhängige Wort R/W. In den meisten Fig-FORTH Systemen wird R/W als ein Primitive definiert. Manche Systeme verwenden für den Diskettenzugriff elementarere Worte, auf denen R/W in Form einer Doppelpunktdefinition zurückgreift.

^{4} Auf Block 0 kann nicht zugegriffen werden. Der Inhalt Null der Benutzervariablen BLK wird dazu benutzt, die Eingabe über die Tastatur festzulegen. In FORTH-83 dient Block 0 in der Regel zur Aufnahme von allgemeinen Kommentaren, Urheberrechtlichen Hinweisen usw.

^{5} Manche Systeme füllen bei der Ausführung von EMPTY-BUFFERS den Puffer mit Nullen, während andere lediglich den Inhalt des Wortkopfes mit Nullen füllen, aber die Daten unverändert lassen. Im letzten Fall kann der Inhalt eines gelöschten Puffers durch wiederherstellen der Blocknummer und setzen des Update-Bits dennoch auf Diskette geschrieben werden.

KAPITEL 12

VERARBEITUNG VON QUELLCODE

12.1 Überblick

In FORTH wird der Quelltext eines über die Tastatur eingegebenen Programms nicht abgespeichert. Daher lassen sich Eingaben über die Tastatur später nicht mehr auflisten. Desweiteren besteht keine Möglichkeit, den Quelltext von Programmen, die über die Tastatur eingegeben wurden, zu editieren. Es ist daher, wie in anderen Hochsprachen auch, üblich, den Quelltext eines Programms zunächst mit Hilfe eines Editors einzugeben, gegebenenfalls auf Diskette zu speichern, und dann dem Textinterpreter zur Ausführung zuzuführen. Bei dem FORTH-Editor handelt es sich um eine Reihe von Worten, die in einem Vokabular mit dem Namen **EDITOR** enthalten sind, und mit deren Hilfe der Quelltext ausgegeben und editiert werden kann. Der gesamte zur Verfügung stehende Disketten- oder Festplattenspeicher wird vom Editor in sog. *Screens* unterteilt. Ein Screen hat eine Größe von 1024 Bytes und stellt die kleinste Einheit dar, in der der Anwender den Quelltext eines Programms editieren kann.

Der Inhalt eines Screens kann von der Diskette in den Diskettenpuffer gelesen und dann dem Textinterpreter zur Verarbeitung zugeführt werden. Von der Diskette gelesener Quelltext wird vom Textinterpreter auf die gleiche Weise behandelt, als wäre er direkt über die Tastatur eingegeben worden.

12.2 Quellcode

Die Befehle und Daten, die dem Textinterpreter zur Verarbeitung zugeführt werden, werden unter dem Begriff Eingabestrom zusammengefaßt. Der Eingabestrom, der stets aus einer Folge von ASCII-Zeichen besteht, kann entweder von der Tastatur oder dem Diskettenpuffer kommen. Der Textinterpreter separiert aus dem *Eingabestrom* einzelne, durch Leerzeichen voneinander getrennte Wörter, die entweder zur Ausführung gebracht oder in das Wörterbuch kompiliert werden. Eingaben über die Tastatur werden interaktiv verarbeitet. Nachdem der Textinterpreter einen Return-Code entdeckt, werden die einzelnen, durch Leerzeichen voneinander getrennten Wörter, der Reihe nach im Eingabepuffer separiert, in den Wortpuffer geschoben und anschließend entweder kompiliert oder zur

Ausführung gebracht. Nachdem die gesamte Zeile verarbeitet wurde, wird die "OK"-Meldung ausgegeben, um anzuzeigen, daß der Textinterpreter auf weitere Eingaben wartet.

Wie bereits erwähnt, kann der Eingabestrom entweder von der Tastatur oder aus einem Block des Diskettenpuffers stammen. Mit den Worten des **EDITOR**-Vokabulars kann der Quellcode für ein Anwenderprogramm als ASCII-Text im Diskettenpuffer erstellt und anschließend auf Diskette gespeichert werden. Der Quellode kann dann von der Diskette geladen und dem Textinterpreter zur Verfügung gestellt werden, so als wäre er über die Tastatur eingegeben worden. Der Textinterpreter erkennt am Zustand der Benutzervariablen **BLK** { >>> adr } <f,s,83>, ob der Quellcode von der Tastatur (**BLK** = 0) oder vom Diskettenpuffer kommt. Im letzten Fall gibt **BLK** die Nummer des Blockes an, der den Quellcode enthält.

Der Quellcode kann ohne Einschränkungen komplette Anwenderprogramme oder einzelne Hilfsroutinen umfassen. Es lassen sich z.B. Programmbibliotheken in Form ihres Quelltextes auf Diskette speichern und bei Bedarf laden. Dadurch werden bestimmte Programmroutinen nur dann geladen, wenn sie benötigt werden und so der zur Verfügung stehende Arbeitsspeicher besser genutzt. Beispiele für Systemprogramme, die nur bei Bedarf geladen werden, sind das **EDITOR**- und das **ASSEMBLER**-Vokabular.

Mit bestimmten Einschränkungen kann der Quelltext von Anwenderprogrammen auch zwischen verschiedenen FORTH-Systemen übertragen werden. Sollte das physikalische oder logische Diskettenformat nicht übereinstimmen, besteht die Möglichkeit, den Quelltext über eine serielle Schnittstelle zu übertragen. Im allgemeinen gibt es keine Schwierigkeiten Anwenderprogramme zwischen verschiedenen Rechnersystemen auszutauschen. Voraussetzung ist in den meisten Fällen, daß die Anwenderprogramme unter einem identischen Sprachkern entwickelt wurden, und daß innerhalb des Programms kein direkter Zugriff auf die Hardware des Rechners durchgeführt wird.

12.3 Format und Ausgabe eines Screens

Der Quellcode wird in *Screens* bearbeitet, wobei ein Screen 1024 Bytes ASCII-Text auf Diskette belegt. Der Zugriff über Screens macht den Diskettenzugriff und die Pufferzuordnung für den Benutzer transparent. Fig-FORTH benutzt die Systemkonstante **B/SCR** { >>> n } <f>, um die Anzahl zusammenhängender Pufferblöcke, aus denen sich ein Screen zusammensetzt, festzulegen. In FORTH-79 wie auch in FORTH-83 entspricht ein einzelner Screen einem Block (1024 Bytes). Nach dem Einlesen von Diskette belegt daher jeder Screen in FORTH-79 bzw. FORTH-83 einen bzw. in Fig-FORTH die durch **B/SCR** festgelegte Anzahl an Puffern. Ein einzelner Screen wird durch seine Nummer angesprochen, die relativ zu dem ersten Screen auf dem aktiven Diskettenlaufwerk festgelegt wird[1]. Üblicherweise wird ein Screen in 16 Zeilen mit jeweils 64 Zeichen ausgegeben[2]. Worte, die einen Screen in den Diskettenpuffer laden, berechnen zunächst die Nummer des Blocks (bzw. in Fig-FORTH die Nummer des ersten Blocks) und benutzen dann das Wort **BLOCK** um den Inhalt des Screens in den Diskettenspeicherpuffer zu transportieren. Durch das Wort **LIST** { n >>> } <f,s,83> wird der Inhalt von Screen n auf dem Bildschirm ausgegeben. Den 16 Zeilen des Screens geht eine Überschrift voraus, die die Nummer des Screens anzeigt. Am linken Rand wird ferner die Zeilennummer in jeder Zeile ausgegeben. Die Ausführung des Fig-FORTH Wortes **TRIAD** { n >>> } <f> gibt, beginnend mit der nächsten auf n folgenden, durch drei teilbaren Screennummer, drei Screen einschließlich Screen n selber aus. So gibt z.B. 7 **TRIAD** die Screens 6,7 und 8 aus. Die Nummer des zuletzt durch **LIST** oder **TRIAD** ausgegebenen Screens wird in der Benutzervariablen **SCR** { >>> adr } <f,s> gespeichert. Durch Betätigen der Stop-Taste kann die Ausgabe durch **LIST** oder **TRIAD** abgebrochen werden[3].

Per Konvention wird die erste Zeile eines Screens dazu benutzt einen Kommentar in Klammern aufzunehmen, der den Inhalt des Screens beschreibt. Durch **INDEX** { n1 n2 >>> } <f> werden diese Kommentarzeilen der Screens n1 bis einschließlich n2 ausgegeben. Da die Ausgabe eines Disketteninhaltsverzeichnisses in Fig-FORTH normalerweise nicht unterstützt wird, bietet **INDEX** die einfachste Möglichkeit den Inhalt einzelner Screens auf Diskette aufzulisten. Auch die Ausgabe durch **INDEX** kann durch Betätigen der Stop-Taste vorzeitig beendet werden. In Fig-FORTH kann die Adresse einer beliebigen Zeile eines Screens durch **(LINE)** { n1 n2 > >> adr n3 } <f> bestimmt werden. **(LINE)** legt die Adresse Adr innerhalb des Puffers ab, indem die Zeile n1 des Screens n2 beginnt. Falls sich der Screen n2 nicht im Diskettenpuffer befindet, wird er zunächst von Diskette geladen. Bei der obersten Zahl auf dem Stack n3 handelt es sich einfach um den Wert 64, der Standardlänge einer Zeile. Durch **.LINE** { n1 n2 >>> } <f> wird Zeile n1 des Screens n2 auf dem Bildschirm ausgegeben, wobei alle anhängenden Leerzeichen entfernt werden. Bei der Ausführung von **.LINE** wird **(LINE)** benutzt, um die Adresse des Textes zu ermitteln, der gegebenenfalls zuvor von Diskette geladen wird.

* * *

Beispiel 12.3.1 - Listen Sie den Inhalt des Screens 44:

```
( es soll angenommen werden, daß Screen 44 folgenden Inhalt enthält )

OK
44 LIST
SCR# 44
0  ( Zahlenumwandlungsroutine für die Ausgabe )
1  : #I/O ; DECIMAL  FORTH  DEFINITIONS
2  : BINARY 2 BASE ! ;  : OKTAL 8  BASE  ! ;
3  : SAVE.BASE ( n1 >>> base n1 )
4    BASE @ SWAP 1 ;  ( Speichere die aktuelle Basis )
5  : RESTORE BASE   ( base >>> )
6    BASE ! ; ( Widerherstellen der zuvor gespeicherten Basis)
7  : .2  ( n1 >>> )
8    SAVE.BASE BINARY  .  RESTORE.BASE ;
9  : .8  ( n1 >>> )
10   SAVE.BASE OCTAL . RESTORE.BASE ;
11 : .10 ( n1 >>> )
12   SAVE.BASE DECIMAL . RESTORE.BASE ;
13 : .16 ( n1 >>> )
14   SAVE.BASE HEX . RESTORE.BASE ;
15
OK
```

Die Screennummer in der Überschrift und die Zeilennummer entlang des linken Randes werden von **LIST** hinzugefügt und sind nicht auf Diskette gespeichert. Der Quellcode eines Screens kann jedes gültige FORTH Wort, Kommentare oder Doppelpunktdefinitionen enthalten. Eine einzelne Zeile kann eine beliebige Anzahl Worte, Variablen-, Konstanten- oder Doppelpunktdefinitionen enthalten. Eine Doppelpunktdefinition kann sich auch über mehrere Zeilen erstrecken, solange nicht ein Wort oder ein numerischer Wert durch eine Zeile gespalten wird[4]. Zusätzliche Leerzeichen und Leerzeilen im Quelltext werden, genau wie bei der Tastatureingabe ignoriert.

* * *

Beispiel 12.3.2 - Das folgende Beispiel veranschaulicht, wie ein Screen zur Aufnahme von Zeichenketten verwendet werden kann, und wie diese Zeichenkette wahlweise ausgegeben werden können:

```
OK
SCR# 50
0  ( Einfache Stringverwaltung * 31/07/87  XX )
1  Illegaler Parameter
2  Heute ist Montag
3  Heute ist Dienstag
4  Heute ist Mittwoch
5  Heute ist Donnerstag
6  Heute ist Freitag
7  Heute ist Samstag
8  Heute ist Sonntag
9  Illegaler Parameter
10
11
12
13
14
15
OK
```

```
: BTYPE          ( Stack:n >>> )
   1+            ( Überspringe Zeile 0 )
   64 *          ( Offset zu Zeile n )
   50 BLOCK      ( Adresse des Blockpuffers )
   +             ( Adresse der Zeichenkette )
   64            ( Umfang der Zeichenkette )
   -TRAILING     ( Ignoriere Leerzeichen )
   TYPE          ( Ausgabe der Zeichenkette )
   CR            ( Ausgabe einer Leerzeile )
;                ( Beende die Definition )  <CR>
OK
```

```
: .WOCHENTAG     ( Stack: n >>> )
   0 MIN         ( Kein Wert kleiner Null )
   7 MIN         ( Kein Wert größer sieben )
   BTYPE         ( Ausgabe des Satzes )
;                ( Beende die Definition )  <CR>
OK
```

```
4 .WOCHENTAG  Heute ist Donnerstag  OK
-1 .WOCHENTAG  Illegaler Parameter  OK
8 .WOCHENTAG  Illegaler Parameter  OK
```

Es soll nocheinmal darauf hingewiesen werden, daß es sich bei einem
Screen lediglich um eine logische Unterteilung des Diskettenspeichers handelt. Ein Screen legt lediglich die Anzahl an Bytes fest, die auf einmal
editiert werden können. Das Screen-Konzept von FORTH ist in erster
Linie "historisch" bedingt, und stammt aus einer Zeit in der es für Mikro-
computer keine so leistungsfähigen Betriebssysteme gab wie z.B. MS-DOS.
Es gibt keinen zwingenden Grund dieses Screen-Konzept beizubehalten,
d.h. es ist genauso möglich, Quelltext zu verarbeiten, der z.B. mit Hilfe
eines Textverarbeitungsprogramms erstellt wurde. Aus diesem Grund
unterstützen viele FORTH-Systeme die Verarbeitung sog. *Streamfiles*.
Dabei handelt es sich um Quellcodedateien beliebiger Größe, die nicht in
Screens unterteilt sind. Allerdings muß das **EDITOR** Vokabular dann um
entsprechende Worte erweitert werden, bzw. es muß ein neues Editor-
Vokabular zur Verfügung gestellt werden.

*   *   *

12.4 Editieren eines Screens

Screens werden mit Worten aus dem **EDITOR**-Vokabular erzeugt und editiert. Weder Fig-FORTH, FORTH-79 noch FORTH-83 enthalten ein
standardisiertes Vokabular zum editieren von Texten, da die Möglichkeiten
eines Editors von der verwendeten Hardware abhängt. Zwar wird im Fig-
FORTH-Modell ein einfacher zeilenorientierter Editor vorgeschlagen,
doch verfügen die meisten FORTH-Systeme mittlerweile über einen
bildschirmorientierten Editor, der die Möglichkeiten der Hardware
(Grafikbildschirm) optimal ausnutzt. Nähere Einzelheiten über einen bestimmten Editor sind dem jeweiligen Systemhandbuch zu entnehmen.

Eine Editier-Sitzung beginnt in der Regel durch Eingabe von **EDITOR**
(oder einem äquivalenten Wort wie z.B. **EDIT**, dem die Nummer des zu
editierenden Screens übergeben werden muß). Dadurch wird das Vokabular **EDITOR** als Context- bzw. Transient-Vokabular (siehe Kap. 8.7) vereinbart. Während einer Editier-Sitzung wird der Inhalt des Screens im
Diskettenpuffer gehalten. Mit Hilfe einzelner Worte des **EDITOR**-Voka-
bulars kann der gesamte Screen bzw. können einzelne Zeilen ausgegeben,
der Cursor auf dem Bildschirm positioniert oder bestimmten Ausdrücke im
Quelltext gesucht bzw. ausgetauscht werden. Die Funktionen des Editors

entsprechen in der Regel denen eines einfachen Textverarbeitungsprogramm. Nach der Beendigung der Editier-Sitzung kann der bearbeitete
Quelltext auf Diskette gespeichert und anschließend zur Ausführung gebracht werden.

Wurde der Inhalt eines Screens beim Editieren geändert, wird automatisch
das *Update-Bit* des betreffenden Screens gesetzt. Falls dieser Screen im
Diskettenpuffer durch einen anderen Screen überschrieben werden soll,
wird der Inhalt des geänderten Screens zuvor auf Diskette gespeichert. Die
Ausführung von **SAVE-BUFFERS** oder **FLUSH** nach Beendigung einer
Editier-Sitzung stellt sicher, daß alle geänderten Screens auf Diskette zurückgeschrieben werden.

12.5 Ausführen eines Screens

Der Quellcode eines Screens wird dem Textinterpreter durch **LOAD** (n
>>>) <f,s,83> zur Verarbeitung zugeführt. **LOAD** lädt den Screen mit der
Nummer n in den Diskettenpuffer und führt seinen Inhalt Wort für Wort
dem Textinterpreter zur Verarbeitung zu. Der Quellcode wird dabei genauso kompiliert oder ausgeführt, als wäre er über die Tastatur eingegeben
worden.

LOAD führt normalerweise dazu, daß ein Screen geladen und interpretiert
wird. Enthält ein Screen am Ende das Immediate-Wort --> <f,s>, wird
auch der nachfolgende Screen in den Diskettenpuffer geladen und interpretiert. Alle Worte nach --> werden vom Textinterpreter ignoriert. Das
Immediate-Wort ;S <f> bewirkt innerhalb eines Screens, daß die Interpretation dieses Screens abgebrochen wird.

Nach Beendigung des **LOAD**-Befehls wird die Ausführung mit dem Wort
im Eingabestrom fortgesetzt, welches auf **LOAD** folgt. **LOAD** kann auch
innerhalb eines Screens eingesetzt werden und so bewirken, daß von
diesem Screen weitere Screens geladen werden. Es ist möglich, jede beliebige Anzahl von **LOAD**-Kommandos zu verschachteln. Nach Abarbeitung
aller **LOAD**-Befehle wird die Programmausführung bei dem Wort fortgesetzt, das auf das allererste **LOAD** folgt. Es ist üblich, daß der erste
Screen eines größeren Anwenderprogramms auf Diskette einen Screen enthält, der lediglich aus **LOAD**-Kommandos besteht, die alle für die Anwendung benötigten Screens laden. So ist es möglich, in einer größeren
Applikation Programmodule hinzuzufügen bzw. zu eliminieren, indem die
Screennummern der betreffenden Programmodule im "Ladescreen" aufgeführt bzw. weggelassen werden.

* * *

Beispiel 12.5.1 - Der in Beispiel **12.3.1** gezeigte Screen soll geladen und interpretiert werden:

```
OK
44  LOAD  <CR> OK
DECIMAL  <CR>  OK
32 DUP .16 .  <CR>   20 32 OK
32 DUP .8 .  <CR>   40 32 OK
32 DUP .2 .  <CR>   10000 32 OK
```

LOAD veranlaßt die Interpretation des gesamten Screens 44. Danach wird kein weiterer Screen interpretiert, da das Wort --> nicht am Ende des Screens aufgeführt ist. Die "OK"-Meldung in der ersten Eingabezeile zeigt an, daß der Quelltext des Screens 44 fehlerfrei interpretiert wurde, und der Textinterpreter für weiteren Eingaben bereit ist.

*   *   *

Beispiel 12.5.2 - Gehen Sie davon aus, daß Screen 44 noch einmal editiert und in aktualisierter Form auf Diskette gespeichert wurde. Screen 44 soll nun erneut geladen und interpretiert werden:

```
OK
FORGET #I/O  <CR>  OK
44 LOAD <CR>  OK
```

Durch den Befehl **FORGET #I/O** werden sämtliche Wortdefinitionen entfernt, die durch das vorherige Laden von Screen 44 kompiliert wurden. Ohne die Ausführung des **FORGET**-Befehls hätte das erneute Laden von Screen 44 eine Reihe von Warnmeldungen zur Folge, in denen auf die doppelte Existenz der geladenen Worte hingewiesen worden wäre. Es ist sinnvoll eine Applikation mit einem "Null-Wort" (in dem Beispiel #I/O) beginnen zu lassen, so daß durch Löschen dieses Null-Wortes auch alle folgenden Wörter der Applikation gelöscht werden können.

*   *   *

Anmerkungen

[1] FORTH-79 bzw. FORTH-83 behandeln den gesamten Diskettenspeicher als eine Aneinanderreihung benachbarter Blöcke, bei denen sowohl die Blocknummern, als auch die Screennummern durch einen absoluten Offset zu Block 0 oder Screen 0 festgelegt sind.

[2] Beachten Sie, daß dieses Format lediglich zwecks einer besseren Übersicht gewählt wurde. Es läßt jedoch keine Rückschlüsse auf die tatsächliche Größe der Puffer zu, die benutzt werden, um Quelltext aufzunehmen. Genauso muß zwischen dem Format eines Edit-Screens und dem Bildschirm als physikalischer Einheit unterschieden werden.

[3] Wenn es sich bei dem Ausgabegerät um einen Drucker handelt, gibt **TRIAD** drei einzelne Screens auf einer Druckseite aus.

[4] In FORTH-79 sowie in einigen Fig-FORTH Systemen darf sich eine Wortdefinition nicht über mehrere Screens erstrecken.

KAPITEL 13

SYSTEMOPERATIONEN

13.1 Überblick

Zu den Systemoperationen gehören Operationen, die wichtige Zeiger und Werte initialisieren, den Eingabestrom auswerten, FORTH Worte kompilieren oder ausführen. Dazu gehört auch das Erkennen von Fehlern bzw. die Wiederherstellung des Systems nach einem Fehler.

Bei dem FORTH-Adreßinterpreter handelt es sich um eine prozessorabhängige Maschinenroutine. Obwohl diese Routine sehr kurz ist, ist sie von entscheidender Bedeutung für die Ausführung eines FORTH Programms. Ihre Aufgabe ist das "hindurchfädeln" (engl. threading) durch die einzelnen Ebenen einer Wortdefinition und die Ausführung der einzelnen Worte in der Reihenfolge ihres Auftretens. Die Arbeit des Adreßinterpreters ist für den Benutzer transparent.

Der Textinterpreter dagegen ist sehr wohl sichtbar. Er stellt die Schnittstelle zwischen dem System und dem Benutzer dar. Bei dem Textinterpreter handelt es sich im Prinzip um eine Endlosschleife, die laufend Eingabedaten von der Tastatur oder einem Quellcode-Screen entgegennimmt und diese Daten auswertet (d.h. kompiliert oder zur Ausführung bringt).

Die Möglichkeiten von FORTH zur Feststellung von Fehlern sind zwar minimal, können aber vom Benutzer bei Bedarf erweitert werden. Nach der Wiederherstellung des Systems nach einem Fehler wird die Eingabeschleife erneut gestartet, und unter Umständen wird eine Fehlermeldung ausgegeben.

13.2 Der Adreßinterpreter

Die Ausführung eines einzelnen Wortes wird durch den Adreßinterpreter kontrolliert. Der Adreßinterpreter ist nicht Bestandteil einer Wortdefinition. Stattdessen handelt es sich um eine kurze (und in der Regel schnelle) Maschinencoderoutine, die an geeigneter Stelle im Speicher untergebracht ist und die im allgemeinen als NEXT bezeichnet wird. In Fig-FORTH benutzt der Adreßinterpreter verschiedene Zeiger und den Return-Stack, um sich durch die einzelnen Verschachtelungsebenen einer Wortdefinition hindurchzufädeln und den Maschinencode, der durch das Codefeld jeder Wortdefinition adressiert wird, direkt auszuführen. FORTH-79 und

FORTH-83 legen die interne Arbeitsweise des Adreßinterpreters nicht fest, da er dem Benutzer nicht zugänglich ist. Jedoch sind seine Operationen ähnlich jenen, die für Fig-FORTH beschrieben werden.

Zusammen mit den Stackzeigern, bilden in Fig-FORTH das *IP-Register* (IP steht für Interpretativer-Zeiger) und das *W-Register* (W steht für Wortzeiger) das Herz der "virtuellen FORTH-Maschine". Beide Register werden als Pseudoregister bezeichnet, da sie durch ein Prozessorregister oder eine Speicherzelle im RAM des System emuliert werden müssen. Das IP-Register enthält einen Zeiger auf das Codefeld des als nächstes auszuführenden Wortes, während das W-Register auf das augenblicklich in Ausführung befindliche Wort zeigt. Das IP-Register und das W-Register werden vom Adreßinterpreter gesetzt. Um ein Wort auszuführen, überträgt der Adreßinterpreter den Zeiger im IP-Register in das W-Register und führt anschließend einen indirekten Sprung zu der Maschinenroutine durch, deren Adresse im W-Register (d.h. im Codefeld des auszuführenden Wortes) enthalten ist. Anschließend wird das W-Register um zwei erhöht, damit es auf das Parameterfeld des in Ausführung befindlichen Wortes zeigt. Anschließend wird das IP-Register erneut inkrementiert, damit es bereits auf das Codefeld des als nächstes auszuführenden Wortes zeigt.

In jedem Fall zeigt das Codefeld eines Wortes auf eine Maschinencoderoutine. Wenn es sich bei dem Wort um ein Primitive handelt, enthält das W-Register einen Zeiger auf die Maschinencoderoutine im Parameterfeld des Primitiven; dieser Maschinencode muß mit einem Sprung zum Adreßinterpreter, d.h. nach **NEXT**, beendet werden. Wurde das auszuführende Wort z.B. durch das Definitionswort **CONSTANT** definiert, zeigt sein Codefeld auf eine Maschinencoderoutine, die mit allen durch **CONSTANT** definierten Worten assoziiert ist. Der im Parameterfeld von **CONSTANT** lokalisierte Code benutzt bei seiner Ausführung den inkrementierten Zeiger im W-Register, der auf das Parameterfeld des auszuführenden Wortes zeigt, um den in diesem Parameterfeld gespeicherten Wert auf den Stack zu holen. Bei der Ausführung eines durch das Definitionswort **VARIABLE** definierten Wortes, holt die Maschinenroutine in der Wortdefinition von **VARIABLE** lediglich den Zeiger auf das Parameterfeld des auszuführenden Wortes, der im W-Register gespeichert ist, auf den Stack. Die mit dem Definitionswort **USER** assoziierte Maschinencoderoutine addiert die Basisadresse des Benutzervariablenbereichs und den Inhalt der durch das W-Register adressierten Zelle und legt die resultierende Adresse auf dem Stack ab. Jede dieser Maschinencoderoutinen endet mit der Ausführung von **NEXT**.

Worte, die duch eine Doppelpunktdefinition definiert wurden, müssen unterschiedlich behandelt werden. Um ein solches Wort auszuführen, muß sich der Adreßinterpreter durch eine unbestimmte Anzahl von Ebenen fädeln und dabei die mit jedem Komponentenwort assoziierte Maschinencoderoutine zur Ausführung bringen. Als erstes wird die mit dem Definitionswort ':' assoziierte Maschinencoderoutine zur Ausführung gebracht. Diese Routine legt zunächst den Inhalt des IP-Registers als Rückkehradresse auf dem Return-Stack ab und inkrementiert das IP-Register um Zwei. Das IP-Register enthält nun einen Zeiger auf das Parameterfeld des durch ':' definierten Wortes. Anschließend wird NEXT ausgeführt, welches die Ausführung des ersten Komponenentenwortes einleitet. Falls dieses Wort ebenfalls durch eine Doppelpunktdefinition kompiliert wurde, wird durch die mit ':' assoziierte Maschinencoderoutine erneut der Inhalt des IP-Registers auf den Return-Stack geschoben und durch erhöhen des IP-Registers um Zwei das erste Komponentenwort dieser Wortdefinition adressiert. Dieser Vorgang wiederholt sich solange, bis die unterste Verschachtelungsebene der Doppelpunktdefinition erreicht ist[1]. Ist die unterste Wortdefinition abgearbeitet, trifft der Adreßinterpreter auf das Wort ; (Semis), d.h. genauer auf die Laufzeitroutine, die von dem Immediate-Wort ; kompiliert wurde. Diese Laufzeitroutine kehrt den Verschachtelungsprozeß um, indem das IP-Register mit dem obersten Element des Return-Stacks geladen und NEXT ausgeführt wird. Durch die Ausführung von NEXT wird die Programmausführung auf der nächst höheren Ebene fortgesetzt. Dieser Vorgang wiederholt sich solange, bis zum Schluß das Wort ; auf der obersten Ebene der Doppelpunktdefinition zur Ausführung gelangt.

Der Adreßinterpreter kann durch EXECUTE { adr >>> } <f,s> aufgerufen werden, wobei Adr die Codefeldadresse des auszuführenden Wortes darstellt. EXECUTE lädt das IP-Register mit Adr und springt anschließend nach NEXT, ohne allerdings das IP-Register zu inkrementieren.

13.3 Implementation des Adreßinterpreters

An dieser Stelle soll ein Beispiel für eine mögliche Implementierung eines Adreßinterpreters auf einem 8086 System vorgestellt werden, da aufgrund der hohen Verbreitung von PC's und Kompatiblen, dieser Prozessor sehr oft als Grundlage von FORTH Implementierungen eingesetzt wird. Abb. 13.1 zeigt die Belegung der 8086 Register durch das FORTH-System. Ausgehend von dieser Registerbelegung kann der Adreßinterpreter wie folgt implementiert werden :

WORD LODS
BX AX MOV
[BX] JMP

Die "Mini-Maschinenroutine" wurde im Assembler des FORTH-Systems
(PC/FORTH) dargestellt. Wie bereits an verschiedenen Stellen des Buches
erwähnt wurde, gilt auch für den FORTH Assembler die Umgekehrt Polnische Notation (UPN), der assemblierte Maschinencode ist natürlich mit
dem eines "normalen" Assemblers identisch. Die Aufgabe der Maschinenroutine ist leicht erklärt. Zunächst wird durch den 8086 Befehl **LODS** der
Inhalt des IP-Registers (siehe Abb. 13.1) in das AX-Register (Wortopera-
tion) geladen und das IP-Register dabei gleichzeitig inkrementiert (vorausgesetzt das Richtungsflag des 8086 ist nicht gesetzt). Auf diese Weise läßt
sich auch mit dem 8086 Befehlssatz eine Postinkrementierung erreichen,
die als Adressierungsart normalerweise nicht vorgesehen ist. Anschließend
wird das AX-Register in das BX-Register geladen und ein indirekter
Sprung zu der (Wort-)Adresse im BX-Register durchgeführt.

Während in älteren 8-Bit-FORTH bzw. allegmeine in Fig-FORTH Systemen jedes Primitive durch einen Sprung zu **NEXT** beendet wurde, wird
bei den "modernen" Prozessoren wie dem 8086 oder auch dem 68000 der
Code für den Adreßinterpreter an die Wortdefinition gehängt. Aufgrund
der hohen Ausführungsgeschwindigkeit dieser Prozessoren ist der mit diesem Adreßinterpreter-Overhead verbundene Laufzeitverlust kaum fest-
stellbar (auch ein Sprungbefehl, zu einem Adreßinterpreter kostet CPU-
Zeit).

Register	Funktion
AX	-
BX	W-Register
CX	-
DX	-
SI	IP-Register
DI	-
SP	Parameterstack Zeiger
BP	Returnstack Zeiger
CS	Zeigt auf den Beginn von FORTH
DS	Zeigt auf den Beginn von FORTH
ES	Wird für einen langen Speicherzugriff verwendet
SS	Zeigt auf den Beginn des Stacksegments

Abbildung 13.1 Registerbelegung bei der virtuellen FORTH Maschine

Alle von FORTH benutzten Register sowie das Richtungsflag des Status-
registers sollten bei der Ausführung benutzerdefinierter Maschinen-
spracheroutinen gerettet werden.

Ein weitere Systemroutine, die stets in Maschinencode implementiert wird,
ist die sog. NEST-Routine. Hierbei handelt es sich um die Laufzeitroutine
des Definitionswortes : (colon). Ein Zeiger auf diese Routine, wird in das
Codefeld jedes durch : kompilierten Wortes eingetragen :

```
ASSEMBLER  LABEL  NEST    ( Stackdiagramm : >>> )
   W  INC  W  INC         ( W-Register auf Pfa setzen )
   RP  DEC  RP  DEC       ( Return Stack vorbereiten )
   IP  0 [RP]  MOV        ( Speichere IP auf dem Stack )
   W  IP MOV              ( Lade IP mit der Startadresse )
                          ( einer neuen Wortliste )
   NEXT
END-CODE                  ( Beende die "Definition" )
```

Diese Definition mag auf den ersten Blick ein wenig unkonventionell erscheinen. Jedoch ist ein Wortkopf, wie er durch das Definitionswort
CODE erzeugt wird, nicht erforderlich, da NEST (nicht zu verwechseln
mit NEXT) in der Regel dem Benutzer nicht zugänglich sein sollte. Dies
gilt nicht für das Gegenstück von NEST, dem Primitive EXIT, das eine
Doppelpunktdefinition beendet. Es wird sowohl von ; (Semikolon) kompiliert, als auch innerhalb unbestimmter Schleifen als Abbruchwort verwendet :

```
CODE EXIT                ( Stackdiagramm : >>> )
   0  [RP]  IP  MOV      ( Hole IP vom Return Stack )
   RP  INC  RP  INC      ( Aktualisiere RP )
NEXT                     ( Führe das "nexte" Wort aus )
END-CODE                 ( Beende die Definition )
```

13.4 Einbindung in das Betriebssystem MS-DOS

Auch ein Minimal-System muß in die Hardware des Host-Rechners einge-
bunden werden. In einer MS-DOS Umgebung geschieht dies relativ
problemlos über den INT 21 (hex) Interrupt, für den Aufruf einer MS-
DOS Betriebssystemroutine. Dies soll zunächst am Beispiel einer einfachen
Routine zur Bildschirmausgabe eines ASCII-Zeichens erläutert werden :

```
CODE EMIT ( c ··· )
  DX  PUSH          \ Lade DX-Register mit TOS
  02 # AH MOV       \ Lade AH-Register mit Funktionsnr.
  21 INT            \ Führe Interrupt aus
NEXT,               \ Kompiliere Adreßinterpreter
END-CODE            \ Beende Definition
```

In der Regel ist es problemlos, Betriebssystemroutinen in FORTH-Programme einzubinden. FORTH-Systeme wie z.B. F83 stellen besondere Worte zur Verfügung : BDOS { Parameter Funktionsnr. >>> Rückgabe } <f83>. Durch **BDOS** wird die gewünschte Funktion des Interrupts 21h aufgerufen. **BDOS** kann jedoch auch relativ einfach auf jedem anderen FORTH-System implementiert werden :

```
CODE  BDOS     ( Stack: Parameter Funktionsnr. >>> Rückgabe )
  AX POP       ( Funktionsnummer vom Stack holen )
  AL AH MOV    ( Funktionsnummer nach AH-Register )
  DX POP       ( Weiterer Funktionsparameter nach DX-Register )
  33 INT       ( Aufruf des Interrupts 21h )
  AH AH SUB    ( AH-Register löschen )
  AX PUSH      ( AL-Register auf Parameterstack )
END-CODE
```

13.5 Der Textinterpreter

Der FORTH-Textinterpreter ist die oberste Ebene des FORTH Systems und die direkte Schnittstelle zum Benutzer. Seine Aufgabe ist es, laufend Eingaben aus dem Eingabestrom auszuwerten. Der Textinterpreter bringt eingegebene Zahlen auf den Stack, führt Wortdefinitionen, deren Namen mit eingegebenen Worten übereinstimmen, aus oder kompiliert sie in das Wörterbuch.

Der Textinterpreter ist in der Definition von **QUIT** <f,s> enthalten. **QUIT** setzt zunächst die Benutzervariablen **STATE** und **BLK** auf Null, um zum einen das System in den Ausführungsmodus (STATE=0) zu setzen und zum anderen, um zu kennzeichnen, daß der Eingabestrom von der Tastatur (BLK=0) kommt. Alle anderen Benutzervariablen (einschließlich **BASE**) bleiben zusammen mit den Wörterbuch-, Vokabular- und Stackzeigern unverändert. Bei dem verbleibenden Rest der Wortdefinition von **QUIT** handelt es sich um den eigentlichen Textinterpreter. Der Textinterpreter, eine Endlosschleife, fährt solange mit der Ausführung fort, bis ein Fehler entdeckt oder das System reinitialisiert wird. Bis dahin findet der gesamte

Datenaustausch zwischen dem System und dem Benutzer innerhalb der Textinterpreterschleife statt.

In Fig-FORTH ist der Textinterpreter unter der Verwendung von zwei verschachtelten Endlosschleifen definiert. Die äußere Schleife löscht den Return-Stack und wartet dann auf das Betätigen der Return-Taste, um eine über die Tastatur eingegebene Textzeile in den Eingabepuffer zu bringen. Die innere Schleife (definiert durch das Komponentenwort INTERPRET <f> innerhalb der Definition von QUIT), führt nacheinander das Wort -FIND aus, um das nächste Wort aus dem Eingabestrom zu separieren und es vom Eingabepuffer in den Wortpuffer zu übertragen. Anschließend werden die vereinbarten Vokabulare nach einem übereinstimmenden Wort durchsucht.

Wird eine Übereinstimmung gefunden, wird die Parameterfeldadresse des gefundenen Wortes und der Wert des Zählbytes des Wortnamens zusammen mit einem WAHR-Flag auf dem Stack abgelegt. Falls FORTH sich im Ausführungsmodus befindet (STATE=0) oder das Precedence-Bit im Zählbyte des Wortnamens (Kennzeichnung eines Immediate-Wortes) auf '1' gesetzt ist, wird die Codefeldadresse des Wortes dem Adreßinterpreter zur Ausführung übergeben. Anderenfalls wird die Codefeldadresse in die nächste freie Speicherzelle des Wörterbuches kompiliert. In beiden Fällen wird der Parameterstack auf Unterlauf oder Überlauf geprüft.

Wird für das vom Textinterpreter separierte Wort kein übereinstimmendes Wort in den durchsuchten Vokabularen gefunden, versucht der Textinterpreter durch Ausführung von NUMBER das Wort in einen doppelt genauen numerischen Wert umzuwandeln und auf dem Stack abzulegen. Die resultierende einfach oder doppelt genaue Zahl wird im Ausführungsmodus auf dem Stack abgelegt bzw. im Kompilationsmodus als ein Literal in das Wörterbuch kompiliert. In beiden Fällen wird der Stack auf seine Grenzen überprüft.

Die Textinterpreter-Schleife wird solange wiederholt, bis der Eingabestrom erschöpft ist. Voraussetzung ist, daß jedes Eingabewort im Wörterbuch gefunden oder ausgeführt werden kann bzw. kein Stack- oder Systemfehler auftrat. Jede Textzeile von der Tastatur bzw. jeder Puffer des Diskettenpuffers wird durch mindestens ein NUL-Zeichen abgeschlossen. Das NUL-Zeichen ist in Fig-FORTH der Name eines ausführbaren Immediate-Wortes. Weil es ein Immediate-Wort ist, wird NUL immer ausgeführt, wenn es aus dem Eingabestrom separiert wird. Ist der Inhalt der Benutzervariablen BLK Null (Eingabe über die Tastatur), führt NUL die Sequenz R> DROP aus, um die innere Schleife zu verlassen. Falls die Eingabe von einem Quelltext Screen kommt (während der Ausführung von LOAD), stellt NUL fest, ob der letzte Datenblock für diesen Screen

interpretiert wurde. Trifft dies zu, wird die innere Schleife verlassen. Anderenfalls wird **BLK** um Eins erhöht, und der nächste Screen wird geladen
und interpretiert.

Ein Verlassen der inneren Schleife des Textinterpreters veranlaßt die
Fortsetzung der äußeren Schleife. Falls durch **STATE** der Ausführungsmodus festgelegt wird, wird zunächst die "OK"-Meldung ausgegeben, um
die erfolgreiche Interpretation des Eingabestromes anzuzeigen. Die äußere
Schleife fährt dann in ihrer Ausführung fort, löscht den Return-Stack und
wartet auf die nächste Eingabezeile von der Tastatur.

Weder FORTH-79 noch FORTH-83 legen den Aufbau des Textinterpreters fest. Trotzdem sind die Operationen des Textinterpreters in FORTH-
79 bzw. FORTH-83 den, für Fig-FORTH beschriebenen Operationen
ähnlich.

13.6 Systeminitialisierung

Der Textinterpreter in FORTH arbeitet als eine Schleife, die laufend
Quellcode (in Form von ASCII-Zeichen) von der Tastatur oder dem
Diskettenpuffer entgegennimmt und auswertet. Vor dem Starten (bzw. dem
erneuten Starten) dieser Schleife müssen wichtige Zeiger und Systemkonstanten initialisiert werden. Es gibt in Fig-FORTH drei mögliche Initiali-
sierungsebenen für den Eintritt in die Interpreterschleife. Die Initialisierung auf der innerste Ebene wird zur Wiederherstellung nach einem Systemfehler ausgeführt. Die Initialisierung auf der nächst äußeren Ebene
bewirkt einen Warmstart, und die Initialisierung auf der äußersten Ebene
führt zu einem Kaltstart. In jedem Fall verbleibt das System im Ausführungsmodus, in der die Eingabe von der Tastatur kommt[2].

Die Initialisierung auf der innersten Ebene wird durch **QUIT** <f,s> ausgeführt. **QUIT** initialisiert den Return-Stack, setzt die Benutzervariablen
STATE und **BLK** auf Null und tritt dann in die Endlosschleife des Textinterpreters ein, ohne allerdings den Parameterstack, das Wörterbuch oder
die Vokabularzeiger zu verändern. Die Ausführung von **ABORT** <f,s> bewirkt einen Warmstart, welcher den Parameterstack löscht und die Vokabularzeiger auf das Vokabular **FORTH** zurücksetzt[3]. Ein Warmstart setzt
nicht den Wörterbuchzeiger zurück, d.h. eventuell durchgeführte Wortdefinitionen bleiben erhalten. In Fig-FORTH wird zusätzlich eine Sys-
temstart Meldung ausgegeben und das System auf dezimale Ein- und Ausgabe gesetzt. Bei der letzten Komponente von **ABORT** handelt es sich um
das Wort **QUIT**, welches die Textinterpreter-schleife wieder startet und
dafür sorgt, daß sich das System anschließend im Ausführungsmodus befindet.

Ein Kaltstart initialisiert (oder reinitialisiert) das gesamte System. Es werden alle Variablen und Zeiger für das Kernwörterbuch initialisiert. Ein etwaiger Inhalt der Stacks, der Diskettenpuffer oder des Wörterbuches wird nicht gespeichert. Ein Kaltstart wird beim Einschalten des Computers oder beim Betätigen des Systemresetschalters ausgeführt. Ein Kaltstart wird auch automatisch nach dem Laden des FORTH Systems oder der Ausführung von **COLD** <f> durchgeführt. **COLD** benutzt die Boot-up Literale um bestimmte Benutzervariablen, das Wörterbuch, das Vokabular und die Stackzeiger zu initialisieren. **COLD** schließt durch die Ausführung von **ABORT** ab, um die Textinterpreterschleife (erneut) zu starten.

13.7 Fehlerbehandlung

Sowohl im Ausführungsmodus als auch im Kompilationsmodus prüft FORTH auf etwaige Fehler. Verglichen mit den meisten anderen Hochsprachen sind jedoch die Möglichkeiten zur Fehlererkennung in FORTH minimal. So gibt es beispielsweise weder eine Warnung bei nicht passenden Operandentypen noch bei einer Bereichsüberschreitung eines nummerischen Stack- oder Speicherwertes. Stattdessen muß der Programmierer jede neue Definition unmittelbar nach ihrer Kompilation interaktiv testen und von dieser Möglichkeit auch gewissenhaft Gebrauch machen.

Ein eingegebenes Wort kann in Fig-FORTH nur erkannt werden, wenn es sich um ein Wort aus dem augenblicklichen Context-, Current- oder **FORTH**-Vokabular (bzw. damit verknüpften Vokabularen) oder wenn es sich um eine Zahl aus dem momentan zur Ein- und Ausgabe vereinbarten Zahlensystem handelt. Jedes andere Wort führt sowohl während der Kompilation als auch während der Ausführung zu einer Fehlersituation. In Fig-FORTH werden ferner Worte erkannt, die nicht in dem momentanen Systemzustand ausgeführt werden können. Dazu gehört z.B. der Versuch die Worte **IF** oder **DO** außerhalb einer Doppelpunktdefinition auszuführen oder **FORGET** als Komponente einer Doppelpunktdefinition zu kompilieren.

Während der Kompilation einer Doppelpunktdefinition wird der Stackzeiger in der Fig-FORTH Benutzervariablen **CSP** { >>> adr } <f> gespeichert. Bei Beendigung der Kompilation durch ; oder ;**CODE** wird der augenblickliche Stackzeiger mit dem gespeicherten Wert verglichen. Eine Nichtübereinstimmumg zeigt einen Fehler während der Kompilation an.

Im Compile-Modus, d.h. z.B. während der Definition einer Doppelpunktdefinition, gelangen in Fig-FORTH die Immediate-Worte **IF**, **BEGIN**, **WHILE** und **DO** teilweise zur Ausführung. Sie hinterlegen dabei einen Fehlerprüfwert auf dem Stack. Dieser Wert wird bei der Ausführung der korrespondierenden Worte **THEN, AGAIN, UNTIL, REPEAT, LOOP** oder **+LOOP** vom Stack geholt und mit dem Fehlerprüfwert verglichen. Falls der Fehlerprüfwert nicht mit dem der Kontrollstruktur zugeordeneten Wert übereinstimmt, wird eine Fehlermeldung ausgegeben. Eine Fehlersituation tritt ebenfalls auf, wenn nicht mehr genügend freier Speicherplatz im Wörterbuch für die zu kompilierende Wortdefinition zur Verfügung steht.

Während der Ausführung eines Wortes sind die Fehlerkontrollen sehr begrenzt. Nachdem ein Wort aus dem Eingastrom separiert und ausgeführt wurde, wird der Parameterstackzeiger auf Über- oder Unterlauf geprüft. Der Return-Stack wird dagegen nicht überprüft, so daß jede unsachgemäße Manipulation oder Nutzung des Return-Stacks in der Regel zu einem Systemabsturz führt. Die Ausführung von **FORGET** <Name> führt zu einer Fehlersituation, wenn sich <Name> nicht innerhalb des Context-Vokabulars oder wenn es sich innerhalb eines geschützten Wörterbuchbereichs befindet. Schließlich führt der Zugriff auf einen nicht existierenden Diskettenblock oder allgemein ein (installationsabhängiger) illegaler Diskettenzugriff zu einer Fehlersituation. Weitere Fehlerüberprüfungen sind nicht vorgesehen und müssen bei Bedarf vom Programmierer implementiert werden.

Wird ein Fehler durch eine der Fig-FORTH Routinen erkannt, wird die augenblickliche Operation abgebrochen und das Wort **ERROR** { n1 >>> n2 n3 } <f> ausgeführt. Der Operand n1 legt die assozierte Fehlernummer fest. Bei den übergebenen Werten n2 und n3 handelt es sich um den augenblicklichen Wert der Benutzervariable **IN**, die den Offset auf das Wort im Eingabestrom angibt, das den Fehler erzeugte bzw. um den Inhalt der Benutzervariablen **BLK**. Die nach einem Fehler ausgeführte Routine zur Wiederherstellung des Systems hängt vom Zustand der Benutzervariablen **WARNING** { >>> adr} <f> ab. Ist der in **WARNING** gespeicherte Wert gleich -1, wird die installationsabhängige Routine **(ABORT)** <f> ausgeführt. Ein Wert von 0 oder 1 führt zur Ausgabe einer Fehlermeldung und zur anschließenden Ausführung von **QUIT** um die Textinterpreterschleife erneut zu starten.

Das Wort **ERROR** gibt eine Kopie des eingegebenen Wortes im Wortpuffer bei Auftreten des Fehlers zusammen mit einem Fragezeichen und der Fehlernummer aus. Falls der in **WARNING** gespeicherte Wert 1 ist, wird zusätzlich eine Fehlermeldung ausgegeben. Ein Fig-FORTH-System geht davon aus, daß sich die Texte der Fehlermeldungen in den Screens 4 und 5 auf Laufwerk 0 befinden. Die Fehlernummer n1 gibt den Zeilenoffset (positiv oder negativ) von Zeile 0 in Screen 4 zu der Zeile an, die die entsprechende Fehlermeldung enthält. Fehlernummer 0 zeigt an, daß der Textinterpreter ein eingegebenes Wort nicht als Wörterbuchdefinition oder als einen gültigen numerischen Wert erkannt hat. Dieser Fehler hat keinen zugeordneten Fehlertext.

FORTH-79 bzw. FORTH-83 erwarten, daß jedes System über eine Liste von Aktionen verfügt, die im Falle eines Fehlers ausgeführt werden. Dabei kann es sich entweder um das Fortfahren mit der Ausführung, die Ausgabe eines Fehlertextes, das Laden eines Quellcodescreens, die Ausführung eines bestimmten Wortes oder die Rückgabe der Kontrolle an den Textinterpreter handeln. Die Dokumentation des Sprachstandards führt sieben verschiedene Typen von Fehlerkonditionen auf, auf die eine Aktion folgen muß, sie empfiehlt aber ansonsten keine speziellen Maßnahmen zur Fehlererkennung oder Wiederherstellung des Systems.

Anmerkungen

[1] Diese Verwendung des Return-Stacks ist der Grund dafür, daß der Einsatz von **>R** und **R>** innerhalb einer Doppelpunktdefinition ausgeglichen sein muß. Anderenfalls wird der Return-Stack nicht den für die Rückkehr von einer Verschachtelungsebene notwendigen Zeiger enthalten.

[2] Fig-FORTH stellt zusätzliche, installationsabhängige Routinen zum erneuten Starten des Systems zur Verfügung. (Siehe Abschnitt 12.4)

[3] Die **(ABORT)** Routine stellt, wie in ihrer Doppelpunktdefinition im FORTH-Kern festgelegt ist, lediglich ein Äquivalent zu **ABORT** dar, so daß der erste Zeiger im Parameterfeld von **(ABORT)** einen Zeiger auf **ABORT** enthält. Dieser kann durch einen Zeiger auf eine vom Benutzer definierte Wortdefinition ausgetauscht werden.

KAPITEL 14

FORTH PROZESSOREN

14.1 Einleitung

Als Alternative zur Implementierung eines FORTH Systems auf einem Prozessor wie dem 8086 oder dem 68000, bietet es sich an, einen Prozessor zu entwerfen, der FORTH als Microcode bzw. Maschinensprache ausführt. In diesem Fall kann die besprochene virtuelle FORTH-Maschine direkt auf der Hardwareebene implementiert werden, wodurch ein enormer Geschwindigkeitsvorteil resultiert. FORTH Prozessoren wie z.B. der M17 oder der NC4016, der im folgenden ausführlicher vorgestellt wird, sind bereits seit einiger Zeit erhältlich und stellen eine interessante Alternative zu den "traditionelleren" Prozessoren dar.

14.2 Der NC4016

Der NC4016 ist ein 16 Bit CHMOS Prozessor, in dem FORTH auf der untersten Hardwareebene implementiert ist. Der NC4016 kommt ohne internen Microcode aus, da alle Funktionen mit Hilfe der insgesamt ca. 4000 Gatter realisiert werden. Fast alle FORTH-Primitive können in einem einzigen Taktzyklus ausgeführt werden. Der NC4016 weist nicht nur in dieser Beziehung typische RISC (Reduced Instruction Set Computers) Eigenschaften auf. Gleichzeitig kann der NC4016 während der Ausführung einer Instruktion mehrere interne Speicherbereiche gleichzeitig adressieren. Dadurch ist der FORTH-Prozessor in der Lage, bei einer Taktfrequenz von 4.7 MHz bis zu 6 MIPS (Millionen Instruktionen pro Sekunde) auszuführen. Die Verbindung zur Außenwelt wird über vier 16 Bit Busse und einem freiprogrammierbaren 21 Bit Ein-/Ausgabeport hergestellt. Damit eignet sich der NC4016 besonders gut für Prozeßsteuerungs- und Regelungsaufgaben.

Die Architektur des NC4016

Der NC4016 ist ein 16 Bit Mikroprozessor mit einem 16 Bit Datenbus und einem 16 Bit Adreßbus. Daneben verfügt der NC4016 über zwei 16 Bit Stackbusse sowie einem 21 Bit Ein-/Ausgabeport. Die wesentlichsten Bestandteile des NC4016 sind drei 16 Bit Stackregister, die Arithmetic Logic Unit (ALU), die Steuer- und Kontrollogik, ein Befehlsregister sowie ein flexibles Ein-/Ausgaberegister. Die Architekur und die Register des NC4016 sind in Abb. 14.1 bzw. Abb. 14.2 dargestellt.

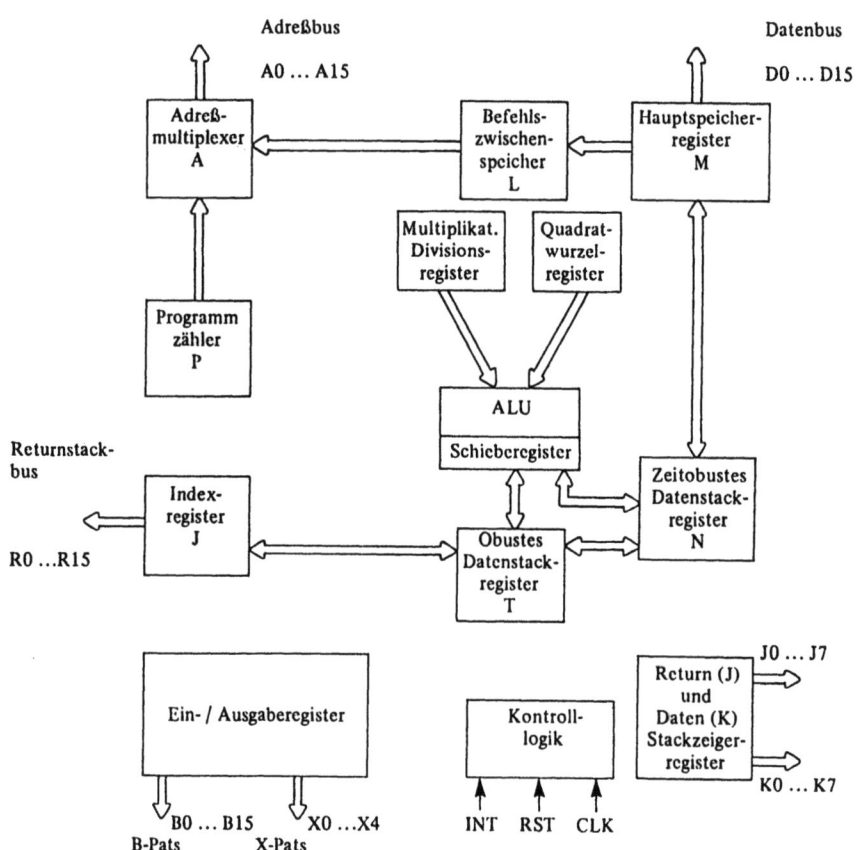

Abbildung 14.1 Die Architektur des 4016

A	-	Adreßmultiplexer, selektiert Daten von I, L oder P
B	-	Ein-/Ausgaberegister (16 Bit)
I	-	Oberstes Element des Returnstacks
J	-	8-bit Returnstack-Zeiger
K	-	8-bit Datenstack-Zeiger
L	-	Befehlsdekodierregister
M	-	Hauptspeicherport
N	-	Zweites Element des Datenstacks
P	-	Programmzähler
R	-	Returnstack
MD	-	Multiplikationsregister
SR	-	Quadratwurzelregister
T	-	Oberstes Element des Datenstacks
X	-	Ein-/Ausgaberegister (5 Bit)

Abbildung 14.2 Die Register des 4016

Der Return- und der Datenstack

Wie auch in einem softwaremäßig implementierten FORTH-System kommt den beiden Stacks eine zentrale Bedeutung zu. Dabei dient der Datenstack zur Zwischenspeicherung lokaler Parameter, während der Returnstack zur Zwischenspeicherung von Rückkehradressen oder Schleifenwerten eingesetzt wird. Da in einem Gatearray mit ca. 4000 Gattern nicht genügend Platz für einen internen Speicher vorhanden ist, sind die beiden Stacks in einem externen RAM-Speicher ausgelagert worden. Lediglich die beiden obersten Datenstackregister sowie das oberste Returnstackregister sind auf dem Chip implementiert. Das oberste Element des Return-Stacks wird als I-Register bezeichnet. Seine Hauptanwendung ist die Zwischenspeicherung von Rückkehradressen während eines Unterprogrammaufrufs und als Speicher für den Zähler eines LOOP- bzw. TIMES-Befehls.

Das oberste Element des Datenstacks, das T-Register, ist das Herz der FORTH-Maschine, da alle Datenoperationen in diesem Register stattfinden. Das T-Register kann mit allen internen Registern des Chips über Fetch- und Storeoperationen kommunizieren. Das N-Register, das zweitoberste Element des Datenstacks, stellt die Schnittstelle zum externen Datenstack und zum Hauptspeicherport, dem M-Register, dar. Das T- und das N-Register stellen normalerweise die beiden Argumente zur Verfügung, mit denen die ALU alle arithmetischen und logischen Funktionen durchführt. Beide Stacks werden jeweils durch einen 8-Bit Zeiger verwaltet, der im J/K-Register untergebracht ist. Dabei wird die untere Hälfte des J/K-Registers als Zeiger für den Return-Stack (J-Register) und die obere Hälfte als Zeiger für den Parameter-Stack (K-Register) verwendet. Durch den 8-Bit Zeiger ist die Größe beider Stacks auf 256 Bytes beschränkt. Dies ist allerdings für die meisten Anwendungen ausreichend, da der Stack erfahrungsgemäß selten mit mehr als zehn Elementen belastet wird. Sollte dennoch ein größerer Stackbereich benötigt werden (z.B. in Multitasking- bzw. Multiuser-Umgebungen), können mit Hilfe der 5 X-Ports bis zu 32 Kbyte externer Stackspeicher adressiert werden.

Die duale Stackarchitektur trägt sehr stark zur Vereinfachung der Programmierung in FORTH im allgemeinen und des NC4016 im speziellen bei, da die Rückkehradressen von Unterprogrammen unabhängig von den Daten, die zwischen den einzelnen Unterprogrammen ausgetauscht werden, gespeichert werden können. Deswegen muß bei einem Unterprogrammaufruf nur die Rückkehradresse auf dem Returnstack gespeichert werden. Damit reduziert sich der Overhead beim NC4016 zur Unterstützung eines Unterprogrammaufrus auf ein absolutes Minimum von einem (!) Taktzyklus. Der NC4016 eignet sich demnach gut zur Implementation von Hochsprachencompilern wie z.B. einem C-Compiler in einer Multitasking-Umgebung, in der sehr intensiv von einem Stack Gebrauch gemacht wird.

Die Arithmetic Logic Unit (ALU)

Bei der ALU handelt es sich um eine 16-Bit ALU mit zwei Eingängen
und einem Ausgang. Der eine Eingang wird immer durch das T-Register
zur Verfügung gestelllt, in dem auch die Ausgabe von der ALU abgelegt
wird. Bei dem anderen Eingang kann es sich wahlweise um das N-Register, das Multiplikationsregister/Divisionsregister (MD-Register) oder das
Quadratwurzelregister (SR-Register) handeln. Ein von der ALU ausgege-
bener Wert gelangt zunächst in ein Schieberegister, in dem der Wert um
eine Position nach links oder nach rechts verschoben werden kann.

Die Ein-/Ausgabeports

Der NC4016 vefügt über zwei separate Ein-/Ausgabeports. Bei dem B-
Port handelt es sich um 16 freiprogrammierbare Ein-/Ausgabeleitungen,
die z.B. zum Anschluß von Schaltein-/ausgängen, eines A/D-Wandlers
oder eines Bussystems verwendet werden können, um einmal drei Beispiele
aufzuzählen. Aufgrund der elektrischen Eigenschaften der Portausgänge
lassen sich ohne weiteres TTL-Schaltungen ansteuern. Das gleiche gilt
auch für den X-Port. Dieser ebenfalls freiprogrammierbare 5 Bit Port
kann z.B. als serielle Schnittstelle den Datenaustausch mit einem beliebigen
Host-Rechner oder als "bankselect" für eine Erweiterung des Haupt- bzw.
Stackspeichers eingesetzt werden. Die Ports sind mit dem T-Register verbunden, welches die Ports konfigurieren und Daten lesen bzw. schreiben
kann.

Die Befehlsausführung

Bei der Ausführung eines Maschinenbefehls holt der NC4016 zunächst den
Befehl aus dem Hauptspeicher, indem er die Adresse des Befehls im L-
Register, dem Adreßmultiplexer, ablegt. Über den Datenbus gelangt der so
adressierte Befehl vom Hauptspeicher in das M-Register, den sog. Hauptspeicherport. Der Befehl wird dann in das L-Register, dem Befehls-
zwischenspeicher übertragen, wo auch die Dekodierung stattfindet. Der
erste Schritt im Dekodierungsprozeß ist es, die Adresse des darauffolgenden Befehls festzustellen. Normalerweise befindet sich der Befehl in der
darauffolgenden Speicherstelle im Hauptspeicher, die durch das P-Regi-
ster, dem Programmzähler, adressiert wird. In diesem Fall überträgt der
Programmzähler seinen Inhalt in den Adreßmultiplexer und die Adresse
des nächsten Befehls erscheint am Adreßbus des NC4016. Wenn eine
Verzweigung oder eine Schleifeninstruktion auftritt, steht die Adresse des
nächsten Befehls im L-Registers zur Verfügung. Der Inhalt des L-Registers wird dann dem Adreßmultiplexer übergeben.

Eine besondere Eigenschaft des NC4016 ist es, daß der Befehl im L-Register bis zu 65535 mal nacheinander ausgeführt werden kann, wenn ihm eine TIMES Instruktion vorangeht. TIMES schreibt einen Zählwert in das I-Register und sorgt dafür, daß der nachfolgende Befehl entsprechend oft nacheinander ausgeführt wird. Dies ist insbesondere bei Multiplikations-, Divisions- und Quadratwurzeloperationen, aber auch bei Blockoperationen nützlich, bei denen eine elementare Operation mehrmals nacheinander ausgeführt werden muß. Da ein einzelner NC4016-Befehl mehrere FORTH-Befehle auf einmal ausführen kann, läßt sich durch geschickte Programmierung ein FORTH Programm stark komprimieren.

Der Befehlssatz des NC4016

Die Hauptabsicht bei der Entwicklung des NC4016 war die Implementation der FORTH-Maschine (siehe Kap. 13.2) auf der untersten Hardwareebene und der damit verbundene Wegfall von Routinen wie NEXT, NEST oder UNEST. Die Entwickler entdeckten aber auch, daß viele Operationen der FORTH-Maschine unabhängig voneinander ausgeführt werden können. Stackoperationen, arithmetische und logische Operationen, Zugriff auf den Hauptspeicher und Ein-/Ausgabeoperationen sind Operationen, die in verschiedenen Bereichen des Mikroprozessors stattfinden und daher nicht unbedingt nacheinander ausgeführt werden müssen. Diese einzelnen, fast ausschließlich voneinander unabhängigen Bereiche, können durch wenige Bits in einer 16-Bit Instruktion kontrolliert werden. Dadurch wird es dem NC4016 möglich, mehrere Datenbereiche gleichzeitig anzusprechen und so mehrere Funktionen in einem einzigen Maschinenzyklus auszuführen, während herkömmliche, auf Microcode basierende, Mikroprozessoren mehrere Maschinenzyklen benötigen würden.

Der NC4016 verfügt über 40 Maschinenbefehle, die sich in vier Gruppen unterteilen lassen :

- Unterprogrammaufrufe

- Arithmetische und logische Operationen

- Verzweigungen

- Speicherzugriffe

Alle Maschinenbefehle, mit Ausnahme eines Speicherzugriffs auf eine Adresse größer als 1Fh, werden in einem Taktzyklus ausgeführt. Da unter Umständen mehrere Instruktionen in einem Befehlswort kombiniert werden können, lassen sich so mehrere FORTH Operationen in einem Taktzyklus ausführen. Zusätzlich enthalten z.B. ALU-Operationen ein Bit, das eine Rückkehr von einem Unterprogramm einleitet. Für den Fall, daß der letzte Befehl eines Unterprogramms eine ALU-Operation ist, kann durch Setzen dieses Bits zusammen mit der Ausführung dieses Befehls eine Rückkehr von dem Unterprogramm erreicht werden. Die Rückkehr von einem Unterprogramm erfolgt in diesem speziellen Fall daher "umsonst", d.h. in Null (!) Taktzyklen.

Bit 15 ist das wichtigste Bit eines NC4016 Befehlswortes. Ist es Null, wird ein Unterprogrammaufruf durchgeführt, wobei die restlichen 15 Bits die Adresse des Unterprogramms angeben. Damit wird einer der wenigen Nachteile des NC4016 sichtbar. Es lassen sich direkt nur die unteren 32 Kbyte des Hauptsspeichers als Programmspeicher nutzen. Zwei Argumente schwächen diesen Nachteil aber wieder ab. Zum einen besteht die Möglichkeit über den X-Port den adressierbaren Speicherbereich zu vergrößern. Zum anderen ist FORTH Code sehr viel kompakter als der Code, der etwa von einem C- oder PASCAL-Compiler erzeugt wird, d.h. nur in den seltensten Fällen wird ein Programm mehr als 32 Kbyte belegen. Abzüglich einiger interner Register, dem Diskettenpuffer und dem Code für die Reset-Routine verbleibt daher ausreichend Platz für Anwenderprogramme.

Abb. 14.3 zeigt den Aufbau eines FORTH Wortes im Arbeitsspeicher des NC4016. Bei den Adressen der Komponentenworte **SCHRITT1**, **SCHRITT2** und **SCHRITT3** handelt es sich um Instruktionen des NC4016 d.h. genauer um CALL-Operationen (Bit 15 =0), die in einem Taktzyklus durchgeführt werden.

Abbildung 1.4.3 Ausbau eines FORTH Wantes beim
NC4000

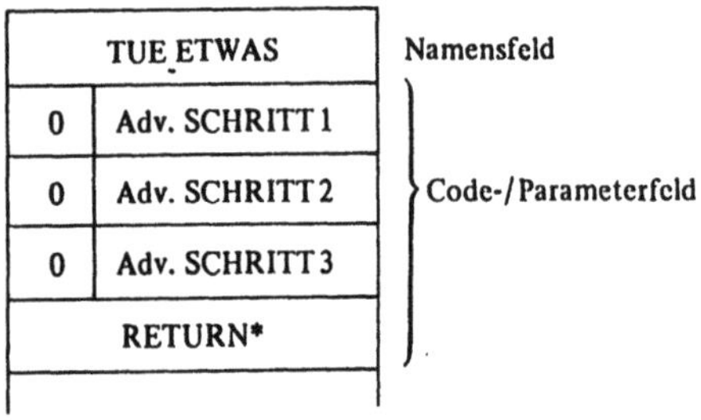

TUE ETWAS		Namensfeld
0	Adv. SCHRITT 1	
0	Adv. SCHRITT 2	Code-/Parameterfeld
0	Adv. SCHRITT 3	
	RETURN*	

* kann entfallen, wenn es sich bei dem letzten Wort
   des Unterprogrammes z.B. um eine AM-Operation
   handelt.

Abbildung 14.3 Aufbau eines FORTH-Befehls

Die Programmierung des NC4016

Der NC4016 wird auf der untersten Ebene in FORTH programmiert. Dazu stehen mehrere FORTH-Systeme zur Verfügung. Neben einem relativ einfach aufgebauten cm-FORTH (das vom FORTH "Vater" Charles Moore entwickelt wurde), existiert auch eine F83 Implementation. Desweiteren sind für den NC4016 ein einfacher C-Compiler (Small-C), ein MODULA-2 Compiler und ein LISP Interpreter (XLISP) verfügbar. In der Regel wird Software für den NC4016 auf einem Host-Rechner (wie z.B. einem IBM PC) erstellt und über eine serielle Schnittstelle auf das NC4016 System übertragen. Der NC4016 kann auf diese Weise auch den Bildschirm, die Tastatur und den Diskettenspeicher des Host-Systems benutzen.

Der NC4016 ist sowohl als Stand-Alone Gerät als auch als Einsteckkarte für einen PC erhältlich. Desweiteren bieten mehrere Hersteller VME-Karten auf der Basis des NC4016 an.

ANHANG A

DIE ASCII-CODES

Binär	Dez	Hex	Zeichen	Binär	Dez	Hex	Zeichen
0100000	32	20	Blank	1000000	64	40	a
0100001	33	21	!	1000001	65	41	A
0100010	34	22	"	1000010	66	42	B
0100011	35	23	#	1000011	67	43	C
0100100	36	24	$	1000100	68	44	D
0100101	37	25	%	1000101	69	45	E
0100110	38	26	&	1000110	70	46	F
0100111	39	27	'	1000111	71	47	G
0101000	40	28	(	1001000	72	48	H
0101001	41	29	)	1001001	73	49	I
0101010	42	2A	*	1001010	74	4A	J
0101011	43	2B	+	1001011	75	4B	K
0101100	44	2C	,	1001100	76	4C	L
0101101	45	2D	-	1001101	77	4D	M
0101110	46	2E	.	1001110	78	4E	N
0101111	47	2F	/	1001111	79	4F	O
0110000	48	30	0	1010000	80	50	P
0110001	49	31	1	1010001	81	51	Q
0110010	50	32	2	1010010	82	52	R
0110011	51	33	3	1010011	83	53	S
0110100	52	34	4	1010100	84	54	T
0110101	53	35	5	1010101	85	55	U
0110110	54	36	6	1010110	86	56	V
0110111	55	37	7	1010111	87	57	W
0111000	56	38	8	1011000	88	58	X
0111001	57	39	9	1011001	89	59	Y
0111010	58	4A	:	1011010	90	5A	Z
0111011	59	4B	;	1011011	91	5B	[
0111100	60	4C	<	1011100	92	5C	\
0111101	61	4D	=	1011101	93	5D	]
0111110	62	4E	>	1011110	94	5E	^
0111111	63	4F	?	1011111	95	5F	_

Binär	Dez	Hex	Zeichen
1100000	96	60	`
1100001	97	61	a
1100010	98	62	b
1100011	99	63	c
1100100	100	64	d
1100101	101	65	e
1100110	102	66	f
1100111	103	67	g
1101000	104	68	h
1101001	105	69	i
1101010	106	6A	j
1101011	107	6B	k
1101100	108	6C	l
1101101	109	6D	m
1101110	110	6E	n
1101111	111	6F	o
1110000	112	70	p
1110001	113	71	q
1110010	114	72	r
1110011	115	73	s
1110100	116	74	t
1110101	117	75	u
1110110	118	76	v
1110111	119	77	w
1111000	120	78	x
1111001	121	79	y
1111010	122	7A	z
1111011	123	7B	(
1111100	124	7C		
1111101	125	7D	)
1111110	126	7E	~
1111111	127	7F	Delete

ANHANG B

VERZEICHNIS ALLER FORTH WORTE

Die einzelnen Worte sind nach Funktionsgruppen eingeteilt. Zu jedem Wort ist ein Stackdiagramm aufgeführt, aus dem die zu übergebenen Parameter und die auf dem Stack resultierenden Parameter zu erkennen sind. Immediate-Worte werden unterstrichen dargestellt, wobei das Laufzeitverhalten beschrieben bzw. die dazugehörige Laufzeitroutine aufgeführt ist.

Es werden folgende Abkürzungen verwendet :

\<f\>	-	Fig-FORTH Standard
\<s\>	-	FORTH-79 Standard
\<83\>	-	FORTH-83 Standard
\<83x\>	-	Erweiterter FORTH-83 Standard
\<x\>	-	Erweiterter FORTH-79 Standard

b	-	8-bit Zahl
c	-	ASCII-Code
n	-	16-bit Zahl mit Vorzeichen
u	-	16-bit Zahl ohne Vorzeichen
d	-	32-bit Zahl mit Vorzeichen
ud	-	32-bit Zahl ohne Vorzeichen

Arithmetik - Einfach genau

```
*       ( n1 n2 >>> n3 )        <f,s,83>
```
Multipliziert n1 mit n2.

```
*/      ( n1 n2 n3 >>> n4 )     <f,s,83>
```
Bildet Quotienten n4 aus (n1*n2)/n3.

```
*/MOD   ( n1 n2 n3 >>> n4 n5 )  <f,s>
```
Bildet Quotienten n5 und Rest n4 aus (n1*n2)/n3.

```
+       ( n1 n2 >>> n3 )        <f,s,83>
```
Summe aus n1 und n2.

```
+-      ( n1 n2 >>> n3 )        <f,s>
```
n3 erhält Betrag von n1 und Vorzeichen n1*n2.

```
           ( n1 n2 >>> n3 )        <f,s,83>
Subtrahiert n1 von n2, Ergebnis n3.


/          ( n1 n2 >>> n3 )        <f,s,83>
Dividiert n1 durch n2, Ergebnis n3.


/MOD       ( n1 n2 >>> n3 n4 )     <f,s,83>
Bildet den Quotienten n4 und den Rest n3 aus n1/n2.


1+         ( n1 >>> n2 )           <f,s,83>
Erhöht n1 um Eins.


1-         ( n1 >>> n2 )           <s,83>
Erniedrigt n1 um Eins.


2+         ( n1 >>> n2 )           <f,s,83>
Erhöht n1 um Zwei.


2-         ( n1 >>> n2 )           <s,83>
Erniedrigt n1 um Zwei.


2/         ( n1 >>> n2 )           <83>
Teilt n1 durch Zwei.


ABS        ( n >>> u )             <f,s,83>
Bildet den Betrag von n.


MINUS      ( n1 >>> n2 )           <f>
Kehrt Vorzeichen von n1 um.


MOD        ( n1 n2 >>> n3 )        <f,s,83>
Bildet Rest der Division n1 durch n2.


NEGATE     ( n1 >>> n2 )           <s,83>
Kehrt Vorzeichen von n1 um.


U*         ( u1 u2 >>> u3 )        <f,s>
Bildet das Produkt aus u1 und u2.


UM*        ( u1 u2 >>> ud )        <83>
Bildet das Produkt aus u1 und u2.


UM/MOD     ( ud u1 >>> u2 u3 )     <83>
Bildet den Rest u2 und das Ergebnis (floored division) der Division ud durch u1.
Mit Bereichsüberprüfung.
```

Arithmetik - Doppelt genau

D+   { d1 d2 >>> d3 }   <f,s,83>
Bildet die Summe aus d1 und d2.

D+-   { d1 n >>> d2 }   <f>
d2 erhält Betrag von d1 und Vorzeichen von d1*n.

D0=   { wd >>> f }   <83>
Wahr, wenn wd gleich Null.

D2/   { d1 >>> d2 }   <83>
Teilt d1 durch Zwei.

DABS   { d >>> ud }   <f,x>
Bildet absolut Betrag von d.

DMAX   { d1 d2 >>> d3 }   <83>
Bildet das Maximum von d1 und d2.

DMIN   { d1 d2 >>> d3 }   <83>
Bildet das Minimum von d1 und d2.

DMINUS   { d1 >>> d2 }   <f>
Kehrt das Vorzeichen von d1 um.

DNEGATE   { d1 >>> d2 }   <s,83>
Kehrt das Vorzeichen von d1 um.

DU<   { ud1 ud2 >>> f }   <83>
Wahr, wenn ud1 kleiner ud2.

Arithmetik - Gemischte Genauigkeit

M*   { n1 n2 >>> d }   <f>
Bildet doppelt genaues Produkt aus n1 und n2.

M/   { d n1 >>> n2 n3 }   <f>
Bildet Rest n2 und Quotient n3 aus d1 durch n1.

M/MOD   { ud1 u1 >>> u2 ud2 }   <f>
Bildet Rest u2 und Quotient ud2 aus ud1 durch u1.

```
S->D      { n >>> d }               <f>
```
Wandelt n in eine doppelt genaue Zahl d.

```
S>D       { n >>> d }               <83>
```
Wandelt n in eine doppelt genaue Zahl d.

```
U/        { ud u1 >>> u2 u3 }       <f>
```
Bildet den Rest u2 und den Quotienten u3 aus ud durch u1.

```
U/MOD     { ud u1 >>> u2 u3 }       <s>
```
Bildet den Rest u2 und den Quotienten u3 aus ud durch u1.

Vergleiche

```
0<        { n >>> f }               <f,s,83>
```
Wahr, wenn n kleiner Null.
```
0=        { n >>> f }               <f,s,83>
```
Wahr, wenn n gleich Null.
```
0>        { n >>> f }               <s,83>
```
Wahr, wenn n größer Null.
```
<         { n1 n2 >>> f }           <f,s,83>
```
Wahr, wenn n1 kleiner n2.
```
=         { n1 n2 >>> f }           <f,s,83>
```
Wahr, wenn n1 gleich n2.
```
>         { n1 n2 >>> f }           <f,s,83>
```
Wahr, wenn n1 größer n2.
```
D0=       { d1 >>> f }              <x,83>
```
Wahr, wenn d1 gleich Null.
```
D<        { d1 d2 >>> f }           <s,x,83>
```
Wahr, wenn d1 kleiner d2.
```
D=        { d1 d2 >>> f }           <x,83>
```
Wahr, wenn d1 gleich d2.
```
DMAX      { d1 d2 >>> d3 }          <x,83>
```
Bildet Maximum d1 oder d2.
```
DMIN      { d1 d2 >>> d3 }          <x,83>
```
Bildete Minimum d1 oder d2.
```
DU<       { ud1 ud2 >>> f }         <x,83>
```
Wahr, wenn ud1 kleiner ud2.
```
MAX       { n1 n2 >>> n3 }          <f,s,83>
```
Bildet Maximum n1 oder n2.
```
MIN       { n1 n2 >>> n3 }          <f,s,83>
```
Bildet Minimum n1 oder n2.
```
U<        { u1 u2 >>> f }           <f,s,83>
```
Wahr, wenn u1 kleiner u2.

COMPILER

,   (n >>>)   <f,s,83>
Kompiliert n in die nächste Wörterbuchzelle.

ALLOT   (n >>>)   <f,s,83>
Erhöht den Wörterbuchzeiger um n.

BACK   (adr >>>)   <f>
Kompiliert Offset von Wörterbuchspitze zur adr.

C,   (b >>>)   <f,s,83>
Kompiliert b in die nächste Wörterbuchzelle.

COMPILE   (>>>)   <f,s,83>
Kompiliert bei der Ausführung eines Wortes einen Zeiger auf das nächste Wort an die Spitze des Wörterbuches.

DLITERAL (d >>>)   <f>
Kompiliert im Kompilationsmodus d in die Spitze des Wörterbuches. Es hat keine Auswirkung im Ausführungsmodus.

IMMEDIATE (>>>)   <f,s,83>
Setzt das Precedence-Bit der zuletzt durchgeführten Definition.

LITERAL   (n >>>)   <f,s,83>
Kompiliert im Kompilationsmodus n zusammen mit einem Zeiger auf eine Laufzeitroutine an die Spitze des Wörterbuches. Es hat keine Auswirkung im Ausführungsmodus.

RECURSE   (>>>)   <83>
Die Codefeldadresse der aktuellen Wortdefinition wird kompiliert, so daß sich das betreffende Wort selber aufrufen kann.

SMUDGE   (>>>)   <f>
Invertiert das Smudge-Bit der zuletzt gemachten Wortdefinition.

STATE   (>>> adr)   <f,s,83>
Legt die Adresse der Benutzervariablen auf dem Stack ab. STATE ist Null im Ausführungsmodus und ungleich Null im Kompilationsmodus.

[(>>>)   <f,s,83>
Schaltet vom Kompilationsmodus in den Ausführungsmodus.

[']   (>>> adr)   <83>
           (>>>) (Kompilation)

Kompiliert die Codefeldadresse des nachfolgenden Wortes in das Wörterbuch. Im Ausführungs-Modus wird diese Adresse auf dem Stack abgelegt.

[COMPILE] (>>>)   <f,s,83>
Kompiliert einen Zeiger auf das folgende Immediate-Wort.

]   (>>>)   <f,s,83>
Schaltet vom Ausführungsmodus in den Kompilationsmodus zurück.

KONTROLLSTRUKTUREN

BEGIN ... AGAIN   (>>>)   <f>
Endlosschleife, die nur durch ABORT bzw. EXIT abgebrochen werden kann.

BEGIN ... END   (f >>>)   <f>
Unbestimmte Schleife, die durch ein WAHR-Flag vor END beendet werden kann.

BEGIN ... UNTIL   (f >>>)   <f,s,83>
Unbestimmte Schleife, die durch ein WAHR-Flag von UNTIL beendet werden kann.

BEGIN ... WHILE   (f >>>)   <f,s,83>
Unbestimmte Schleife, die durch ein FALSCH-Flag vor WHILE beendet werden kann.

DO ... LOOP   (n1 n2 >>>) <f,s,83>
Indizierte Schleife, die sooft durchlaufen wird, bis n1 den Endwert n2 erreicht hat.

DO ... +LOOP (n1 n2 >>>) (bei DO) <f,s,83>
              (n3   >>>) (bei +LOOP)
Indizierte Schleife, die sooft durchlaufen wird, bis n1 den Endwert n2 erreicht hat. n2 wird bei jedem Durchlauf um n3 erhöht.

EXIT   (>>>)   <s,83>
Beendet die Ausführung einer Doppelpunktdefinition.

I   (>>> n)   <f,s>
Legt den Schleifenindex auf dem Stack ab.

IF .. ELSE ... ENDIF (f >>>) (bei IF) <f>
Testet das Flag vor IF und führt den WAHR-Zweig (IF ... ELSE) aus wenn f wahr ist, ansonsten wird der FALSCH-Zweig (ELSE ... ENDIF) ausgeführt.

<u>IF ... ELSE ... THEN</u>   (f >>>) (bei IF) <f,s,83>
Testet das Flag vor IF und führt den WAHR-Zweig (IF ... ELSE) aus wenn f WAHR ist,
ansonsten wird der FALSCH-Zweig (ELSE ... THEN) ausgeführt.

<u>IF ... ENDIF</u>   (f >>>) (bei IF) <f>
Testet das Flag vor IF und führt den WAHR-Zweig (IF ... ENDIF) aus, wenn f WAHR
ist.

<u>IF ... THEN</u>   (f >>>) (bei IF) <f,s,83>
Testet das Flag vor IF und führt den WAHR-Zweig (IF ... THEN) aus, wenn f WAHR ist.

J   (>>> n)   <s,83>
Legt den Index der inneren Schleife auf dem Stack ab.

K   (>>> n)   <83>
Legt den Schleifeindex einer zweitinnersten Schleife auf dem Stack ab.

LEAVE   (>>>)   <f,s,83>
Setzt den Schleifenindex gleich dem Endwert der Schleife, so daß die Schleife beendet wird.

Definitionsworte

2CONSTANT   (d >>>)   <x,83>
Kompiliert eine doppelt genaue Konstante mit dem Wert d.

2VARIABLE   (>>>)   <x,83>
Kompiliert eine doppelt genaue Variable ohne Initialisierungswert.

:   (>>>)   <f,s,83>
Leitet eine Doppelpunktdefinition ein. (Nicht Immediate in FORTH-79)

;   (>>>)   <f,s,83>
Beendet eine Doppelpunktdefinition.

<u>;CODE</u>   (>>>)   <f,x>
Beendet den Kompilationsteil eines Definitionswortes.

<BUILDS ... DOES> (>>> adr) (bei DOES>) <f>
Kompiliert ein neues Definitionswort. Das Verhalten der neuen Wortklasse wird nach
DOES> festgelegt.

CODE ... END-CODE (>>>)   <x,83>
Kompiliert eine Primitive Definition.

CONSTANT   (n >>>)   <f,s,83>
Kompiliert eine einfach genaue Konstante mit dem Wert n.

CREATE   (>>>)   <f>
Erzeugt einen Wortkopf für das nächste Wort aus dem Eingabestrom.

CREATE ...   (>>> adr)   <s,83>
Kompiliert den Ausführungsteil für ein neues Definitionswort.

USER   (n >>>)   <f>
Kompiliert eine uninitialisierte Benutzervariable. n ist der Offset im Benutzer-
variablenbereich.

VARIABLE   (n >>>)   <f>
                  (>>>)   <s,83>
Kompiliert eine Variable. In Fig-FORTH muß ein Initialisierungswert übergeben werden.

Fehler-Worte

!CSP   (>>>)   <f>
Speichert den Wert des Stackzeigers in der Variablen CSP.

?COMP   (>>>)   <f>
Führt zu einem Fehler, wenn es nicht im Kompilationsmodus aufgerufen wird.

?CSP   (>>>)   <f>
Führt zu einem Fehler, wenn der Wert des Stackzeigers nicht dem Wert in CSP entspricht.

?ERROR   (f n >>>)   <f>
Wenn Flag f wahr ist, wird Fehlermeldung n ausgegeben.

?EXEC   (>>>)   <f>
Führt zu einem Fehler, wenn es nicht im Ausführungsmodus aufgerufen wird.

?LOADING   (>>>)   <f>
Führt zu einem Fehler, wenn kein Screen geladen wird.

?PAIRS   (n1 n2 >>>)   <f>
Führt zu einem Fehler, wenn n1 ungleich n2

?STACK   (>>>)   <f>
Führt zu einem Fehler, wenn der Stack über- bzw. unterläuft.

ERROR   { n1 >>> n2 n3 }   <f>
Wenn WARNING=-1 wird (ABORT) ausgeführt. Ansonsten wird eine Fehlernummer ausgegeben (WARNING=0 oder 1) und eine Fehlermeldung (WARNING=1) und ein Warmstart durchgeführt.

MESSAGE   { n >>> }   <f>
Es wird die Fehlernummer n und wenn WARNING=1 wird zusätzlich die nte Zeile von
Block 4 auf Diskette ausgegeben.

WARNING   { >>> adr }   <f>
Benutzervariable, die festlegt, auf welche Weise ein Fehler behandelt wird.

INITIALISIERUNG

(ABORT)   { >>> }   <f>
Systemabhängige Reinitialisierung.

ABORT   { >>> }   <f,83>
Warmstart, löscht die Stacks, Wörterbuchzeiger bleibt unverändert.

ABORT"   { f >>> }   <83>
                   { >>> } (Kompilation)
Falls es sich bei dem Flag um ein WAHR-Flag handelt, wird die folgende Fehlermeldung ausgegeben und eine systemabhängige Fehlerroutine ausgeführt, die mit ABORT
endet.

COLD   { >>> }   <f>
Es wird ein Kaltstart durchgeführt. Die Stacks werden gelöscht, der Wörterbuchzeiger und alle Benutzervariablen werden zurückgesetzt.

QUIT   { >>> }   <f,s,83>
Die innere Interpreterschleife wird erneut gestartet. Der Returnstack wird gelöscht
und BLK auf Null gesetzt (Tastatureingabe).

R0   { >>> adr }   <f>
Benutzervariable, die den Initialisierungswert des Returnstack-Zeigers enthält.

RP!   { >>> }   <f>
Initialisiert Returnstack-Zeiger.

S0   { >>> adr }   <f>
Benutzervariable, die den Initialisierungswert des Parameterstack-Zeigers enthält.

SP!   (>>>)   <f>
Initialisiert Parameterstack-Zeiger.

EIN-/AUSGABE

-TRAILING   (adr1 n1 >>> adr2)   <f,s,83>
Entfernt anhängene Leerzeichen einer Zeichenkette.

."   (>>>)   <f,s,83>
Gibt während der Ausführung alles Textzeichen bis zum Delimiter " aus.

.((>>>)   <83>
Alle Zeichen bis zum nächsten ")" Delimiter werden ausgegeben.

.R   (n1 n2 >>>)   <f>
Gibt n1 in einem n2 breiten Feld rechtsbündig aus.

?   (adr >>>)   <f,s>
Gibt den einfach genauen Wert unter der Adresse adr aus.

?KEY   (>>> f)   <83>
Übergibt ein WAHR-Flag, wenn die Break-Taste betätigt wurde.

?TERMINAL   (>>> f)   <f>
Übergibt ein WAHR-Flag, wenn die Break-Taste betätigt wurde.

COUNT   (adr1 >>> adr2 n)   <f,s,83>
Legt das Zählbytes n und die Startadresse adr2 einer dimensionierten Zeichenkette
unter der Adresse adr1 auf dem Stack ab.

CR   (>>>)   <f,s,83>
Gibt ein Carriage-Return und ein Linefeed aus.

D.   (d >>>)   <f,x,83>
Gibt eine doppelt genaue Zahl aus.

D.R   (d n >>>)   <f,x,83>
Gibt eine doppelt genaue Zahl d in einem in einem n Zeichenfeld rechtsbündig aus.

EMIT   (c >>>)   <f,s,83>
Gibt ein Zeichen mit dem ASCII-Code c aus.

EXPECT   (adr n >>>)   <f,s,83>
Wartet auf die Eingabe von n Zeichen, die ab der Adresse adr abgelegt werden.

KEY   (>>> c)   <f,s,83>
Nimmt ein Zeichen von der Tastatur entgegen und legt dessen ASCII-Code auf dem
Stack ab.

OUT   (>>> adr)   <f>
Benutzervariable, die die Anzahl der ausgebenen Zeichen enthält.

QUERY   (>>>)   <f,s,83>
Nimmt max. 80 Zeichen von der Tastatur entgegen und legt diese im Tastatur-Eingabe-
puffer ab.

SPACE   (>>>)   <f,s,83>
Gibt ein Leerzeichen aus.

SPACES   (n >>>)   <f,s,83>
Gibt n Leerzeichen aus.

TYPE   (adr n >>>)   <f,s,83>
Gibt n Zeichen aus, die ab der Adresse adr abgelegt sind.

U.   (u >>>)   <z,s,83>
Gibt die Zahl u gefolgt von einem Leerzeichen aus.

INTERPRETER

-->   (>>>)   <f>
Bewirkt, daß auch der nachfolgende Screen interpretiert wird.

>IN   (>>> adr)   <s,83>
Benutzervariable, die die Anzahl der eingegebenen Zeichen enthält.

BLK   (>>> adr)   <f,s>
Benutzervariable, die die Nummer des interpretierten Blocks enthält (BLK=0 bei Tastatureingabe).

ENCLOSE (adr1 c >>> adr1 n1 n2 n3)   <f>
Durchsucht den Eingabestrom nach einem Wort ab der Adresse adr1, welches durch den
Delimiter c beendet wird. Es übergibt, den Offset n1 von adr1 zum ersten Nicht-De-
limiter, den Offset n2 zum nächsten Delimiter und den Offset n3 zum nächsten zu un-
tersuchenden Zeichen.

EXECUTE   (adr >>>)   <f,s,83>
Bringt das Wort mit der Codefeldadresse adr zur Ausführung.

INTERPRET   (>>>)   <f,83>
Interpretiert den Eingabestrom, bis dieser entweder leer ist oder ein NUL-Zeichen
auftaucht.

LOAD   (n >>>)   <f,s,83>
Interpretiert Screen n.

WORD   (c >>>)   <f>
                     (c >>> adr)   <s,83>
Separiert ein Wort bis zum Delimiter c als eine dimensionierte Zeichenkette in den
Wortpuffer (Fig-FORTH) oder nach adr.

LOGISCHE VERKNÜPFUNGEN

AND   (n1 n2 >>> n3)   <f,s,83>
Verknüpft n1 und n2 nach der UND-Regel zu n3.

NOT   (f >>> f1)   <s,83>
Invertiert das Flag f.

OR   (n1 n2 >>> n3)   <f,s,83>
Verknüpft n1 und n2 nach der ODER-Regel zu n3.

TOGGLE   (adr b >>>)   <f>
Verknüpft das Byte b und den Inhalt der Speicherzelle adr nach der ODER-Regel.

XOR   (n1 n2 >>> n3)   <f,s,83>
Verknüpft n1 und n2 nach der EXOR-Regel zu n3.

DISKETTENSPEICHER

#BUF   (>>> n)   <f>
Systemkonstante, Anzahl der Diskettenpuffer.

(LINE)   (n1 n2 >>> adr n)   <f>
Ermittelt die Adresse adr der Zeile n1 in Screen innerhalb des Diskettenpuffers. n
ist die Länge einer Screenzeile.

+BUF   (adr1 >>> adr2 f)   <f>
Ermittelt die Adresse des nächsten Diskettenpuffers. Das Flag ist wahr, wenn es
sich dabei nicht um den Inhalt von PREV handelt.

.LINE   (n1 n2 >>>)   <f>

Gibt die Zeile n1 des Screens n2 aus.

;S   { >>> }   \<f>
Beendet die Interpretation eines Screens.

B/BUF   { >>> n }   \<f>
Systemkonstante, Anzahl der Bytes pro Diskettenpuffer.

B/SCR   { >>> n }   \<f>
Systemkonstante, Anzahl der Diskettenpuffer pro Screen.

BLOCK   { n >>> adr }   \<f,83>
Ermittelt die Startadresse des Blocks n im Diskettenpuffer (wird gegebenfalls von
Diskette geladen).

BUFFER   { n >>> adr }   \<f,s,83>
Ermittelt die Startadresse des Diskettenpuffers, der Block n zugeordnet wird.

EMPTY-BUFFERS   { >>> }   \<f,s,83>
Löscht den gesamten Diskettenpuffer.

FIRST   { >>> adr }   \<f>
Systemkonstante, Startadresse des Diskettenpuffers.

INDEX   { n1 n2 >>> }   \<f>
Gibt Zeile 0 (Kommentarzeile) aller Screens von n1 bis n2 aus.

LIMIT   { >>> adr }   \<f>
Systemkonstane, Endadresse des Diskettenpuffers.

LIST   { n >>> }   \<f,s,83>
Gibt den Inhalt von Screen n aus.

LOAD   { n >>> }   \<f,s,83>
Interpretiert Screen n.

PREV   { >>> adr }   \<f>
Benutzervariable, zeigt auf den zuletzt benutzten Diskettenpuffer.

R/W   { adr n f >>> }   \<f>
Liest (WAHR-Flag) bzw. schreibt (FALSCH-Flag) Block n, wobei der Diskettenpuffer an
der Adresse adr benutzt wird.

SAVE-BUFFERS   { >>> }   \<s,83>
Schreibt alle als "Updated" markierten Blocks zurück auf Diskette.

SCR   { >>> adr }   <f,s,83>
Benutzervariable, die die Nummer des zuletzt benutzten Screens enthält.

TRIAD   { n >>> }   <f>
Gibt drei Screens einschließlich n ab einer Screennummer, die glatt durch drei
teilbar ist, aus.

UPDATE   { >>> }   <f,s,83>
Markiert den zuletzt benutzten Block als "updated", so daß dieser vor dem nächsten
Überschreiben auf Diskette gerettet wird.

USE   { >>> adr }   <f>
Benutzervariable, die die Adresse des Diskettenpuffers mit dem ältesten Inhalt enthält.

SPEICHER

!   { n adr >>> }   <f,s,83>
Speichert n unter der Adresse adr.

+!   { n adr >>> }   <f,s,83>
Erhöht den Inhalt der Speicherzelle adr um n.

2!   { d adr >>> }   <z,x,83>
Speichert die doppelt genauer Zahl unter der Adresse adr.

2@   { adr >>> d }   <z,x,83>
Legt den Inhalt der Speicherzelle adr als doppelt genauer Zahl auf dem Stack ab.

?   { adr >>> }   <f,s>
Gibt den Inhalt der Speicherzelle adr aus.

@   { adr >>> n }   <f,s,83>
Legt den Inhalt der Speicherzelle adr auf dem Stack ab.

BLANKS   { adr n >>> }   <f>
Füllt den Speicher ab der Adresse adr mit n Leerzeichen.

BLANK   { adr u >>> }   <83>
Füllt den Speicher ab der Adresse adr mit n Leerzeichen.

C!   { b adr >>> }   <f,s,83>
Speichert b unter der Adresse adr.

C@   (adr >>> b)   <f,s,83>
Legt den Byte-Inhalt der Speicherzelle adr auf dem Stack ab.

CMOVE   (adr1 adr2 n >>>)   <f,s,83>
Verschiebt n Bytes von der Adresse adr1 an die Adresse adr2. (FORTH-83 u anstelle
n)

CMOVE>   (adr1 adr2 u >>> (<83>
Verschiebt n Bytes von der Adresse adr1 an die Adresse adr2. Der Datentransport beginnt aber mit dem Byte an der Adresse adr1 + u -1.

ERASE   (adr n >>>)   <f,83>
Belegt ab der Adresse adr n Speicherzellen mit Null.

FILL   (adr n b >>>)   <f,83>
Belegt ab der Adresse adr n Speicherzelle mit dem Zeichen b.

MOVE   (adr1 adr2 n >>>) <f,s>
Verschiebt n Speicherzellen von der Adresse adr1 an die Adresse adr2.

SONSTIGES

>BODY   (adr1 >>> adr2)   <83x>
Berechnet aus der Codefeldadresse adr1 die Parameterfeldadresse adr2.

>NAME   (adr1 >>> adr2)   <83x>
Berechnet aus der Codefeldadresse adr1 die Namenfeldadresse adr2.

>LINK   (adr1 >>> adr2)   <83x>
Berechnet aus der Codefeldadresse adr1 die Verbindungsfeldadresse adr2.

BODY>   (adr1 >>> adr2)   <83x>
Berechnet aus der Parameterfeldadresse adr1 die Codefeldadresse adr2.

NAME>   (adr1 >>> adr2)   <83x>
Berechnet aus der Namensfeldadresse adr1 die Codefeldadresse adr2.

LINK>   (adr1 >>> adr2)   <83x>
Berechnet aus der Verbindungsfeldadresse adr1 die Codefeldadresse adr2.

((>>>)   <f,s,83>
Ignoriert alle Zeichen bis zum nächsten Delimiter ")".

+ORIGIN   { n >>> adr }   <f>
Berechnet die Adresse adr aus der Startadresse von FORTH und dem Offset n.

.CPU   { >>> }   <f>
Gibt den verwendeten Mikroprozessortyp aus.

79-STANDARD   { >>> }   <s>
Führt zu einer Fehlermeldung, wenn das System nicht dem FORTH-79 Standard entspricht.

CFA   { adr1 >>> adr2 }   <f>
Berechnet aus der Parameterfeldadresse eines Wortes die Codefeldadresse des Wortes.

FORTH-83   { >>> }   <83>
Führt zu einer Fehlermeldung, wenn das System nicht dem FORTH-83 Standard entspricht.

HERE   { >>> adr }   <f,s,83>
Legt den Wörterbuchzeiger auf dem Stack ab.

ID.   { adr >>> }   <f>
Gibt den Wortnamen des Wortes aus, dessen Namensfeldadresse adr übergeben wird.

NFA   { adr1 >>> adr2 }   <f>
Berechnet aus der Parameterfeldadresse eines Wortes die Namensfeldadresse des Wortes.

PAD   { >>> adr }   <f>
Legt die Startadresse des Textpuffers auf dem Stack ab.

PFA   { adr1 >>> adr2 }   <f>
Berechnet aus der Namensfeldadresse adr1 eines Wortes die Parameterfeldadresse des
Wortes.

RP@   { >>> adr }   <f>
Legt den Returnstack-Zeiger auf dem Stack ab.

SP@   { >>> adr }   <f>
Legt den Parameterstack-Zeiger auf dem Stack ab.

TIB   { >>> adr }   <f,83>
Benutzervariable, die die Adresse des Tastatureingabespeichers enthält. In FORTH-83
wird die Adresse des Puffers auf dem Stack abgelegt.

TRAVERSE   { adr1 n >>> adr2 }   <f>

Ermittelt die Adresse adr2 des anderen Ende eines Namensfeldes. Adr1 ist die erste (n=1) oder die letzte Adresse (n=0) des Namensfeldes.

ZAHLENUMWANDLUNGEN

{ ud1 >>> ud2 }   <f,s,83>

Wandelt ein Zeichen für die formatierte Ausgabe um.

#>   { ud >>> adr n }   <f,s,83>

Beendet die Umwandlung für die formatierte Ausgabe mit n Zeichen ab der Adresse adr.

#S   { ud >>> 0 0 }   <f,s,83>

Vervollständig die Umwandlung für die formatierte Ausgabe, bis eine doppelt genauer Null resultiert.

(NUMBER)   { d1 adr1 >>> d2 adr2 } <f>

Wandelt einen Zahlenstring unter der Adresse adr1 in eine Zahl um, bis ein nicht numerisches Zeichen oder das Ende erreicht ist.

<#   { >>> }   <f,s,83>

Beginnt die Umwandlung für die formatierte Ausgabe.

BASE   { >>> adr }   <f,s,83>

Benutzervariable, die die aktuelle Zahlenbasis enthält.

CONVERT   { d1 adr1 >>> d2 adr2 } <s,83>

Wandelt einen Zahlenstring unter der Adresse adr1 in eine Zahl um, bis ein nicht numerisches Zeichen oder das Ende erreicht ist.

DECIMAL   { >>> }   <f,s,83>

Schaltet die Ein-/Ausgabe auf dezimal.

DIGIT   { c n1 >>> n2 tf } <f>
                       { c n1 >>> ff }

Wandelt c in die Zahl n2 unter Berücksichtigung der Zahlenbasis n1 um. Übergibt ein FALSCH-Flag, wenn c keine gültige Ziffer ist.

DPL   { >>> adr }   <f>

Benutzervariable, die die Anzahl der Ziffern rechts vom Dezimalpunkt einer eingegebenen Zahl enthält. Wurde kein Dezimalpunkt angegeben enthält DPL -1.

HEX   { >>> }   <f,s,83>
Schaltet die Ein-/Ausgabe auf hexadezimal.

HLD   { >>> adr }   <f>
Benutzervariable, die einen Zeiger auf das als letztes umgewandelte Zeichen enthält.

HOLD   { c >>> }   <f,s,83>
Fügt das Zeichen c in die nächste Position eines Ausgabestrings ein.

NUMBER   { adr >>> d }   <f>
Wandelt einen dimensionierten String unter der Adresse adr in eine doppelt genaue
Zahl um.

OCTAL   { >>> }   <83x>
Schaltet die Ein-/Ausgabe auf oktal.

SIGN   { n ud >>> ud }   <f>
                       { n >>> }   <s,83>
Fügt ein Minuszeichen an die nächste Position des Ausgabestrings ein, wenn n negativ ist.

LAUFZEITROUTINEN

(+LOOP)   { n >>> }   <f>
Laufzeitroutine von +LOOP.

(.")   { >>> }   <f>
Laufzeitroutine von ." .

(;CODE)   { >>> }   <f>
Laufzeitroutine von ;CODE.

(DO)   { n1 n2 >>> }   <f>
Laufzeitroutine von DO.

(LOOP)   { >>> }   <f>
Laufzeitroutine von LOOP.

OBRANCH   { f >>> }   <f>
Wird als bedingte Sprunganweisung von IF, UNTIL und WHILE kompiliert.

;S   { >>> }   <f>
Laufzeitroutine von ;S.

BRANCH   { >>> }   <f>
Wird als Sprunganweisung von ELSE, REPEAT und AGAIN kompiliert.

LIT   { >>> n }   <f>

STACK-WÖRTER

-DUP   { n >>> n n }   <f>
Kopiert n, wenn n ungleich Null.

2DROP   { d >>> }   <x,83>
Löscht eine doppelt genaue Zahl auf dem Stack.

2DUP   { d >>> d d }   <z,x,83>
Kopiert eine doppelt genaue Zahl auf dem Stack.

2OVER   { d1 d2 >>> d1 d2 d1 } <x,83>
Kopiert die doppelt genaue Zahl an die Spitze des Stacks.

2ROT   { d1 d2 d3 >>> d2 d3 d1 } <x,83>
Rotiert drei doppelt genaue Zahlen auf dem Stack um eine Position.

2SWAP   { d1 d2 >>> d2 d1 }   <x,83>
Vertauscht zwei doppelt genaue Zahlen auf dem Stack.

>R   { n >>> }   <f,s,83>
Bringt die oberste Zahl auf dem Stack in den Returnstack.

?DUP   { n >>> n n }   <s,83>
                       { n >>> n }
Kopiert die oberste Zahl auf dem Stack wenn sie ungleich Null ist.

DEPTH   { >>> n }   <s,83>
Ermittelt die Anzahl der Elemente auf dem Stack.

DROP   { n >>> }   <f,s,83>
Löscht die oberste Zahl auf dem Stack.

DUP   { n >>> n n }   <f,s,83>
Kopiert die oberste Zahl auf dem Stack.

OVER   { n1 n2 >>> n1 n2 n1 }   <f,s,83>
Kopiert n1 an die Spitze des Stacks.

PICK   { n1 >>> n2 }   <s,83>
Kopiert den den n1-ten Wert auf den Stack.

R   { >>> n }   <f>
Kopiert das oberste Element vom Returnstack.

R>   { >>> n }   <f,83>
Holt das oberste Element vom Returnstack.

R@   { >>> n }   <s,83>
Kopiert das oberste Element vom Returnstack.

ROLL   { n >>> n1 }   <s,83>
Rotiert das n-te Element in die Spitze des Stacks.

ROT   { n1 n2 n3 >>> n2 n3 n1 }   <f,s,83>
Rotiert die obersten drei Stackelemente um eine Position.

SWAP   { n1 n2 >>> n2 n1 }   <f,s,83>
Vertauscht die obersten beiden Elemente auf dem Stack.

SYSTEM-KONSTANTEN

#BUF   { >>> n }   <f>
Anzahl der Diskettenpuffer.

0 1 2 3   { >>> n }   <f>
Festgelegte Integerkonstanten.

B/BUF   { >>> n }   <f>
Anzahl der Bytes pro Block.

B/SCR   { >>> n }   <f>
Anzahl der Blöcke pro Screen.

BL   { >>> c }   <f>
ASCII-Code<f>ür Leerzeichen.

FIRST   { >>> adr }   <f>
Adresse des Diskettenpuffers.

LIMIT   { >>> adr }   <f>
Endadresse des Diskettenpuffers.

TIB   (>>> adr)   <83>
Adresse des Tastatureingabespeichers.

SYSTEM-VARIABLEN

#TIB   (>>> adr)   <83>
Benutzervariable, die die Anzahl an Zeichen im Tastatureingabespeicher enthält.

PREV   (>>> adr)   <f>
Enthält die Adresse des zuletzt benutzten Diskettenpuffers.

USE   (>>> adr)   <f>
Enthält die Adresse des Diskettenpuffers mit dem ältesten Inhalt.

BENUTZER-VARIABLEN

>IN   (>>> adr)   <s,83>
Offsetzeiger auf das nächste Zeichen im Eingabestrom.

BASE   (>>> adr)   <f,s,83>
Enthält die aktuelle Zahlenbasis.

BLK   (>>> adr)   <f,s,83>
Enthält die Nummer des auszuführenden Screens (BLK=0 d.h. Tastatureingabe).

CONTEXT   (>>> adr)   <f,s,83>
Zeiger auf das Context-Vokabular.

CSP   (>>> adr)   <f>
Zwischenspeicher für den Stackzeiger zwecks Fehlerüberprüfung.

CURRENT   (>>> adr)   <f,s,83>
Zeiger auf das Current-Vokabular.

DP   (>>> adr)   <f,s>
Zeiger auf die Spitze des Wörterbuches.

DPL   (>>> adr)   <f>
Benutzervariable, die die Anzahl der Ziffern rechts vom Dezimalpunkt einer eingegebenen Zahl enthält. Wurde kein Dezimalpunkt angegeben enthält DPL -1.

FENCE   (>>> adr)   <f>
Zeiger auf den geschützten Bereich des Wörterbuches.

HLD   (>>> adr)   <f>
Benutzervariable, die einen Zeiger auf das als letztes umgewandelte Zeichen enthält.

IN   (>>> adr)   <f>
Offset-Zeiger auf das nächste Zeichen im Eingabestrom.

OUT   (>>> adr)   <f>
Offset-Zeiger auf das letzte ausgegebene Zeichen.

RO   (>>> adr)   <f>
Initialisierungswert des Returnstack-Zeigers.

SO   (>>> adr)   <f>
Initialisierungswert des Parameterstack-Zeigers.

SCR   (>>> adr)   <f>
Nummer des zuletzt mit LIST ausgegebenen Screens.

STATE   (>>> adr)   <f,s,83>
Systemzustand, 0 = Ausführungsmodus, Ungleich Null = Kompilationsmodus.

TIB   (>>> adr)   <f>
Zeiger auf den Beginn des Tastatureingabepuffers.

VOC-LINK   (>>> adr)   <f>
Zeiger auf die letzte Zelle des letzten Vokabular-Definitionswortes.

WARNING   (>>> adr)   <f>
Legt die Art der Fehlerbehandlung fest.

WITDH   (>>> adr)   <f>
Maximale Anzahl an Zeichen, die im Namensfeld eines Wortes gespeichert werden.

VOKABULARE

⊥   (>>> adr)   <f,s,83>
ı   (>>>)
Ausführungsmodus : legt Parameterfeldadresse des folgenden Wortes ab.
Kopilationsmodus : kompiliert Parameterfeldadresse des folgenden Wortes.

(FIND)   { adr1 adr2 >>> adr3 b tf } <f>
             { adr1 adr2 >>> ff }
Beginnt ab der Adresse adr1 die Suche nach einem String, der ab der Adresse adr2
gespeichert ist. Bei Erfolg wird die Startadresse adr3, das Längenbyte und ein
WAHR-Flag, ansonsten ein FALSCH-Flag übergeben.

-FIND   { >>> adr b tf }   <f>
             { >>> ff }
Duchsucht Current-, Context- und alle damit verknüpften Vokabulare nach dem als
nächstes eingegebenen Wort. Bei Erfolg wird die Parameterfeldadresse, die Länge und
ein WAHR-Flag, ansonsten ein FALSCH-FLag übergeben.

<u>ASSEMBLER</u>   { >>> }   <x,83>
Vereinbart ASSEMBLER als Context-Vokabular.

CONTEXT   { >>> adr }   <f,s,83>
Benutzervariable, enthält Zeiger auf Context-Vokabular.

CURRENT   { >>> adr }   <f,s,83>
Benutzervariable, enthält Zeiger auf Current-Vokabular.

DEFINITIONS   { >>> }   <f,s,83>
Vereinbart das Current-Vokabular als Context-Vokabular.

<u>EDITOR</u>   { >>> }   <x,83>
Vereinbart das EDITOR-Vokabular als Context-Vokabular.

FENCE   { >>> adr }   <f>
Zeiger auf den geschützten Bereich des Wörterbuches.

FIND   { >>> adr }   <s,83>
Legt die Codefeldadresse des als nächstes eingegebenen Wortes auf dem Stack ab. Wird
kein solches Wort im Wörterbuch gefunden, wird ein FALSCH-Flag abgelegt.

FORGET   { >>> adr }   <f,s,83>
Löscht alle Wortdefinitionen bis zum dem Wort, welches als nächstes eingegeben
wird.

<u>FORTH</u>   { >>> }   <f,s,83>
Vereinbart FORTH als Context-Vokabular.

LATEST   { >>> adr }   <f>
Legt die Namensfeldadresse der zuletzt gemachten Wortdefinition auf dem Stack ab.

VLIST   (>>>)   <f>
Gibt alle Worte des Context-Vokabulars und der damit verbundenen Vokabulare aus.

WORDS   (>>>)   <83>
Gibt alle Worte des Transient-Vokabulars aus.

VOC-LINK   (>>> adr)   <f>
Zeiger auf die letzte Zelle des letzten Vokabular-Definitionswortes.

VOCABULARY   (>>>)   <f,s>
Initialisiert eine neues Vokabular.

ANHANG C

LITERATUR

Die meisten zum Thema FORTH existierenden Bücher enthalten lediglich eine Einführung in die Sprache. Im folgenden sind drei Bücher aufgeführt, die auch für fortgeschrittene Programmierer wichtige und nützliche Informationen enthalten :

Die Programmiersprache FORTH, Roland Zech
Franzis Verlag, 1987

FORTH-83, Roland Zech
Franzis Verlag, 1987

In FORTH denken, Leo Brodie
Hanser Verlag, 1986

Wer mehr über FORTH erfahren möchte, sollte sich mit der FORTH Gesellschaft, einer nicht kommerziellen Vereinigung von FORTH Enthusiasten, in Verbindung setzen :

FORTH Gesellschaft
Friedensallee 92
2000 Hamburg 40
Tel. 040 - 3904204

FORTH WORT INDEX

STICHWORTVERZEICHNIS

MIX
Papier aus verantwortungsvollen Quellen
Paper from responsible sources
FSC® C105338

If you have any concerns about our products,
you can contact us on
ProductSafety@springernature.com

In case Publisher is established outside the EU,
the EU authorized representative is:
Springer Nature Customer Service Center GmbH
Europaplatz 3, 69115 Heidelberg, Germany

Printed by Libri Plureos GmbH
in Hamburg, Germany